O NOVO REGIME JURÍDICO
DE INSTALAÇÃO, EXPLORAÇÃO
E FUNCIONAMENTO
DOS EMPREENDIMENTOS TURÍSTICOS

Obras publicadas:

PAULA QUINTAS
- "Regime Jurídico dos Títulos de Crédito – Compilação Anotada com Jurisprudência", Almedina, 2007, 2ª ed., em co-autoria.
- "Prática (Da) Laboral à Luz do Novo Código do Trabalho", Almedina, 2007, 4.ª ed., em co-autoria.
- "Código do Trabalho Anotado e Comentado", Almedina, 2007, 5.ª ed., em co-autoria.
- "Regime (O) Jurídico dos Despedimentos", Almedina, 2007, reimp., em co-autoria.
- "Legislação Turística Anotada", 3.ª ed., Almedina, 2007.
- "Regulamentação do Código do Trabalho", Almedina, 2006, 3.ª ed., em co-autoria.
- "Direito de segurança, higiene e saúde no trabalho", Almedina, 2006.
- "Problemática (Da) do Efeito Directo nas Directivas Comunitárias", *Dixit*, 2000.
- "Direito do Consumidor e Tutela de Outros Agentes Económicos", Almeida & Leitão, Lda., 1998.

Artigos Publicados:

PAULA QUINTAS
- "O *direito à palavra* no mundo do trabalho: liberdade de expressão ou delito de opinião", PDT, número especial, no prelo.
- "Apreciação de alguns aspectos cruciais do «Livro Branco das Relações Laborais» no que concerne à contratação individual – a *pulsão flexibilizadora* do legislador", PDT, no prelo.
- "A *dificultosa* transposição da Directiva 98/59/CE, do Conselho, de 20 de Julho de 1998 (despedimentos colectivos)", Scientia Iuridica, n.º 302.
- "A precariedade dentro da precariedade ou a *demanda* dos trabalhadores à procura de primeiro emprego", Questões Laborais, n.º 24.
- "A directiva n.º 80/987 (quanto à aproximação das legislações dos Estados-membros respeitantes à protecção dos trabalhadores assalariados em caso de insolvência do empregador) – o antes e o depois de *Francovich*", Questões Laborais, n.º 16.
- "A *preversidade* da tutela indemnizatória do art. 443.º do CT – a desigualdade entre iguais (breve reflexão)", do Prontuário do Direito do Trabalho, n.º 71, CEJ
- "A utilidade turística – a urgência de uma actualização", RPDC, n.º 46.

PAULA QUINTAS
ADVOGADA
PÓS-GRADUADA EM ESTUDOS EUROPEUS
MESTRE EM DIREITO COMUNITÁRIO
PROFESSORA DO ENSINO SUPERIOR

O NOVO REGIME JURÍDICO DE INSTALAÇÃO, EXPLORAÇÃO E FUNCIONAMENTO DOS EMPREENDIMENTOS TURÍSTICOS

O NOVO REGIME JURÍDICO DE INSTALAÇÃO, EXPLORAÇÃO
E FUNCIONAMENTO DOS EMPREENDIMENTOS TURÍSTICOS

AUTOR
PAULA QUINTAS

EDITOR
EDIÇÕES ALMEDINA, SA
Av. Fernão Magalhães, n.º 584, 5.º Andar
3000-174 Coimbra
Tel.: 239 851 904
Fax: 239 851 901
www.almedina.net
editora@almedina.net

PRÉ-IMPRESSÃO | IMPRESSÃO | ACABAMENTO
G.C. - GRÁFICA DE COIMBRA, LDA.
Palheira - Assafarge
3001-453 Coimbra
producao@graficadecoimbra.pt

Abril, 2008

DEPÓSITO LEGAL
274331/08

Os dados e as opiniões inseridos na presente publicação
são da exclusiva responsabilidade do(s) seu(s) autor(es).

Toda a reprodução desta obra, por fotocópia ou outro qualquer
processo, sem prévia autorização escrita do Editor, é ilícita
e passível de procedimento judicial contra o infractor.

Biblioteca Nacional de Portugal – Catalogação na Publicação

PORTUGAL. Leis, decretos, etc.

O novo regime jurídico de instalação, exploração
e funcionamento dos empreendimentos turísticos / [anot.]
Paula Quintas. – (Legislação anotada)
ISBN 978-972-40-3492-8

I – QUINTAS, Paula

CDU   640
      351

ÍNDICE GERAL

Prefácio 7

Glossário 9

Regime jurídico da instalação, exploração e funcionamento dos empreendimentos turísticos (Decreto-Lei n.º 39/2008, de 7 de Março) 11

Actividades de animação ambiental no âmbito do turismo de natureza (artigo 2.º, n.ºs 2 e 3 e artigos 8.º, 9.º e 12.º do Decreto-Lei n.º 47/99, de 16 de Fevereiro) 121

Instituição da obrigatoriedade de existência e disponibilização do livro de reclamações em todos os estabelecimentos de fornecimento de bens ou prestação de serviços (Decreto-Lei n.º 156/2005, de 15 de Setembro) 123

Regime Jurídico da Urbanização e da Edificação (Decreto-Lei n.º 555/99, de 16 de Dezembro) 135

Elementos instrutores dos pedidos de realização de operações urbanísticas (Portaria n.º 232/2008, de 11 de Março) 217

Regime jurídico da instalação e do funcionamento dos estabelecimentos de restauração e de bebidas (Decreto-Lei n.º 234/2007, de 19 de Junho) 243

Normas para a protecção dos cidadãos da exposição involuntária ao fumo do tabaco e medidas de redução da procura relacionadas com a dependência e a cessação do seu consumo (Lei n.º 37/2007, de 14 de Agosto) 259

PREFÁCIO

O regime jurídico da instalação, exploração e funcionamento dos empreendimentos turísticos, aprovado recentemente pelo Decreto-Lei n.º 39/2008, de 7 de Março, apresenta uma verdadeira *revolução coperciniana* no mundo do turismo, onde já não se sabe quem ocupa o lugar central e quem gravita à volta de ...

A aplicação prática do diploma encontra-se pendente de muita legislação especial, a publicar; no entanto, entendemos que o regime, pela dimensão e alcance que possui, merece ser dado a conhecer, e sobretudo a apreciar, de imediato.

Depois de volvidos dez anos de vigência do Decreto-Lei n.º 197/97, de 04.07 (o conhecido diploma mãe), que regulava o regime jurídico dos empreendimentos turísticos, há que estudar e comentar o novo diploma que inova, altera e, sobretudo *revoluciona*.

Apesar da apreciação crítica que fazemos ao Decreto-Lei n.º 39/2008, de 7 de Março, concedemos que este tem o mérito de concentrar em diploma único os três regimes jurídicos principais do sector, ou seja, os relativos aos empreendimentos turísticos, ao turismo no espaço rural e ao turismo da natureza.

Aproveitou-se para inserir o novo RJUE, grandemente alterado pela Lei n.º 60/2007, de 04 de Setembro, e que o regime jurídico da instalação, exploração e funcionamento dos empreendimentos turísticos, solicita, mais do que nunca, a título subsidiário.

Entendeu-se incluir o novo regime reclamacional, após as alterações apresentadas pelo Decreto-Lei n.º 371/2007, de 06.11. Finalmente ficou esclarecido que compete à ASAE a fiscalização do sector, nos termos do Decreto-Lei n.º 274/2007, de 30 de Julho.

Inseriu-se parcialmente a polémica "Lei do Tabaco", aprovada pela Lei n.º 37/2007, de 14 de Agosto.

GRIJÓ, 1 de Abril de 2008.

GLOSSÁRIO

AASTA – Antologia de Acórdãos do Supremo Tribunal Administrativo
ASAE – Autoridade para a Segurança Alimentar e Económica
CJA – Cadernos de Justiça Administrativa
CPA – Código de Procedimento Administrativo
DGT – Direcção-Geral do Turismo
REN – Reserva Ecológica Nacional
RJCO – Regime Jurídico das Contra-Ordenações
RJUE – Regime Jurídico de Urbanização e Edificação
TC – Tribunal Constitucional
TCA – Tribunal Central Administrativo
TCAN – Tribunal Central Administrativo do Norte
TP – Tribunal Pleno

REGIME JURÍDICO DA INSTALAÇÃO, EXPLORAÇÃO E FUNCIONAMENTO DOS EMPREENDIMENTOS TURÍSTICOS

DECRETO-LEI N.º 39/2008,
de 7 de Março

O presente decreto-lei consagra o novo regime jurídico da instalação, exploração e funcionamento dos empreendimentos turísticos, procedendo à revogação dos diversos diplomas que actualmente regulam esta matéria e reunindo num único decreto-lei as disposições comuns a todos os empreendimentos, de modo a tornar mais fácil o acesso às normas reguladoras da actividade.

Através da presente iniciativa legislativa, que vem dar cumprimento a uma das medidas do Programa de Simplificação Administrativa e Legislativa – SIMPLEX 2007 com maior impacto na relação entre a Administração Pública e as empresas, e em estreita articulação com o regime jurídico da urbanização e edificação (RJUE), aprovado pelo Decreto-Lei n.º 555/99, de 16 de Dezembro, recentemente alterado pela Lei n.º 60/2007, de 4 de Setembro, dá-se cumprimento às orientações fixadas no Programa do Governo no sentido de ser reapreciado o actual quadro legislativo da actividade turística e agilizado o procedimento de licenciamento dos empreendimentos turísticos.

Esta agilização do licenciamento traduz uma simplificação os procedimentos, acompanhada de uma maior responsabilização dos promotores e de uma melhor fiscalização por parte das entidades públicas.

No que respeita à classificação dos empreendimentos turísticos, optou-se por uma significativa diminuição das tipologias e sub-tipologias existentes e introduziu-se um sistema uniforme de graduação assente na atribuição das categorias de uma a cinco estrelas, com excepção dos empreendimentos de turismo de habitação e de turismo no espaço rural cujas características não justificam o seu escalonamento.

Por outro lado, e tendo como objectivo a promoção da qualificação da oferta, em todas as suas vertentes, de forma a atingir elevados níveis de satisfação dos turistas que nos procuram, a classificação deixa de atender sobretudo aos requisitos físicos das instalações, como acontecia até agora, para passar a reflectir igualmente a qualidade dos serviços prestados.

Opta-se ainda por um sistema de classificação mais flexível que impõe um conjunto de requisitos mínimos para cada categoria e que enumera um conjunto de requisitos opcionais, cujo somatório permite alcançar a pontuação necessária para a obtenção de determinada categoria.

Simultaneamente, e tendo em vista a manutenção dos níveis de qualidade da oferta turística, introduz-se a obrigatoriedade de revisão periódica da classificação atribuída, prevendo-se que este controlo de qualidade possa ser realizado não só pelos serviços e organismos do turismo como por entidades acreditadas para o efeito.

Cria-se o Registo Nacional dos Empreendimentos Turísticos, organizado pelo Turismo de Portugal, I. P., que deve conter a relação actualizada de todos os empreendimentos turísticos e que será disponibilizado ao público.

No capítulo da exploração e funcionamento, consagra-se um novo paradigma de exploração dos empreendimentos turísticos, assente na unidade e continuidade da exploração por parte da entidade exploradora e na permanente afectação à exploração turística de todas as unidades de alojamento que compõem o empreendimento, independentemente do regime de propriedade em que assentam e da possibilidade de utilização das mesmas pelos respectivos proprietários. A aferição deste modelo de exploração turística passa, desde logo, pelo dever da entidade exploradora assegurar que as unidades de alojamento se encontram permanentemente em condições de serem locadas para alojamento a turistas e que nela são prestados os serviços obrigatórios da categoria atribuída ao empreendimento turístico.

Fixam-se igualmente um conjunto de regras que regulam a relação entre a entidade exploradora do empreendimento e o respectivo utilizador, reforçando-se os deveres da primeira, nomeadamente quanto à obrigatoriedade de publicitação de preços e de informação dos utentes relativamente às condições dos serviços prestados.

No que concerne aos empreendimentos turísticos em propriedade plural, determina-se a aplicação subsidiária do regime da propriedade horizontal no relacionamento entre a entidade exploradora e administradora do empreendimento e os proprietários das unidades de alojamento que o compõem, sem prejuízo do estabelecimento de um importante conjunto de normas específicas, resultantes da natureza turística do empreendimento.

Foram ouvidos os órgãos de governo próprio das Regiões Autónomas, a Associação Nacional de Municípios Portugueses e as associações representativas do sector.
Assim:
Nos termos da alínea a) do n.º 1 do artigo 198.º da Constituição, o Governo decreta o seguinte:

CAPÍTULO I
Disposições gerais

ARTIGO 1.º
Objecto

O presente decreto-lei estabelece o regime jurídico da instalação, exploração e funcionamento dos empreendimentos turísticos.

NOTA:

Com a entrada em vigor do presente diploma são **unificados num corpo legal único** as seguintes estruturas:

– os empreendimentos turísticos (regulados pelo Decreto-Lei n.º 167/97, de 04.07);

– os empreendimentos de turismo no espaço rural (consagrados no Decreto-Lei n.º 54/2002, de 11.03), com a agora autonomização dos empreendimentos de turismo de habitação, que apresentam uma tipologia mais restrita;

– os empreendimentos de turismo da natureza (aprovados pelo Decreto-Lei n.º 47/99, de 16.02), recebendo um procedimento administrativo comum para efeito de licenciamento ou comunicação prévia.

Desta forma os diferentes procedimentos de instalação, exploração e funcionamento (regulados pelo Decreto-Lei n.º 167/97, de 04.07, pelo Decreto-Lei n.º 54/2002, de 11.03 e pelo Decreto-Lei n.º 47/99, de 16.02), são concentrados agora num *regime único*, acolhido pelo presente diploma.

CAPÍTULO II
Empreendimentos turísticos

SECÇÃO I
Noção e tipologias

ARTIGO 2.º
Noção de empreendimentos turísticos

1 – Consideram-se empreendimentos turísticos os estabelecimentos que se destinam a prestar serviços de alojamento, mediante remuneração, dispondo, para o seu funcionamento, de um adequado conjunto de estruturas, equipamentos e serviços complementares.

2 – Não se consideram empreendimentos turísticos para efeitos do presente decreto-lei:

a) As instalações ou os estabelecimentos que, embora destinados a proporcionar alojamento, sejam explorados sem intuito lucrativo ou para fins exclusivamente de solidariedade social e cuja frequência seja restrita a grupos limitados;

b) As instalações ou os estabelecimentos que, embora destinados a proporcionar alojamento temporário com fins lucrativos, revistam natureza de alojamento local nos termos do artigo seguinte.

NOTA:

A noção de empreendimentos turísticos acompanha, na sua estrutura, o regime anterior (previsto no art. 1.º, n.º 1, do Decreto-Lei n.º 167/97, de 04.07).

Tratam-se de estabelecimentos que prestam alojamento (a redacção actual deixou cair o carácter temporário), mediante remuneração (indicação que não constava da lei anterior, embora surgisse na definição dos tipos de empreendimentos turísticos), dispondo de um adequado conjunto de estruturas, equipamentos e serviços complementares (mantendo-se integralmente, neste ponto, a versão revogada).

A redacção actual deixa de consagrar como fazendo parte da prestação dos serviços dos empreendimentos turísticos a "restauração ou animação de turistas". O que nos permite alcançar a seguinte conclusão: o carácter da prestação da restauração cada vez menos se apresenta como complementar à prestação do alojamento. A actividade do empreendimento turístico assenta no alojamento, como actividade única ou principal (a restauração constituirá um serviço autónomo).

O n.º 2, do presente preceito, descaracteriza o empreendimento turístico, mantendo alguma proximidade com o previsto no n.º 2, do art. 1.º, do Decreto--Regulamentar n.º 36/97, de 25 de Setembro (regulamento dos estabelecimentos hoteleiros), com a introdução, no entanto, de um conceito novo (alojamento local) que pretende substituir, quanto a nós, as vulgarmente denominadas *casas de hóspedes*.

ARTIGO 3.º
Alojamento local

1 – Consideram-se estabelecimentos de alojamento local as moradias, apartamentos e estabelecimentos de hospedagem que, dispondo de autorização de utilização, prestem serviços de alojamento temporário, mediante remuneração, mas não reúnam os requisitos para serem considerados empreendimentos turísticos.

2 – Os estabelecimentos de alojamento local devem respeitar os requisitos mínimos de segurança e higiene definidos por portaria conjunta dos membros do Governo responsáveis pelas áreas do turismo e da administração local.

3 – Os estabelecimentos de alojamento local que reúnam os requisitos previstos no presente artigo são obrigatoriamente registados na câmara municipal da respectiva área.

4 – Apenas os estabelecimentos de alojamento local registados nas câmaras municipais da respectiva área podem ser comercializados para fins turísticos quer pelos seus proprietários, quer por agências de viagens e turismo.

5 – As câmaras municipais devem facultar ao Turismo de Portugal, I. P., o acesso informático ao registo do alojamento local.

6 – Os estabelecimentos referidos no presente artigo devem identificar-se como alojamento local, não podendo, em caso algum, utilizar a qualificação turismo e ou turístico, nem qualquer sistema de classificação.

NOTA:

A introdução desta figura, alojamento local, que não é enquadrável como empreendimento turístico por não reunir os requisitos para assim ser considerada, é dispensada, por conseguinte, do regime de instalação, exploração e funcionamento previsto no presente diploma, bastante o respectivo registo na câmara municipal da respectiva área (n.º 3).

Só após a respectiva regulamentação se poderá entender o amplo e potencial significado desta nova modalidade de alojamento (n.º 2).

Curiosamente o preceito mantém o requisito de "temporariedade" do alojamento, retirado na qualificação dos empreendimentos turísticos.

Sobre ilícito contra-ordenacional: *v.* art. 67.º, n.º 1, al. *b*).

ARTIGO 4.º
Tipologias de empreendimentos turísticos

1 – Os empreendimentos turísticos podem ser integrados num dos seguintes tipos:
   a) Estabelecimentos hoteleiros;
   b) Aldeamentos turísticos;
   c) Apartamentos turísticos;
   d) Conjuntos turísticos *(resorts)*;
   e) Empreendimentos de turismo de habitação;
   f) Empreendimentos de turismo no espaço rural;
   g) Parques de campismo e de caravanismo;
   h) Empreendimentos de turismo da natureza.

2 – Os requisitos específicos da instalação, classificação e funcionamento de cada tipo de empreendimento turístico referido no número anterior são definidos:
   a) Por portaria conjunta dos membros do Governo responsáveis pelas áreas do turismo e do ordenamento do território, nos casos das alíneas *a*) a *d*);
   b) Por portaria conjunta dos membros do Governo responsáveis pelas áreas do turismo, da administração local e da agricultura e do desenvolvimento rural, no caso das alíneas *e*) a *g*).

NOTA:

A nova tipologia de empreendimento turístico surpreende o intérprete. O legislador extingue as quatro tipologias existentes (estabelecimentos hoteleiros, meios complementares de alojamento turístico, parques de campismo públicos e privativos e conjuntos turísticos, conforme previsão do n.º 2, do art. 1.º, do Decreto-Lei n.º 167/97, de 04.07) e apresenta oito novos tipos:

– Estabelecimentos hoteleiros (cuja tipologia agora se restringe aos hotéis, hotéis-apartamentos e pousadas, conforme dispõe o n.º 2, do art. 11.º.

Desaparecem, portanto, as pensões, as estalagens e os motéis, que o art. 2.º do Decreto-Regulamentar n.º 36/97, de 25 de Setembro acolhia);

– Aldeamentos turísticos e apartamentos turísticos (os quais pertenciam aos meios complementares de alojamento turístico, conforme dispunha o art. 1.º, do Decreto-Regulamentar n.º 34/97, de 17.09), deixando de possuir existência jurídica as moradias turísticas (pensamos que estas últimas serão convertidas agora em "alojamento local");

– Conjuntos turísticos (denominados *resorts*); os quais se encontravam regulados no Drecreto-Regulamentar n.º 20/99, de 18.09;

– Desdobramento do turismo no espaço rural (anteriormente, concentrado num único diploma, o Decreto-Lei n.º 54/2002, de 11.03), *autonomizando os empreendimentos de turismo de habitação* e *restringindo os tipos de empreendimentos de turismo no espaço rural* [agora apenas qualificáveis como casas de campo, agro-turismo e hotéis rurais, nos termos do art. 18.º, n.º 3, do presente diploma, desaparecendo, portanto, o turismo rural, o turismo de aldeia (ou melhor, mantendo-se a partir do conceito casas de campo) e os parques de campismo rurais];

– parques de campismo e de caravanismo;

– empreendimentos de turismo da natureza (os quais nos termos do art. 20.º recebem um *suavização* do respectivo regime. Até outra leitura (nomeadamente a portaria para o qual o n.º 2, do art. 20.º remete), parece-nos que o n.º 1, do preceito citado, permite a *construção* deste tipo de estruturas (relembramos que nos termos do art. 7.º, do Decreto-Lei n.º 47/99, de 16 de Fevereiro, apenas os centros de acolhimento permitiam uma construção de raiz ou adaptada; os restantes, casas-abrigo e casas-retiro, obrigavam à respectiva instalação em *casas recuperadas*).

O n.º 2, do preceito, relativo aos requisitos específicos de cada tipo de empreendimento turístico remete, para portaria a publicar.

SECÇÃO II
Requisitos comuns

ARTIGO 5.º
Requisitos gerais de instalação

1 – A instalação de empreendimentos turísticos que envolvam a realização de operações urbanísticas conforme definidas no regime jurídico da urbanização e da edificação devem cumprir as normas constantes daquele regime, bem como as normas técnicas de construção aplicáveis às edificações em geral, designadamente em matéria de segurança contra incêndio, saúde, higiene, ruído e eficiência energética, sem prejuízo do disposto no presente decreto-lei e respectiva regulamentação.

2 – O local escolhido para a instalação de empreendimentos turísticos deve obrigatoriamente ter em conta as restrições de localização legalmente definidas, com vista a acautelar a segurança de pessoas e bens face a possíveis riscos naturais e tecnológicos.

3 – Os empreendimentos turísticos devem possuir uma rede interna de esgotos e respectiva ligação às redes gerais que conduzam as águas residuais a sistemas adequados ao seu escoamento, nomeadamente através da rede pública, ou de um sistema de recolha e tratamento adequado ao volume e natureza dessa águas, de acordo com a legislação em vigor, quando não fizerem parte das águas recebidas pelas câmaras municipais.

4 – Nos locais onde não exista rede pública de abastecimento de água, os empreendimentos turísticos devem estar dotados de um sistema de abastecimento privativo, com origem devidamente controlada.

5 – Para efeitos do disposto no número anterior, a captação de água deve possuir as adequadas condições de protecção sanitária e o sistema ser dotado dos processos de tratamentos requeridos para potabilização da água ou para manutenção dessa potabilização, de acordo com as normas de qualidade da água em vigor, devendo para o efeito ser efectuadas análises físico-químicas e ou microbiológicas.

NOTA:

Sobre ilícito contra-ordenacional: v. art. 67.°, n.° 1, al. c).

ARTIGO 6.°
Condições de acessibilidade

1 - As condições de acessibilidade a satisfazer no projecto e na construção dos empreendimentos turísticos devem cumprir as normas técnicas previstas no Decreto-Lei n.° 163/2006, de 8 de Agosto.

2 - Sem prejuízo do disposto no número anterior, todos os empreendimentos turísticos, com excepção dos previstos na alínea e) e f) do n.° 1 do artigo 4.°, devem dispor de instalações, equipamentos e, pelo menos, de uma unidade de alojamento, que permitam a sua utilização por utentes com mobilidade condicionada.

NOTA:

O Decreto-Lei n.° 163/2006, de 8 de Agosto, aprovou as condições de acessibilidade para a construção de edifícios públicos e habitacionais, excluindo as então moradias turísticas e os apartamentos turísticos dispersos (art. 2.°, n.° 2, al. r)).

ARTIGO 7.°
Unidades de alojamento

1 - Unidade de alojamento é o espaço delimitado destinado ao uso exclusivo e privativo do utente do empreendimento turístico.

2 - As unidades de alojamento podem ser quartos, *suítes*, apartamentos ou moradias, consoante o tipo de empreendimento turístico.

3 - Todas as unidades de alojamento devem ser identificadas no exterior da respectiva porta de entrada em local bem visível.

4 - As portas de entrada das unidades de alojamento devem possuir um sistema de segurança que apenas permita o acesso ao utente e ao pessoal do estabelecimento.

5 - As unidades de alojamento devem ser insonorizadas e devem ter janelas ou portadas em comunicação directa com o exterior.

NOTA:

As unidades de alojamento são agora alargadas aos quartos, *suítes,* apartamentos e moradias.

Sobre ilícito contra-ordenacional: *v.* art. 67.°, n.° 1, al. *d*).

ARTIGO 8.°
Capacidade

1 – Para o único efeito da exploração turística, e com excepção do disposto no n.° 4, a capacidade dos empreendimentos turísticos é determinada pelo correspondente número e tipo de camas (individual ou duplo) fixas instaladas nas unidades de alojamento.

2 – Nas unidades de alojamento podem ser instaladas camas convertíveis desde que não excedam o número das camas fixas.

3 – Nas unidades de alojamento podem ser instaladas camas suplementares amovíveis.

4 – A capacidade dos parques de campismo e de caravanismo é determinada pela área útil destinada a cada utilizador, de acordo com o estabelecido na portaria prevista na alínea *b*) do n.° 2 do artigo 4.°

NOTA:

Sobre ilícito contra-ordenacional: *v.* art. 67.°, n.° 1, als. *e*) e *f*).

ARTIGO 9.°
Equipamentos colectivos

Os requisitos dos equipamentos colectivos que integram os empreendimentos turísticos, com excepção dos requisitos de segurança, são definidos por portaria do membro do Governo responsável pela área do turismo.

ARTIGO 10.º
Estabelecimentos comerciais ou de prestação de serviços

Nos empreendimentos turísticos podem instalar-se estabelecimentos comerciais ou de prestação de serviços desde que o seu número e localização não afectem a função e a utilização das áreas de uso comum.

SECÇÃO III
Estabelecimentos hoteleiros

ARTIGO 11.º
Noção de estabelecimento hoteleiro

1 - São estabelecimentos hoteleiros os empreendimentos turísticos destinados a proporcionar alojamento temporário e outros serviços acessórios ou de apoio, com ou sem fornecimento de refeições, e vocacionados a uma locação diária.

2 - Os estabelecimentos hoteleiros podem ser classificados nos seguintes grupos:
   a) Hotéis;
   b) Hotéis-apartamentos (aparthotéis), quando a maioria das unidades de alojamento é constituída por apartamentos;
   c) Pousadas, quando explorados directamente pela ENATUR - Empresa Nacional de Turismo, S. A., ou por terceiros mediante celebração de contratos de franquia ou de cessão de exploração, e instalados em imóveis classificados como monumentos nacionais, de interesse público, de interesse regional ou municipal, ou em edifícios que, pela sua antiguidade, valor arquitectónico e histórico, sejam representativos de uma determinada época.

NOTA:

A definição de estabelecimento hoteleiro, presente no n.º 1, do preceito, não se afasta grandemente da redacção anterior (constante do art. 2.º, do Decreto-Lei n.º 167/97, de 04.07).

Consideram-se então estabelecimentos hoteleiros aqueles que:
– proporcionam alojamento *temporário* e outros serviços acessórios ou de apoio (aditou-se o requisito temporário);
– com ou sem fornecimento de refeições;
– *vocacionados a uma locação diária* (indicação nova).

A prestação obrigatória do serviço de restauração ou a sua dispensa serão regulados pela portaria prevista na al. *a*), do n.º 2, do art. 4.º.

Conforme já dissemos a actual tipologia restringe os estabelecimentos aos hotéis, hotéis-apartamentos (quando as unidades de alojamento são constituídas por apartamentos) e pousadas, conforme dispõe o n.º 2. *Desaparecem*, portanto, as pensões, as estalagens e os motéis (que o art. 2.º, do Decreto-Regulamentar n.º 36/97, de 25 de Setembro, acolhia).

O conceito de pousada mantém-se na íntegra (cfr. arts. 43.º a 45.º, do Decreto-Regulamentar n.º 36/97, de 25 de Setembro), continuando a merecer o enquadramento previsto no art. 15.º, da Lei n.º 107/2001, de 08.90 (Lei de Bases da Política de Protecção e Valorização do Património Cultural).

ARTIGO 12.º
Condições de instalação

1 – Os estabelecimentos hoteleiros devem dispor, no mínimo, de 10 unidades de alojamento.

2 – Os estabelecimentos hoteleiros podem ocupar uma parte independente de um edifício, constituída por pisos completos e contíguos, ou a totalidade de um ou mais edifícios que constituam um conjunto harmónico e articulado entre si, inserido num conjunto de espaços contíguos, apresentando expressão arquitectónica e características funcionais coerentes.

3 – Num mesmo edifício podem ser instalados estabelecimentos hoteleiros de diferentes categorias.

NOTA:

Mantém-se a obrigatoriedade de uma capacidade mínima de alojamento (de 10 unidade), conforme dispõe o n.º 1, por cfr. com o Anexo I, do Decreto-Regulamentar n.º 36/97, de 25.09.

No *grosso*, o n.º 2, aligeirou os requisitos de funcionamento (cfr. anexos I e II, do Decreto-Regulamentar n.º 36/97, de 25 de Setembro).

A novidade assenta no n.º 3, que permite que num mesmo edifício possam ser instalados estabelecimentos de diferentes categorias.

A categorização depende da publicação da portaria prevista na al. *a*), do n.º 2, do art. 4.º.

SECÇÃO IV
Aldeamentos turísticos

ARTIGO 13.º
Noção de aldeamento turístico

1 – São aldeamentos turísticos os empreendimentos turísticos constituídos por um conjunto de instalações funcionalmente interdependentes com expressão arquitectónica coerente, situadas em espaços com continuidade territorial, ainda que atravessados por estradas e caminhos municipais, linhas ferroviárias secundárias, linhas de água e faixas de terreno afectas a funções de protecção e conservação de recursos naturais, destinados a proporcionar alojamento e serviços complementares de apoio a turistas.

2 – Os edifícios que integram os aldeamentos turísticos não podem exceder três pisos, incluindo o rés-do-chão, sem prejuízo do disposto em instrumentos de gestão territorial aplicáveis ou alvarás de loteamento válidos e eficazes nos termos da lei, quando estes estipularem número inferior de pisos.

3 – Os aldeamentos turísticos devem dispor, no mínimo, de 10 unidades de alojamento e, para além dos requisitos gerais de instalação, das infra-estruturas e equipamentos referidos nas alíneas *a*) a *f*) do n.º 1 do artigo 16.º

NOTA:

A principal novidade do regime actual, comparativamente com a versão do art. 2.º, do Decreto-Regulamentar n.º 34/97, de 17.09, assenta na possibilidade de os espaços serem considerados de continuidade territorial "ainda que atravessados por …" (n.º 1, do preceito).

A altura dos edifícios mantém-se (cfr. n.º 2, do preceito, com o art. 8.º, do Decreto-Regulamentar n.º 34/97, de 17.09).

A capacidade de alojamento igualmente é inalterada (cfr. n.º 3, com o anexo I do Decreto-Regulamentar n.º 34/97, de 17.09).

SECÇÃO V
Apartamentos turísticos

ARTIGO 14.º
Noção de apartamento turístico

1 – São apartamentos turísticos os empreendimentos turísticos constituídos por um conjunto coerente de unidades de alojamento, mobiladas e equipadas, que se destinem a proporcionar alojamento e outros serviços complementares e de apoio a turistas.

2 – Os apartamentos turísticos podem ocupar parte de um edifício, constituída por pisos completos e contíguos, e ou a totalidade de um ou mais edifícios que constituam um conjunto harmónico e articulado entre si, inserido num espaço identificável, apresentando expressão arquitectónica e características funcionais coerentes.

3 – Os apartamentos turísticos devem dispor, no mínimo, de 10 unidades de alojamento.

NOTA:

O regime actual substituiu a instalação em "fracções de edifícios independentes" por "conjunto coerente de unidades de alojamento" (cfr. n.º 1, do preceito, com o art. 3.º do Decreto-Regulamentar n.º 34/97, de 17.09), conceito que o n.º 2 desenvolve ao indicar "parte de um edifício" ou a "totalidade de um ou mais edifícios". Comparando, no entanto, a redacção actual, com o art. 38.º, n.º 2, do Decreto-Regulamentar n.º 34/97, de 17.09, constatamos que igualmente na versão anterior o conceito "fracção independente" apresentava grande versatilidade.

A capacidade de alojamento é agora fixada em, no mínimo, 10 unidades de alojamento (n.º 3), corrigindo-se a omissão da lei anterior.

SECÇÃO VI
Conjuntos turísticos (resorts)

ARTIGO 15.º
Noção de conjunto turístico *(resort)*

1 – São conjuntos turísticos *(resorts)* os empreendimentos turísticos constituídos por núcleos de instalações funcionalmente interdependentes, situados em espaços com continuidade territorial, ainda que atravessados por estradas e caminhos municipais, linhas ferroviárias secundárias, linhas de água e faixas de terreno afectas a funções de protecção e conservação de recursos naturais, destinados a proporcionar alojamento e serviços complementares de apoio a turistas, sujeitos a uma administração comum de serviços partilhados e de equipamentos de utilização comum, que integrem pelo menos dois empreendimentos turísticos, sendo obrigatoriamente um deles um estabelecimento hoteleiro de cinco ou quatro estrelas, um equipamento de animação autónomo e um estabelecimento de restauração.

2 – Para efeitos do disposto no presente artigo, consideram-se equipamentos de animação autónomos, nomeadamente:

a) Campos de golfe;
b) Marinas, portos e docas de recreio;
c) Instalações de *spa*, balneoterapia, talassoterapia e outras semelhantes;
d) Centros de convenções e de congressos;
e) Hipódromos e centros equestres;
f) Casinos;
g) Autódromos e kartódromos;
h) Parques temáticos;
i) Centros e escolas de mergulho.

3 – O estabelecimento de restauração pode ser parte integrante de um dos empreendimentos turísticos que integram o conjunto turístico *(resort)*.

4 – Sem prejuízo do disposto no artigo 10.º, nos conjuntos turísticos *(resorts)* só podem instalar-se empreendimentos turísticos.

5 – Podem ser instalados num conjunto turístico *(resort)* empreendimentos turísticos de diferentes categorias.

NOTA:

O conceito de *resort* que era apanágio dos hotéis (art. 27.°, n.° 3, do Decreto-Regulamentar n.° 36/97, de 25.09) é agora sinal distintivo dos conjuntos turísticos (mega-empreendimentos turísticos).

Conclui-se que o conceito de conjunto turístico é agora aligeirado, confrontando o n.° 1, do preceito, com o art. 1.°, do Decreto-Regulamentar n.° 20/99, de 13.09.

Assim, são considerados conjuntos turísticos:
– os núcleos de instalações funcionalmente interdependentes, situados em espaços com continuidade territorial, "ainda que atravessados por ..." (a lei anterior referia "núcleos de instalações funcionalmente interdependentes, localizados numa área demarcada");
– destinados a proporcionar alojamento e serviços complementares de apoio a turistas (indicação redundante face ao disposto no art. 2.°, n.° 1, *in fine*, e que a lei anterior omitia);
– sujeitos a uma administração comum de serviços partilhados e de equipamentos de utilização comum (a versão anterior apenas referia "submetidos a uma mesma administração");
– que integrem pelo menos dois empreendimentos turísticos (a lei anterior referia "um ou vários estabelecimentos hoteleiros ou meios complementares de alojamento"), sendo obrigatoriamente um deles um *estabelecimento hoteleiro de cinco ou quatro estrelas* (requisito que a lei anterior omitia), um equipamento de animação autónomo (requisito que a lei anterior igualmente omite) e um estabelecimento de restauração (requisito pré-existente na versão anterior), o qual pode fazer parte integrante de um dos empreendimentos turísticos (n.ºs 1 e 3).

A versão actual não obriga, desconhecendo-se o motivo, à existência ainda de um estabelecimento, iniciativa, projecto ou actividade *declarados de interesse para o turismo*.

Os equipamentos de animação autónomos estão identificados, a título exemplificativo, no n.° 2.

Permite-se a instalação de estabelecimentos comerciais ou de prestação de serviços (do tipo centro comercial), segundo o n.° 4, por remissão para o art. 10.°, do presente diploma.

O n.° 5, do preceito, introduz também um elemento novo, permitindo a instalação de empreendimentos turísticos de diferentes categorias.

ARTIGO 16.º
Requisitos mínimos dos conjuntos turísticos *(resorts)*

Os conjuntos turísticos *(resorts)* devem possuir, no mínimo, e para além dos requisitos gerais de instalação, as seguintes infra-estruturas e equipamentos:

a) Vias de circulação internas que permitam o trânsito de veículos de emergência;
b) Áreas de estacionamento de uso comum;
c) Espaços e áreas verdes exteriores envolventes para uso comum;
d) Portaria;
e) Piscina de utilização comum;
f) Equipamentos de desporto e lazer.

SECÇÃO VII
Empreendimentos de turismo de habitação

ARTIGO 17.º
Noção de empreendimentos de turismo de habitação

1 – São empreendimentos de turismo de habitação os estabelecimentos de natureza familiar instalados em imóveis antigos particulares que, pelo seu valor arquitectónico, histórico ou artístico, sejam representativos de uma determinada época, nomeadamente palácios e solares, podendo localizar-se em espaços rurais ou urbanos.

2 – Nos empreendimentos de turismo de habitação o número máximo de unidades de alojamento destinadas a hóspedes é de 15.

NOTA:

Uma das principais novidades do presente regime, conforme já dito, é a autonomização dos empreendimentos de turismo de habitação, que deixam de fazer parte de um dos tipos de empreendimentos de turismo no espaço rural, atendendo à novidade da respectiva localização, sendo agora também admissível a instalação em *espaços urbanos*.

Quanto ao conceito em si, acompanha, na primeira parte, o disposto no art. 4.º, do Decreto-Lei n.º 54/2002, de 11.03; apresentando, na segunda parte, a referida novidade.

Relativamente à capacidade de alojamento a redacção actual aumenta-a de 10 para 15 quartos (deixando de se exigir capacidade mínima, cfr. o n.º 3, do presente preceito com o art. 14.º, n.º 2, do Decreto-Regulamentar n.º 13/2002, de 12.03).

Os respectivos requisitos de funcionamento dependem da publicação da portaria a que alude o art. 4.º, n.º 2, al. b).

SECÇÃO VIII
Empreendimentos de turismo no espaço rural

ARTIGO 18.º
Noção de empreendimentos no espaço rural

1 – São empreendimentos de turismo no espaço rural os estabelecimentos que se destinam a prestar, em espaços rurais, serviços de alojamento a turistas, dispondo para o seu funcionamento de um adequado conjunto de instalações, estruturas, equipamentos e serviços complementares, tendo em vista a oferta de um produto turístico completo e diversificado no espaço rural.

2 – Os empreendimentos de turismo no espaço rural previstos nas alíneas *a*) a *c*) do número seguinte devem integrar-se nos locais onde se situam de modo a preservar, recuperar e valorizar o património arquitectónico, histórico, natural e paisagístico das respectivas regiões, através da recuperação de construções existentes, desde que seja assegurado que esta respeita a traça arquitectónica da construção já existente.

3 – Os empreendimentos de turismo no espaço rural podem ser classificados nos seguintes grupos:

    a) **Casas de campo;**
    b) **Agro-turismo;**
    c) **Hotéis rurais.**

4 – São casas de campo os imóveis situados em aldeias e espaços rurais que se integrem, pela sua traça, materiais de construção e demais características, na arquitectura típica local.

5 – Quando as casas de campo se situem em aldeias e sejam exploradas de uma forma integrada, por uma única entidade, são consideradas como turismo de aldeia.

6 – São empreendimentos de agro-turismo os imóveis situados em explorações agrícolas que permitam aos hóspedes o acompanhamento e conhecimento da actividade agrícola, ou a participação nos trabalhos aí desenvolvidos, de acordo com as regras estabelecidas pelo seu responsável.

7 – São hotéis rurais os estabelecimentos hoteleiros situados em espaços rurais que, pela sua traça arquitectónica e materiais de construção, respeitem as características dominantes da região onde estão implantados, podendo instalar-se em edifícios novos.

8 – Nos empreendimentos previstos nas alíneas a) e b) do n.º 3, o número máximo de unidades de alojamento destinadas a hóspedes é de 15.

NOTA:

A redacção do n.º 1, mantém a característica soberana do empreendimento no espaço rural (localização "em espaços rurais", em conformidade com o art. 1.º, do Decreto-Lei n.º 54/2002, de 11.03, embora aqui se optasse pela indicação "zona rural"); por outro lado, surge um abrandamento do regime ao substituir-se o termo "hospedagem" (art. 2.º, n.º 1, do Decreto-Lei n.º 54/ /2002, de 11.03) pela denominação *serviços de alojamento*. No restante, o preceito corresponde à redacção anterior (art. 2.º, n.º 1, do citado Decreto-Lei n.º 54/ /2002).

O n.º 2, acolhe a *razão-de-ser dos empreendimentos de turismo no espaço rural*, conforme plasmado no regime anterior (art. 2.º, n.º 2, do Decreto-Lei n.º 54/ /2002, de 11.03), ou seja, "preservar, recuperar e valorizar". Confunde-nos, no entanto, a redacção do preceito quando indica "Os empreendimentos de turismo no espaço rural *previstos nas alíneas a) a c)*", atendendo a que esta explicitação peca por redundante, dado que agora os grupos existentes são **só** os previstos nas alíneas a) a c).

Quanto aos empreendimentos de turismo de habitação, que constituem um novo tipo de empreendimento turístico, a lei actual mantém a exigência de se instalarem em "imóveis antigos particulares", ou seja, os *imóveis continuam a não puder ser construídos para o efeito de exploração em turismo de habitação*.

O n.º 3, apresenta a tipologia dos empreendimentos que fica restrita a três grupos: casas de campo, agro-turismo e hotéis-rurais. O turismo de aldeia mantém-se a partir da figura casas de campo (quando estas são situadas em aldeias e exploradas de forma integrada, n.º 5), não se estabelecendo qualquer limite mínimo de casas.

O conceito de aldeia histórica perdeu-se ...

Os parques de campismo *rurais* não são acolhidos na nova redacção, ficando a pertencer, entendemos, apenas ao tipo parques de campismo.

As casas de campo definidas no n.º 4, recebem uma abrandamento dos respectivos requisitos, deixando de se exigir que constituam casas particulares, que prestem um serviço de hospedagem e, eventualmente, sirvam de utilização própria aos proprietários, possuidores ou legítimos detentores (cfr. art. 8.º, do Decreto--Lei n.º 54/2002, de 11.03), a não ser que tal venha a ser corrigido na portaria a publicar, hipótese que, por ora, desconsideramos. O legislador actual apenas recebeu o n.º 2, do preceito anterior, solicitando (além da localização) a adequação da "traça, materiais de construção e demais características, na arquitectura típica local".

Os empreendimentos de agro-turismo deixam de ter em consideração "o serviço de hospedagem de natureza familiar prestado em casas particulares", mantendo no restante a versão anterior (cfr. n.º 6, do preceito com o art. 6.º, n.º 1, do Decreto-Lei n.º 54/2002, de 11.03).

Os hotéis-rurais também receberam um regime menos exigente, sendo somente acolhido o n.º 2, do art. 9.º, do Decreto-Lei n.º 54/2002, de 11.03, com a facilidade de poderem ser *instalados em edifícios novos* (n.º 7, *in fine*). Parece-nos que o n.º 7, confronta o n.º 2, 2ª parte do mesmo preceito, porquanto se mantém o propósito de "recuperação de construções existentes".

A capacidade de alojamento é aumentada, quanto às casas de campo de 10 para 15 (cfr. n.º 8, do preceito, com o art. 34.º, n.º 2, do Decreto-Regulamentar n.º 13/2002, de 12.03), e quanto ao agro-turismo, igualmente de 10 para 15 (cfr. n.º 8, do preceito, com o art. 24.º, n.º 2, do Decreto-Regulamentar n.º 13/2002, de 12.03).

Os hotéis-rurais não possuem qualquer limite de capacidade máxima (conforme já decorria da lei anterior, na redacção introduzida pelo Decreto-Regulamentar n.º 5/2007, de 14.02).

As características subjacentes ao espírito do turismo no espaço rural, e, em particular, as condições próprias de exploração não foram atendidas, pelo que esta forma de turismo se assemelha a uma estrutura de alojamento comum, exceptuando a localização.

Breve itinerário histórico do regime do turismo no espaço rural:

Aquando da publicação do Decreto-Lei n.º 256/86, de 27 de Agosto (primeiro diploma sobre esta matéria)[1], pretendia-se com o regime do turismo no espaço rural, para além das preocupações com o património arquitectónico e artístico das regiões, promover a fixação da população às zonas rurais, contrariando as tendências migratórias, e corrigir ou esbater as assimetrias regionais.

Explicava CATARINA MENDES LEAL ("O Turismo Rural e a União Europeia – Uma realidade em expansão – Guia prático de investimento", Almedina, 2001, p. 22), "Há que salientar, que o objectivo da Coesão Económica e Social é muito importante, pois visa:
– a reorganização da Política Regional Comunitária;
– visa acompanhar as políticas sectoriais.

A dimensão rural é uma preocupação geral da Comunidade. Assim, o artigo 130B, Tratado CEE (*actual* artigo 159.º, Tratado de Amesterdão), aborda a necessidade de corrigir desequilíbrios regionais através da aplicação de Políticas Comunitárias e do Mercado Interno.

A alteração do artigo 130.º-A, Tratado CEE (artigo 158.º, com o título XVII, Tratado de Amesterdão), relativo à Coesão Económica e Social, é importante, pois traduz a existência de uma vontade política em promover o desenvolvimento rural, tanto mais que tal objectivo se encontra inscrito como um objectivo da Coesão.

O artigo 130.º-B, Tratado CEE (artigo 159, Tratado de Amesterdão), permite a criação de acções específicas através de fundos, tendo por base a consulta. (...).

Determinados Regulamentos Comunitários, cuja aplicabilidade se destina a todos os países, visam o desenvolvimento das actividades turísticas ou em quintas. Estes Regulamentos englobam projectos individuais ou colectivos, financiados pelos quadros 5 e 6 do Regulamento (CEE) 2328/91, que incentiva investimentos em explorações que conduzam ao desenvolvimento do Turismo de Quinta e de Artesanato".

Com a aprovação do Decreto-Lei n.º 54/2002, de 11.03, o *turismo no espaço rural* é definido como o conjunto de actividades, serviços de alojamento e anima-

---

[1] Posteriormente revogado pelo Decreto-Lei n.º 169/97, de 04 de Julho, e este, mais tarde, substituído pelo Decreto-Lei n.º 54/2002, de 11.03.

ção a turistas (promovendo designadamente o "património natural, paisagístico e cultural, os itinerários temáticos, a gastronomia, o artesanato, a caça, o foclore, a pesca, os jogos e os transportes tradicionais"), em empreendimentos de natureza familiar, realizados e prestados mediante remuneração, em zonas rurais, segundo as modalidades já referidas (art. 1.º).

Consideravam-se empreendimentos de turismo no espaço rural os estabelecimentos que se destinavam a prestar serviços temporários de hospedagem e de animação a turistas, realizados e prestados em zonas rurais, dispondo para o seu funcionamento de um adequado conjunto de instalações (por forma a preservar, recuperar e valorizar o património arquitectónico, histórico, natural e paisagístico das respectivas regiões), estruturas, equipamentos e serviços complementares, tendo em vista a oferta de um produto turístico completo e diversificado no espaço rural (art. 2.º, n.ᵒˢ 1 e 2).

Por sua vez, o *turismo de habitação*, que então se incluía no turismo no espaço rural acentuava o valor arquitectónico, histórico ou artístico da casa antiga (art. 4.º, n.º 1); o turismo rural e o turismo de aldeia estabelecia a ligação das casas à arquitectura típica local (arts. 5.º, n.ᵒˢ 1 e 7, n.º 2); nas casas de campo sobressaia a arquitectura e o ambiente rústico (art. 8.º, n.º 2); o agro-turismo previa o acompanhamento e conhecimento pelo hóspede da actividade agrícola (art. 6.º, n.º 1); e os hotéis-rurais visavam "pela sua traça arquitectónica, materiais de construção, equipamento e mobiliário", respeitar as características dominantes da região em que se situem (art. 9.º, n.º 1).

Além das características arquitectónicas e de inserção que diversificam a oferta turística das modalidades assinaladas, em todas houve o cuidado de padronizar determinados requisitos. Valorizava-se a natureza familiar da exploração "na perspectiva de que o turismo no espaço rural deve incentivar o contacto entre os visitantes e as populações, prevê-se que as explorações tenham, na medida do possível, natureza familiar.

Pretende-se assim revitalizar e desenvolver o tecido económico rural, contribuindo para o aumento do rendimento das populações locais e criando condições para o crescimento da oferta de emprego e fixação das ditas populações" (preâmbulo do diploma introdutório).

O requisito da natureza familiar, era especialmente reflectido quanto ao turismo de habitação (art. 4.º, n.º 1), esperava-se que o explorador da casa acolhesse o turista na qualidade de *anfitrião*.

O explorador não teria necessariamente que ser o proprietário da casa, podendo deter a figura de mero possuidor [poder de facto (elemento material) e comportamento como proprietário (elemento psicológico, *animus*)] ou legítimo detentor *(animus detendi)*. A lei destacava que não se pretendia a intervenção no domínio estatal, focalizada como sabemos para uma outra forma de recuperação de património, de que as pousadas são o melhor exemplo.

A exploração do empreendimento podia ser exercida em nome individual ou através de agrupamento de pessoas unidas por laços familiares, sob a forma societária.

A união familiar pode decorrer de lanços de sangue (parentesco) ou do casamento (afinidade). A lei revogada definia o conceito de sociedade familiar, como a sociedade comercial em que 80% do respectivo capital social seja detido por membros da mesma família cujo respectivo parentesco não exceda o 6.° grau da linha colateral (art. 4.°, n.° 3).

No que concernia ao turismo de habitação, turismo rural e agro-turismo, durante o período de exploração (em princípio, durante todo o ano, podendo, excepcionalmente, encerrar durante um período máximo de 90 dias, nos termos do n.° 1 do art. 54.°), era obrigatória a permanência na casa do respectivo explorador (arts. 4.°, n.° 2, 5.°, n.° 2 e 6.°, n.° 2).

SECÇÃO IX
Parques de campismo e de caravanismo

ARTIGO 19.°
Noção de parques de campismo e de caravanismo

1 – São parques de campismo e de caravanismo os empreendimentos instalados em terrenos devidamente delimitados e dotados de estruturas destinadas a permitir a instalação de tendas, reboques, caravanas ou autocaravanas e demais material e equipamento necessários à prática do campismo e do caravanismo.

2 – Os parques de campismo e de caravanismo podem ser públicos ou privativos, consoante se destinem ao público em geral ou apenas aos associados ou beneficiários das respectivas entidades proprietárias ou exploradoras.

3 – Os parques de campismo e de caravanismo podem destinar--se exclusivamente à instalação de um dos tipos de equipamento referidos no n.° 1, adoptando a correspondente designação.

4 – Nos parques de campismo e de caravanismo podem existir instalações de carácter complementar destinadas a alojamento desde que não ultrapassem 25 % da área total do parque destinada aos campistas, nos termos a regulamentar na portaria prevista na alínea *b*) do n.º 2 do artigo 4.º

NOTA:

A redacção do preceito acompanha o art. 4.º, do Decreto-Lei n.º 167/97, de 04.07, agora com o aditamento "caravanismo".

Sobre ilícito contra-ordenacional: *v.* art. 67.º, n.º 1, al. *g*).

SECÇÃO X
Empreendimentos de turismo de natureza

ARTIGO 20.º
Noção de empreendimentos
de turismo de natureza

1 – São empreendimentos de turismo de natureza os estabelecimentos que se destinem a prestar serviços de alojamento a turistas, em áreas classificadas ou noutras áreas com valores naturais, dispondo para o seu funcionamento de um adequado conjunto de instalações, estruturas, equipamentos e serviços complementares relacionados com a animação ambiental, a visitação de áreas naturais, o desporto de natureza e a interpretação ambiental.

2 – Os empreendimentos de turismo de natureza são reconhecidos como tal, pelo Instituto de Conservação da Natureza e da Biodiversidade, I. P., de acordo com os critérios definidos por portaria conjunta dos membros do Governo responsáveis pelas áreas do ambiente e do turismo.

3 – Os empreendimentos de turismo de natureza adoptam qualquer das tipologias previstas nas alíneas *a*) a *g*) do n.º 1 do artigo 4.º, devendo obedecer aos requisitos de instalação, classificação e funcionamento previstos para a tipologia adoptada.

NOTA:

Confessamos que a noção de empreendimentos de turismo de natureza contém tal latitude que nos confunde.

Preliminarmente, o n.º 3, indica que os empreendimentos de turismo de natureza podem adoptar qualquer das tipologias previstas nas alíneas *a*) a *g*) do n.º 1, do artigo 4.º, ou seja, qualquer das tipologias legalmente admissíveis (atendendo a que a alínea *h*), do n.º 1, do art. 4.º, contempla exactamente o turismo da natureza).

Por outro lado, enquanto na lei anterior se referia a localização em "zonas integradas na Rede Nacional de Áreas Protegidas" (art. 1.º, do Decreto-Lei n.º 47/99, de 16.02), a redacção actual apenas indica "áreas classificadas ou noutras áreas com valores naturais", remetendo, depois, o n.º 2, do preceito, para uma portaria a publicar, para efeito de reconhecimento do empreendimento.

Também aqui o conceito "hospedagem" é substituído por *serviços de alojamento* (cfr. art. 1.º, n.º 2, do Decreto-Lei n.º 47/99, de 16.02 com o n.º 1, do preceito) e não é acolhida a contemplação e desfrute do património tendo em vista a oferta de produto turístico integrado e diversificado.

As actividades são agora alargadas (para além da animação ambiental, interpretação ambiental e desporto de natureza), e surge a actividade de visitação de áreas naturais (n.º 1, do preceito, *in fine*, em confronto com o n.º 2, do art. 2.º, do Decreto-Lei n.º 47/99, de 16.02). É, pensamos, devido a esta última actividade que (fenómeno extraordinário), se permite a *construção de empreendimentos* (com o leque de estruturas já indicado, inclusive a edificação de um conjunto turístico). Comparando o regime actual com a rigorosa lei anterior que delimitava o turismo de natureza a casas e empreendimentos turísticos de turismo no espaço rural e a casas de natureza (sendo estas últimas, as casas-abrigo, as casas-retiro e os centros de acolhimento, de acordo com o n.º 1, do art. 2.º, do Decreto-Lei n.º 47/99, de 16.02, sendo que as únicas casas construídas de raiz ou adaptadas a partir de edifício existente eram os centros de acolhimento, atento o respectivo fim), resta perguntar que tipo de turismo da natureza é afinal acolhido, até aqui sempre ligado ao eco-turismo.

Continuam em vigor os artigos. 2.º, n.ºs 2 e 3, 8.º, 9.º e 12.º do Decreto-Lei n.º 47/99, de 16 de Fevereiro.

CAPÍTULO III
Competências

ARTIGO 21.º
Competências do Turismo de Portugal, I. P.

1 – Compete ao Turismo de Portugal, I. P., exercer as competências especialmente previstas no presente decreto – lei relativamente aos empreendimentos turísticos referidos nas alíneas *a)* a *d)* do n.º 1 do artigo 4.º e na alínea *c)* do n.º 3 do artigo 18.º

2 – Compete ainda ao Turismo de Portugal, I. P., no âmbito das suas atribuições:

a) Intervir, nos termos da lei, na elaboração dos instrumentos de gestão territorial;

b) Emitir parecer sobre as operações de loteamento que contemplem a instalação de empreendimentos turísticos, limitado à área destes, excepto quando tais operações se localizem em zona abrangida por plano de pormenor em que tenha tido intervenção;

c) Fixar a capacidade máxima e atribuir a classificação dos empreendimentos turísticos referidos nas alíneas *a)* a *d)* do n.º 1 do artigo 4.º e dos hotéis rurais.

3 – Ao parecer referido na alínea *b)* do número anterior aplica-se o disposto no artigo 26.º, com as necessárias adaptações.

4 – Para efeitos da instalação de empreendimentos turísticos, os contratos que tenham por objecto a elaboração de um projecto de plano, sua alteração ou revisão, previsto no artigo 6.º-A do regime jurídico dos instrumentos de gestão territorial, podem ser celebrados também com o Turismo de Portugal, I. P., e com as demais entidades públicas representativas de interesses a ponderar no procedimento relativo ao futuro plano.

NOTA:

Já nos pronunciamos no passado pela intervenção *fulgurante* do Turismo de Portugal, I. P. através do Decreto-Lei n.º 141/2007, de 27.04, que salvo melhor opinião, não dota integralmente esta entidade das competências anteriormente exercidas pela DGT². Não entendemos a razão subjacente ao âmbito de intervenção do Turismo de Portugal, I. P. se quedar aos empreendimentos previstos no art.

² (O entendimento que a seguir se manifesta foi proferido antes da entrada em vigor do diploma em anotação).
No preâmbulo do Decreto-Lei n.° 208/2006, de 27 de Outubro, que aprovou a Lei Orgânica do MEI (Ministério da Economia e da Inovação) é referida a criação de "uma única estrutura pública dirigida à promoção do desenvolvimento turístico, o *Instituto de Turismo de Portugal*, envolvendo a disponibilização de **informação** aos agentes económicos, a **qualificação** dos recursos turísticos, no plano interno e externo, e a estrutura, planeamento e execução das acções de **promoção** turística, por iniciativa própria ou mediante contratualização, o financiamento da melhoria da oferta turística, o investimento qualificado dos **recursos humanos**, bem como a regulação e fiscalização dos **jogos de fortuna e azar**"(negrito nosso).
Assim, nos termos do art. 18.°, n.° 2, al. *e)*, daquele diploma, cabe ao Instituto de Turismo de Portugal, I. P.:
"**Acompanhar o desenvolvimento da oferta turística nacional**, *nomeadamente* através do **registo** e **classificação** de estabelecimentos e actividades turísticas, e promover uma correcta inserção do turismo sustentável, entendido como elemento de valorização territorial, em colaboração com os organismos competentes pelo ordenamento do território e pela protecção da Natureza" (negrito e itálico nossos).
No mesmo diploma, procede-se à extinção da Direcção-Geral do Turismo (DGT), sendo as suas atribuições de natureza normativa integradas na Direcção-Geral das Actividades Económicas (DGAE), e as restantes no "Instituto do Turismo de Portugal, IP" (art. 27.°, n.° 3, al. *d*)).
A DGAE, por sua vez, tem por incumbência (para além da herança normativa deixada pela DGT), promover a articulação da política de empresa com outras políticas públicas, nomeadamente nas áreas do ambiente e do ordenamento do território (al. *a*), do art. 12.°); contribuir para a definição e execução das políticas que enquadram o relacionamento económico externo, apoiando o Governo na política de turismo (al. *b*), do art. 12.°, ambos do diploma citado).
De seguida, procede-se à publicação do Decreto-Lei n.° 141/2007, de 27 de Abril, que pretende (segundo o respectivo preâmbulo) concretizar o esforço de racionalização estrutural consagrado no Decreto-Lei n.° 208/2006, de 27 de Outubro, visando a criação de uma "única estrutura pública que prossiga a missão de promover a valorização e sustentabilidade da actividade turística nacional". Para tal, o novo organismo (ITP, IP) concentra as competências anteriormente exercidas pelo Instituto de Turismo de Portugal, a *Direcção-Geral de Turismo* – com excepção das atribuições de natureza normativa – o Instituto de Formação Turística e a Inspecção-Geral de Jogos (art. 24.°, n.° 1).
Neste contexto, o art. 4.°, do diploma em análise, sob a epígrafe *Missão e atribuições*, preceitua que ao Turismo de Portugal, I.P, cabe:
g) Acompanhar a evolução da oferta turística nacional, *designadamente* através do **registo** e **classificação** de empreendimentos e actividades turísticas [ou seja,

em análise comparativa, a primeira incumbência (registo) corresponde à primeira parte da al. *e*) do art. 7.° do Decreto-Lei n.° 167/97, de 04 de Julho e a segunda (classificação) ao art. 60.°, igualmente do diploma citado].

Sendo certo que tais incumbências são meramente exemplificativas (aliás veja-se que do art. 7.° do Decreto-Lei n.° 167/97, de 04 de Julho, *só uma alínea foi aflorada*).

h) "Promover uma política adequada de ordenamento turístico e de estruturação da oferta, em colaboração com os organismos competentes, intervindo na elaboração dos instrumentos de gestão territorial, participando no licenciamento ou autorização de empreendimentos e actividades, reconhecendo o seu interesse para o turismo ou propondo ao Governo o reconhecimento da respectiva utilidade turística".

Chegados aqui cabe-nos proceder à seguinte reflexão:

Como interpretar a segunda parte desta alínea?

Hipótese A) licenciamento ou autorização de empreendimentos e actividades e reconhecimento do interesse para o turismo desses empreendimentos e actividades ou propondo ao Governo o reconhecimento da respectiva utilidade turística

Hipótese B) licenciamento ou autorização de empreendimentos e actividades, reconhecendo o seu interesse para o turismo ou propondo ao Governo o reconhecimento da respectiva utilidade turística

Hipótese C) licenciamento ou autorização de empreendimentos e actividades, declarando o seu interesse para o turismo ou propondo ao Governo o reconhecimento da respectiva utilidade turística

Como sabemos, a qualificação de utilidade turística só poderá ser atribuída num contexto jurídico muito específico.

O art. 4.° do Decreto-Lei n.° 423/83, de 05.12 (que aprovou o regime jurídico da utilidade turística) obriga ao preenchimento cumulativo dos pressupostos aí enunciados. A dispensa quanto ao preenchimento de tais pressupostos apenas será concedida aos chamados *empreendimentos de categoria superior*, assim considerados pelo Decreto-Lei n.° 38/94, de 08.02.

Por sua vez, a declaração de interesse para o turismo *projecta-se a partir de um empreendimento turístico,* conforme prevê o preâmbulo do Decreto-Regulamentar n.° 22/98, de 21 de Setembro.

Ora, literalmente, o preceito em análise refere: "participando no licenciamento ou autorização de empreendimentos e actividades, **reconhecendo** (e não declarando) o seu interesse para o turismo". Ou seja, aparentemente, quer-se afastar a intervenção da figura jurídica "declaração de interesse para o turismo".

Por outro lado, no entanto, e no segundo segmento do preceito, é dito "**ou** propondo o reconhecimento da respectiva utilidade turística". Para reforço da ideia, o art. 24.°, n.° 2 do Decreto-Lei n.° 141/2007, de 27 de Abril, indica que as competências legalmente cometidas à Comissão da Utilidade Turística passam a ser exercidas pelo conselho directivo do TP, IP.

O preceito (art. 4.º, n.º 2, al. *h*) do Decreto-Lei n.º 141/2007, de 27.04) possui a virtualidade de nos aproximar novamente da figura "declaração de interesse para o turismo", que há pouco rejeitamos como protagonista do preceito, atendendo a que quer a declaração de utilidade turística, quer a declaração de interesse para o turismo pretendem dar sustentabilidade a um turismo diversificado e de qualidade.

Seguindo tal linha de raciocínio, quem intervém no licenciamento ou autorização de empreendimentos turísticos que, apesar de legalmente assumidos como tal, não são dotados dessa, digamos, chancela de qualidade?

Se fosse ainda nosso ensejo sofisticar um pouco o raciocínio, perguntaríamos se também cabe no elemento literal "participar" os seguintes actos que até então eram assumidos pela *DGT* (nos termos do art. 7.º do Decreto-Lei n.º 167/97, de 04 de Julho, que usamos, repetimos, meramente a título exemplificativo).

– Dar parecer, no âmbito dos pedidos de informação prévia;

– Dar parecer, no âmbito do pedido do licenciamento ou de autorização para a realização de obras de edificação, sobre os projectos de arquitectura dos empreendimentos turísticos e sobre a localização dos mesmos;

– Autorizar as obras isentas ou dispensadas de autorização previstas no Decreto-Lei n.º 555/99, de 16 de Dezembro, que aprovou o Regime Jurídico de Urbanização e de Edificação (RJUE);

– Vistoriar os empreendimentos turísticos, para efeitos da sua classificação, revisão da mesma ou desclassificação como empreendimento turístico;

– Aprovar o nome dos empreendimentos turísticos;

– Atribuir e retirar a qualificação de conjunto turístico.

Quanto à aprovação da classificação, o art. 4.º do Decreto-Lei n.º 141/2007, de 27 de Abril peremptoriamente indica que tal é atribuição do TP, IP.

O que novamente nos confunde. Pois qual a razão deste destaque, quanto à classificação? Qual o motivo de desmerecimento legal do *nome* do estabelecimento, quando ambos, e em igualdade de circunstâncias, são realidades que ultrapassam o procedimento de licenciamento?

Ainda, outra questão que não sendo maior, não será de desprezar, a que órgãos são delegadas estas incumbências?

À luz do art. 7.º do Decreto-Lei n.º 141/2007, de 27 de Abril, que refere a existência do conselho directivo, da comissão de jogos, do fiscal único e do conselho de crédito, ponderamos que só o primeiro pode vir em nosso auxílio. Atendendo que o art. 8.º, n.º 2, al. *i*), do diploma em análise indica que cabe a este órgão (*conselho directivo*):

"desempenhar as competências relativas às atribuições mencionadas nas alíneas g) e h) do n.º 2 do art. 4.º", ou seja,

4.º, n.º 1, als. *a)* a *d)* e aos hotéis-rurais (art. 18.º, n.º 3, al. *c)*). Os restantes empreendimentos, ou seja, os empreendimentos de turismo de habitação, os empreendimentos de turismo no espaço rural, os parques de campismo e de caravanismo e os empreendimentos de turismo da natureza são acompanhados apenas pela respectiva câmara municipal (é isso que deduzimos do art. 27.º).

[– acompanhar a evolução da oferta turística nacional, designadamente através do registo e classificação de empreendimentos e actividades turísticas (al. *g*));
– participar no licenciamento ou autorização de empreendimentos e actividades, *reconhecendo o seu interesse para o turismo,* al. *h*)]
"bem como as que se referem aos procedimentos de atribuição de utilidade turística".

Assim, perguntamos, quem integra a comissão de vistoria dos empreendimentos turísticos, para efeitos da sua classificação, revisão da mesma ou desclassificação como empreendimento turístico, em substituição da extinta *DGT*?

Por último, a intervenção do TP, IP, também se estende aos empreendimentos de turismo em espaço rural, aprovados pelo Decreto-Lei n.º 54/2002, de 11.03?

Relembramos que "a opção de atribuir as competências antes exercidas pela Direcção-Geral do Turismo, ao abrigo do Decreto-Lei n.º 169/97, de 4 de Julho, e no Decreto-Regulamentar n.º 37/97, de 25 de Setembro, às direcções regionais do Ministério da Economia (...), resulta igualmente de aproximar os centros de decisão das populações, permitindo assim uma resposta mais rápida e eficaz dos órgãos da Administração Pública" (*in* preâmbulo do diploma).

O art. 16.º, n.º 2, do Decreto-Lei n.º 208/2006, de 27.10, preceitua que compete às direcções regionais da economia:

b) Assegurar funções desconcentradas de execução das políticas do MEI, através da produção de bens e serviços em matéria de licenciamento, fiscalização e controlo metrológico no âmbito do turismo;

g) Garantir a aplicação da legislação nos sectores do turismo, nas respectivas áreas geográficas de actuação.

Podemos então concluir que as competências das direcções regionais do ME(I) previstas no art. 11.º do Decreto-Lei n.º 54/2002, de 11.03, não transitaram para o TP, IP?

Assim sendo, qual o regime que fundamenta a manutenção da competência, para efeito de procedimento de licenciamento, das direcções regionais da economia, quando da leitura conjugada das alíneas *b)* e *g)* do 16.º, n.º 2, do Decreto-Lei n.º 208/2006, de 27.10., nenhuma das alíneas do preceito citadas suporta essa convicção?

Não se pretende de todo criticar esta descentralização, pois seria especialmente penalizante para o dono da casa de turismo no espaço rural, que no grosso dos casos, tem expressão maior no Norte do País carecer da intervenção do poder central para acompanhamento do respectivo procedimento de licenciamento ou autorização.

O que se crítica é a ausência de coerência do regime normativo.

Preferíamos a límpida redacção do art. 7.º, do Decreto-Lei n.º 167/97, de 04.07, ao preceito actual.

Atendendo a que o actual diploma unifica todos os regimes de licenciamento, o preceito igualmente corresponde, com as devidas adaptações, ao art. 11.º, do Decreto-Lei n.º 54/2002, de 11.03 (turismo no espaço rural) e ao art. 10.º do Decreto-Lei n.º 47/99, de 16.02 (turismo da natureza).

ARTIGO 22.º
Competências dos órgãos municipais

1 – No âmbito da instalação dos empreendimentos turísticos, compete aos órgãos municipais exercer as competências atribuídas pelo regime jurídico da urbanização e da edificação com as especificidades constantes do presente decreto-lei.

2 – Compete ainda à câmara municipal exercer as seguintes competências especialmente previstas no presente decreto-lei:

a) Fixar a capacidade máxima e atribuir a classificação dos empreendimentos de turismo de habitação;

b) Fixar a capacidade máxima e atribuir a classificação dos empreendimentos de turismo no espaço rural, com excepção dos hotéis rurais;

c) Fixar a capacidade máxima e atribuir a classificação dos parques de campismo e de caravanismo;

d) Efectuar e manter o registo do alojamento local disponível ao público.

NOTA:

Também aqui preferíamos a redacção do art. 8.º, do Decreto-Lei n.º 167/97, de 04.07, à *versão* actual.

Apenas ficou claro que a fixação da capacidade máxima e a atribuição da classificação é repartida entre o Turismo de Portugal, I. P. e as respectivas câmaras municipais.

O preceito também corresponde, com as devidas adaptações, ao art. 12.º, do Decreto-Lei n.º 54/2002, de 11.03 (turismo no espaço rural) e ao art. 11.º, do Decreto-Lei n.º 47/99, de 16.02 (turismo da natureza).

CAPÍTULO IV
Instalação dos empreendimentos turísticos

SECÇÃO I
Disposições gerais

ARTIGO 23.º
Regime aplicável

1 - O procedimento respeitante à instalação dos empreendimentos turísticos segue o regime previsto no presente decreto-lei e está submetido ao regime jurídico da urbanização e da edificação, com as especificidades constantes do presente regime e respectiva regulamentação, sempre que envolva a realização das operações urbanísticas ali previstas.

2 - O pedido de licenciamento e a apresentação da comunicação prévia de operações urbanísticas relativas à instalação dos empreendimentos turísticos deve ser instruído nos termos do regime jurídico referido no número anterior, e ainda com os elementos constantes de portaria conjunta dos membros do Governo responsáveis pelas áreas do turismo e do ordenamento do território, devendo o interessado indicar no pedido o tipo de empreendimento, bem como o nome e a classificação pretendidos.

3 - A câmara municipal pode contratualizar com o Turismo de Portugal, I. P., o acompanhamento do procedimento de instalação dos empreendimentos turísticos referidos nas alíneas *a*) a *d*) do n.º 1 do artigo 4.º e na alínea *c*) do n.º 3 do artigo 18.º, para efeitos de dinamização do procedimento, designadamente para promoção de reuniões de concertação entre as entidades consultadas ou entre estas, a câmara municipal e o requerente.

4 - Os projectos de arquitectura relativos a empreendimentos turísticos devem ser subscritos por arquitecto ou por arquitecto em colaboração com engenheiro civil, sendo aplicável o disposto no artigo 10.º do regime jurídico da urbanização e da edificação com as necessárias adaptações.

5 – Nos casos em que decorra em simultâneo a avaliação ambiental de instrumento de gestão territorial e a avaliação de impacto ambiental de projectos de empreendimentos turísticos enquadrados de forma detalhada naquele instrumento, pode realizar-se uma única consulta pública, sem prejuízo de exercício das competências próprias das entidades intervenientes.

6 – Para os projectos relativos a empreendimentos turísticos que sejam submetidos a procedimento de avaliação de impacto ambiental e que se localizem, total ou parcialmente, em áreas incluídas na Reserva Ecológica Nacional, a pronúncia da comissão de coordenação e desenvolvimento regional competente no âmbito daquela avaliação compreende, também, a sua pronúncia nos termos previstos na alínea a) do n.º 2 do artigo 4.º do regime jurídico da Reserva Ecológica Nacional.

7 – Quando os projectos relativos a empreendimentos turísticos sejam submetidos a procedimento de análise de incidências ambientais e se localizem, total ou parcialmente, em áreas incluídas na Reserva Ecológica Nacional, a pronúncia da comissão de coordenação e desenvolvimento regional competente, ao abrigo do disposto na alínea a) do n.º 2 do artigo 4.º do regime jurídico da Reserva Ecológica Nacional, tem em conta os resultados daquele procedimento.

NOTA:

A redacção do preceito corresponde, *grosso modo*, ao art. 10.º, do Decreto-Lei n.º 167/97, de 04.07. O preceito também corresponde, com as devidas adaptações, ao art. 16.º, do Decreto-Lei n.º 54/2002, de 11.03 (turismo no espaço rural) e ao art. 14.º, do Decreto-Lei n.º 47/99, de 16.02 (turismo da natureza).

O regime de instalação aplicável aos empreendimentos turísticos (agora unificado) é, naturalmente, o aprovado pelo presente diploma, aplicando-se a título subsidiário, o RJUE (nos termos da redacção introduzida pela Lei n.º 60/2007, de 04.09).

A instrução do pedido de licenciamento e a apresentação prévia de operações urbanísticas aguardam a publicação das respectivas portarias (n.º 2), sendo que a Portaria inerente ao Decreto-Lei n.º 555/99, de 16.12 (RJUE) já se encontra publicada (Portaria n.º 232/2008, de 11 de Março[3]).

---

[3] Refere o legislador no respectivo preâmbulo: "A Lei n.º 60/2007, de 4 de Setembro, que alterou o regime jurídico da urbanização e da edificação, remete a

Novidade é a possibilidade de contratualização entre a câmara municipal respectiva e o Turismo de Portugal, I. P., mas apenas para os empreendimentos previstos nas alíneas *a*) a *d*) do n.º 1, do art. 4.º, e na alínea *c*) do n.º 3, do art. 18.º, para efeitos de "dinamização do procedimento" (n.º 3). Presume-se que os restantes empreendimentos não carecem de tanta dinamização.

Mantém-se a obrigatoriedade da intervenção de arquitecto ou arquitecto em colaboração com engenheiro civil (n.º 4).

Unificou-se a consulta pública quando estão envolvidas diversas entidades (n.º 5) e a pronúncia da comissão de coordenação e desenvolvimento regional compreende a decisão da REN, perante o procedimento de avaliação de impacto ambiental e de análise de incidências ambientais, de empreendimentos turísticos localizados em áreas incluídas na REN (n.ºs 6 e 7).

Entende-se por *operação urbanística*, as "operações materiais de urbanização, de edificação, utilização dos edifícios ou do solo, desde que, neste último caso, para fins não exclusivamente agrícolas, pecuniários, florestais, mineiros ou de abastecimento público de água" (art. 2.º, al. *j*), do RJUE).

ARTIGO 24.º
Estabelecimentos comerciais e de restauração e bebidas

1 – As disposições do presente decreto-lei relativas à instalação e ao funcionamento dos empreendimentos turísticos são aplicáveis aos estabelecimentos comerciais e de restauração ou de bebidas que deles sejam partes integrantes.

2 – O disposto no número anterior não dispensa o cumprimento dos requisitos específicos relativos a instalações e funcionamento previstos nas respectivas regulamentações.

NOTA:

O preceito corresponde ao art. 5.º, do Decreto-Lei n.º 167/97, de 04.07.

---

indicação dos elementos instrutores dos pedidos de realização de operações urbanísticas para portaria, tal como fazia a redacção actual desse mesmo regime.

Deste modo, reúne-se num único diploma regulamentar a enunciação de todos os elementos que devem instruir aqueles pedidos, tendo-se optado por uma estruturação baseada na forma de procedimento adoptada, de modo a facilitar a sua consulta e actualizando os elementos que contavam da Portaria n.º 1110/2001, de 19 de Setembro".

SECÇÃO II
Informação prévia

ARTIGO 25.º
Pedido de informação prévia

1 - Qualquer interessado pode requerer à câmara municipal informação prévia sobre a possibilidade de instalar um empreendimento turístico e quais as respectivos condicionantes urbanísticas.

2 - O pedido de informação prévia relativo à possibilidade de instalação de um conjunto turístico *(resort)* abrange a totalidade dos empreendimentos, estabelecimentos e equipamentos que o integram.

NOTA:

O preceito corresponde ao art. 11.º, do Decreto-Lei n.º 167/97, de 04.07, com a novidade apresentada pelo n.º 2. O preceito também corresponde, com as devidas adaptações, ao art. 17.º, do Decreto-Lei n.º 54/2002, de 11.03 (turismo no espaço rural) e ao art. 15.º, do Decreto-Lei n.º 47/99, de 16.02 (turismo da natureza).

Sobre a instrução do pedido de informação prévia, *v.* arts. 1.º a 6.º, da Portaria n.º 232/2008, de 11 de Março, que, em nosso entender, substituiu a Portaria n.º 1064/97, de 21.10, pese embora, o silêncio do legislador.

O pedido de informação prévia mantém-se facultativo, possuindo o interesse de aferir da possibilidade de instalar um empreendimento turístico e quais as respectivas condicionantes urbanísticas.

Explica FERNANDA PAULA OLIVEIRA (em anotação ao Acórdão do STA, de 11.01.2001, publicado nos CJA, n.º 29, p. 53):

"No domínio do direito do urbanismo é costume distinguir-se o pedido de informação prévia do direito à informação. A distinção passa, desde logo, pela diferente natureza do pedido formulado: enquanto no direito à informação o requerente pretende saber quais as normas em vigor para uma determinada área ou se esta é abrangida por servidões administrativas, restrições de utilidade pública ou outras condicionantes ao uso dos solos, já no pedido de informação o requerente tem em vista uma concreta pretensão urbanística servindo este pedido para que a Administração verifique se tal pretensão pode ser deferida, tendo em conta as normas urbanísticas em vigor. Trata-se, pois, de uma faculdade reconhecida aos interessados de solicitar à câmara municipal informação sobre a possibilidade de realizar certa operação urbanística sujeita a controlo municipal, bem como os respectivos condicionamentos.

O pedido de informação prévia constitui um instrumento de segurança dos particulares, diminuindo o risco de não aprovação do projecto da obra ou da operação de loteamento, cujos custos são normalmente elevados".

Nos termos do art. 17.º, n.º 1, do RJUE, "A informação prévia favorável vincula as entidades competentes na decisão sobre um eventual pedido de licenciamento ou apresentação de comunicação prévia da operação urbanística a que respeita e, quando proferida nos termos do n.º 2 do art. 14.º[4], tem por efeito a sujeição da operação urbanística em causa, a efectuar nos exactos termos em que foi apreciada, ao regime de comunicação prévia e dispensa a realização de novas consultas externas", contanto que efectuado no prazo de um ano após a decisão favorável (n.º 2). Esgotado o prazo o promotor tem que solicitar ao presidente da câmara declaração "de que se mantêm os pressupostos de facto e de direito que levaram à anterior decisão favorável" (n.º 3).

JURISPRUDÊNCIA:

1. *I – O exercício do direito à informação urbanística distingue-se do pedido de informação prévia, uma vez que enquanto a pronúncia administrativa sobre este pedido tem a natureza de acto prévio administrativo, pois define e regula de modo final e vinculativo a posição da Administração perante uma concreta pretensão urbanística, o acto informativo daquele outro pedido constitui uma mera actuação de natureza declarativa, desprovida de carácter decisório.*

II – O processo de intimação para a prestação de informações, consulta de processos ou passagem de certidões não só está organizado em forma contraditória, como também em termos de se chegar rapidamente à decisão final, em atenção ao tipo de pretensão que visa tutelar, o que geralmente impede o requerente de responder aos factos invocados na resposta.

III – O direito à informação urbanística é mais amplo do que o previsto no regime geral do CPA e na LADA, porque os particulares interessados, têm o direito à informação directa das «disposições» dos instrumentos de gestão territoriais, designadamente os planos municipais, ou seja, o plano director municipal, plano de urbanização e o plano de pormenor, independentemente de estar em curso um procedimento administrativo em que sejam interessados.

---

[4] Sob a epígrafe "Pedido de informação prévia".

IV – *Mas o direito à informação urbanística, na modalidade de informação directa, visa apenas a informação constituída e apreensível através da leitura, exame e interpretação da parte documental dos planos municipais, estando excluída a obtenção de informação com o conteúdo de pareceres, opiniões, estudos, instruções, ou qualquer outra forma de elucidação, seja de que natureza for.*
(Ac. TCAN, de 16.12.2004, CJA, n.º 49, p. 79)

2. *I* – *Pratica um acto ilícito e culposo, gerador da obrigação de indemnizar, o Município que, dispondo de todos os elementos para permitir uma informação correcta, informa os requerentes de que não podiam construir em determinado local, por o Plano o não permitir e, posteriormente, ao ser constatada uma construção no local, esclarece, a pedido dos interessados, que não tinha havido alteração do Plano quanto à possibilidade de edificação no local em causa, posteriormente àquela primeira informação, onde estava prevista uma construção.*

II – *Está correctamente fixada, de harmonia com o preceituado no art. 562.º do Código Civil, a indemnização numa quantia que corresponde à diferença entre a importância pela qual os autores venderam a parcela de terreno, na previsão de que aí não lhes era permitido construir, em face da informação camarária, e a que corresponderia ao valor da mesma parcela, se destinada a construção.*
(Ac. STA, de 03.06.1998, CJA, n.º 36, p. 17)

SECÇÃO III
Licenciamento ou comunicação prévia de operações urbanísticas

ARTIGO 26.º
Parecer do Turismo de Portugal, I. P.

1 – O deferimento pela câmara municipal do pedido de licenciamento e a admissão da comunicação prévia ou a aprovação de informação prévia para a realização de operações urbanísticas referentes aos empreendimentos turísticos previstos nas alíneas *a*) a *d*) do n.º 1 do artigo 4.º e na alínea *c*) do n.º 3 do artigo 18.º do presente decreto-lei carece sempre de parecer do Turismo de Portugal, I. P.

2 – O parecer referido no número anterior destina-se a verificar o cumprimento das normas estabelecidas no presente decreto-lei e respectiva regulamentação, designadamente a adequação do empreendimento turístico projectado ao uso e tipologia pretendidos e implica a apreciação do projecto de arquitectura do empreendimento turístico.

3 – Quando desfavorável, o parecer do Turismo de Portugal, I. P., é vinculativo e deve indicar e justificar as alterações a introduzir no projecto de arquitectura.
4 – Ao parecer referido no n.º 1 aplica-se o disposto no artigo 13.º do regime jurídico da urbanização e da edificação.
5 – Juntamente com o parecer, são fixadas a capacidade máxima do empreendimento e a respectiva classificação de acordo com o projecto apresentado.

NOTA:

O deferimento pela câmara municipal do pedido de licenciamento e a admissão da comunicação prévia ou a aprovação de informação prévia para a realização de operações urbanísticas só carece de parecer do Turismo de Portugal, I. P. estando em causa estabelecimentos hoteleiros, aldeamentos turísticos, apartamentos turísticos, conjuntos turísticos e hotéis-rurais.

O Decreto-Lei n.º 555/99, de 16.12 (RJUE), na redacção introduzida pela Lei n.º 60/2007, de 04.09, pretendeu agilizar o procedimento administrativo e, ao contrário, do até então previsto (licença ou autorização) agora a operação urbanística é *licenciável (autorizável) ou comunicável*.

Assim, nos termos do art. 4.º, do citado Decreto-Lei:

"*1. A realização de operações urbanísticas depende de <u>prévia licença</u>, nos termos e com as excepções constantes da presente secção.*

*2. Estão sujeitas a **licença administrativa**:*

a) As operações de loteamento;[5]

b) As obras de urbanização[6] *e os trabalhos de remodelação*[7] *de terrenos em área não abrangida por operação de loteamento;*

c) As obras de construção[8]*, alteração*[9] *e de ampliação*[10] *em área não abrangida por operação de loteamento;*

d) As obras de reconstrução[11]*, ampliação*[12]*, alteração*[13]*, conservação*[14] *ou*

---

[5] Definidas no art. 2.º, al. *i*), do referido diploma.
[6] Definidas no art. 2.º, al. *h*), do referido diploma.
[7] Definidas no art. 2.º, al. *l*), do referido diploma.
[8] Definidas no art. 2.º, al. *b*), do referido diploma.
[9] Definidas no art. 2.º, al. *e*), do referido diploma.
[10] Definidas no art. 2.º, al. *d*), do referido diploma.
[11] As "obras de reconstrução sem preservação das fachadas" encontram-se

demolição[15] de imóveis classificados ou em vias de classificação e as obras de construção, reconstrução, ampliação, alteração, conservação ou demolição de imóveis classificados, bem como dos imóveis integrados em conjuntos ou sítios classificados, ou em áreas sujeitas a servidão administrativa ou restrições de utilidade pública;

e) As obras de reconstrução sem preservação das fachadas;

f) As obras de demolição das edificações que não se encontrem previstas em licença de obras de reconstrução;

g) As demais operações urbanísticas[16] que não estejam isentas de licença, nos termos do presente diploma.

3 – A sujeição a licenciamento dos actos de reparcelamento da propriedade de que resultem parcelas não destinadas imediatamente a urbanização ou edificação depende da vontade dos proprietários.

4 – Está sujeita a **autorização** a utilização dos edifícios ou suas fracções, bem com as alterações da utilização dos mesmos".

Refere o art. 6.º (Isenção de licença), n.º 3, do RJUE:

"Sem prejuízo do disposto no art. 37.º e nos procedimentos especiais que exijam consulta externa, as obras referidas nas alíneas c) a h) do n.º 1 ficam sujeitas ao regime de **comunicação prévia**." Aplicando-se os arts. 34.º a 36.º, também do RJUE.

O preceito corresponde ao art. 15.º, do Decreto-Lei n.º 167/97, de 04.07; e, com as devidas adaptações, ao art. 22.º do Decreto-Lei n.º 54/2002, de 11.03 (turismo no espaço rural) e ao art. 19.º, do Decreto-Lei n.º 47/99, de 16.02 (turismo da natureza).

No entanto, e ao contrário dos regimes anteriores, a lei actual apenas enuncia que, quando desfavorável, o parecer do Turismo de Portugal, I. P., é vinculativo e deve indicar e justificar as alterações a introduzir no projecto de arquitectura (n.º 3), não obrigando à fundamentação das razões que fundamentaram a decisão

---

definidas art. 2.º, al. c), do referido diploma; as "obras de reconstrução com preservação das fachadas" encontram-se definidas art. 2.º, al. n), do mesmo.

[12] Definidas no art. 2.º, al. d), do referido diploma.
[13] Definidas no art. 2.º, al. e), do referido diploma.
[14] Definidas no art. 2.º, al. f), do referido diploma.
[15] Definidas no art. 2.º, al. g), do referido diploma.
[16] Definidas no art. 2.º, al. j), do referido diploma.

desfavorável (a exemplo do art. 16.º, do Decreto-Lei n.º 167/97, de 04.07, do art. 23.º do Decreto-Lei n.º 54/2002, de 11.03 e do art. 20.º, do Decreto-Lei n.º 47/99, de 16.02) e deixando de ser acolhido expressamente o direito de audição prévia (art. 17.º do Decreto-Lei n.º 167/97, de 04.07, art. 24.º, do Decreto-Lei n.º 54/2002, de 11.03 e do art. 21.º, do Decreto-Lei n.º 47/99, de 16.02).

Sempre será, não obstante, de aplicar o *princípio da audiência dos interessados* previsto no art. 100.º, do CPA, tratando-se, como se trata, de acto administrativo, considerado como tal, "as decisões dos órgãos da Administração que ao abrigo de normas de direito público visem produzir efeitos jurídicos numa situação individual e concreta" (art. 120.º, do CPA).

As obras realizadas em violação da presente lei são embargadas e demolidas (art. 72.º).

JURISPRUDÊNCIA:

1. *I – O direito dos interessados a serem ouvidos após a conclusão da instrução não possui a natureza jurídica de direito fundamental.*

II – Tal direito depende da natureza do procedimento em causa, não tendo necessariamente de ser concretizado, nomeadamente nos casos em que não houve instrução ou em que a audiência pretendida se revista de um carácter meramente formal e sem qualquer conteúdo útil para a decisão a proferir.

(Ac. TCA, de 30.10.2003, AASTA, Ano VII, n.º 1, Set.-Dez., 2003, p. 233)

2. *I – Quando a decisão a tomar no procedimento administrativo seja urgente não existe obrigação à audiência prévia, nos termos do n.º 1, al. a), do art. 103.º do CPA, nem de fundamentar a urgência, ainda que esta tenha de resultar de factos objectivos, pelo que pode ser controlada «a posteriori» pelos tribunais.*

II – A obrigação de notificar os interessados para os exames, vistorias, avaliações e diligências semelhantes prevista no n.º 1 do art. 95.º do CPA, está ressalvada apenas nos casos em que a diligência incidir sobre matérias de carácter secreto ou confidencial. (...).

(Ac. STA, de 26.01.2001, AASTA, Ano IV, n.º 2, 2001, p. 79)

3. *(...) IV – A falta de audiência do interessado, prevista no art. 100.º do CPA, quando devida, gera, em princípio, mera anulabilidade, pois, não sendo o direito de ser ouvido um direito fundamental, é de aplicar a regra geral contida no art. 135.º do mesmo Código.*

V – A função instrumental do direito de audiência torna incompreensível que se lhe atribua a dignidade de direito fundamental – e, muito menos, que se considere que a sua preterição ofende «o conteúdo essencial de um direito fundamental» em termos de tal gravidade que justifiquem o seu sancionamento com a nulidade do acto conclusivo do respectivo procedimento – quando o direito subs-

tantivo em causa no procedimento não merece, ele próprio, a qualificação de direito fundamental: é isso que ocorre no caso presente, em que o direito substantivo em causa – o direito de construir ou edificar – não reveste as características de direito fundamental.
(Ac. STA, de 01.03.2000, CJA, n.º 21, p. 61)

4. *I – O que fundamentalmente releva no direito de audiência consagrado no artigo 100.º do CPA é a participação do interessado e a possibilidade de o mesmo influenciar a decisão final, evitando-se decisões-surpresa.*

II – A palavra «instrução», constante do n.º 1 do citado normativo, tem um sentido amplo, abrangendo qualquer elemento, informação ou parecer que anteceda a prolação do acto em causa.

III – Ocorre instrução procedimental quando, após deferimento do pedido de demolição de construção, um terceiro, arrogando-se a propriedade do terreno em causa, apresenta certidão de inscrição no registo predial em seu nome, na sequência do que foi emitido parecer pelo consultor jurídico da Câmara Municipal, com base no qual foi proferido acto revogatório daquele licenciamento.

IV – Assim, impunha-se no caso a audiência do interessado, quer por ter havido instrução, quer porque em casos de revogação, como o presente, o interessado interveio na formação do acto anterior, investindo-o numa certa posição jurídica, devendo ser confrontado com os novos elementos que justificam a prática do novo acto pela Administração.

V – O princípio do aproveitamento do acto administrativo só releva, no âmbito do direito de audiência, se estiver adquirido, em termos absolutos, pela discussão efectuada nos autos, que a decisão a proferir pela Administração, seja qual for a intervenção do interessado, só possa ter determinado sentido.
(Ac. STA, de 24.11.99, CJA, n.º 20, p. 73)

5. *O legislador pretendeu, com o disposto no art. 100.º do CPA, por obediência à norma do n.º 4 do art. 267.º da CRP, a participação dos cidadãos na formação das decisões que lhe digam respeito.*
(Ac. STA, de 10.03.1999, AASTA, Ano II, n.º 2, Jan.-Março, 1999, p. 127)

ARTIGO 27.º
Alvará de licença ou admissão da comunicação prévia

No caso dos parques de campismo e de caravanismo e dos empreendimentos de turismo de habitação e de turismo no espaço rural, com excepção dos hotéis rurais, a câmara municipal, juntamente com a emissão do alvará de licença ou a admissão da comunicação prévia para a realização de obras de edificação, fixa a capacidade máxima e atribui a classificação de acordo com o projecto apresentado.

NOTA:

Aparentemente nos empreendimentos assinalados previstos no art. 4.º, n.º 1, als. e) a g):
— parques de campismo e de caravanismo;
— empreendimentos de turismo de habitação;
— empreendimentos de turismo no espaço rural [incluindo as casas de campo e o agro-turismo, contemplados no art. 18.º, n.º 3, als. a) e b), com excepção dos hotéis rurais, contemplados na al. c), do mesmo preceito], *prescindem da intervenção do Turismo de Portugal, I.P.*, estando a competência decisória concentrada *exclusivamente na câmara municipal* respectiva, não só para efeito de fixação de capacidade máxima e atribuição da classificação, como ainda para emissão do alvará de licença ou a admissão da comunicação prévia. Trata-se de um poder absoluto nunca anteriormente conferido às autarquias, numa aproximação ao regime de instalação dos estabelecimentos de restauração e de bebidas.

Relativamente aos empreendimentos de turismo da natureza, a tipologia dos mesmos obriga à intervenção do Turismo de Portugal, I.P., quando se trate da instalação de estabelecimentos hoteleiros, aldeamentos turísticos, apartamentos turísticos e conjuntos turísticos (art. 20.º, do diploma em anotação).

ARTIGO 28.º
Instalação de conjuntos turísticos *(resorts)*

Sem prejuízo do disposto no n.º 2 do artigo 25.º, a entidade promotora do empreendimento pode optar por submeter conjuntamente a licenciamento ou comunicação prévia as operações urbanísticas referentes à instalação da totalidade dos componentes de um conjunto turístico *(resort)*, ou, alternativamente, submeter tais operações a licenciamento ou comunicação prévia separadamente, relativamente a cada um dos componentes ou a distintas fases de instalação.

NOTA:

O preceito novo permite que conjunto turístico *(resort)*, possa alternativamente, submeter tais operações a licenciamento ou comunicação prévia separadamente, relativamente a cada um dos componentes ou a distintas fases de instalação.

SECÇÃO IV
Obras isentas de licença e não sujeitas a comunicação prévia

ARTIGO 29.º
Processo

As obras realizadas nos empreendimentos turísticos referidos nas alíneas *a*) a *d*) do n.º 1 do artigo 4.º e na alínea *c*) do n.º 3 do artigo 18.º que, nos termos do regime jurídico da urbanização e da edificação, estejam isentas de licença e não se encontrem sujeitas ao regime da comunicação prévia, são declaradas ao Turismo de Portugal, I. P., mediante formulário a disponibilizar na página da Internet daquela entidade, no prazo de 30 dias após a sua conclusão, desde que:

a) Tenham por efeito a alteração da classificação ou da capacidade máxima do empreendimento;

b) Sejam susceptíveis de prejudicar os requisitos mínimos exigidos para a classificação do empreendimento, nos termos do presente decreto-lei e da respectiva regulamentação.

NOTA:

O preceito corresponde, *grosso modo*, ao art. 21.º, do Decreto-Lei n.º 167//97, de 04.07. O preceito também corresponde, com as devidas adaptações, ao art. 28.º, do Decreto-Lei n.º 54/2002, de 11.03 (turismo no espaço rural) e ao art. 24.º, do Decreto-Lei n.º 47/99, de 16.02 (turismo da natureza).

SECÇÃO V
Autorização ou comunicação de utilização para fins turísticos

ARTIGO 30.º
Autorização de utilização para fins turísticos e emissão de alvará

1 – Concluída a obra, o interessado requer a concessão da autorização de utilização para fins turísticos, nos termos do artigo 62.º e

seguintes do regime jurídico da urbanização e da edificação[17], com as especificidades previstas no presente decreto-lei.

2 – O pedido de concessão da autorização de utilização para fins turísticos deve ser instruído com:

a) Termo de responsabilidade subscrito pelos autores do projecto de arquitectura das obras e pelo director de fiscalização de obra, no qual atestam que o empreendimento respeita o projecto aprovado e, sendo caso disso, que as alterações introduzidas no projecto se limitam às alterações isentas de licença nos termos da alínea *b*) do n.º 1 do artigo 6.º do regime jurídico da urbanização e da edificação, juntando a memória descritiva respectiva;

b) Termo de responsabilidade subscrito pelo autor do projecto de segurança contra incêndios, assegurando que a obra foi executada de acordo com o projecto aprovado e, se for caso disso, que as alterações efectuadas estão em conformidade com as normas legais e regulamentares aplicáveis em matéria de segurança contra riscos de incêndio, ou, em alternativa, comprovativo da inspecção realizada por entidades acreditadas nesta matéria;

c) Termo de responsabilidade subscrito pelos autores dos projectos de especialidades relativos a instalações eléctricas, acústicas, energéticas e acessibilidades ou, em alternativa, comprovativo das inspecções realizadas por entidades acreditadas nestas matérias, atestando a conformidade das instalações existentes.

3 – O prazo para deliberação sobre a concessão de autorização de utilização para fins turísticos e emissão do respectivo alvará é de 20 dias a contar da data de apresentação do requerimento, salvo

---

[17] O art. 62.º **(Âmbito)**, do RJUE dispõe:

"1 – A autorização de utilização de edifícios ou suas fracções autónomas destina-se a verificar a conformidade da obra concluída com o projecto aprovado e com as condições do licenciamento ou da comunicação prévia.

2 – A autorização, quando não haja lugar à realização de obras ou quando se trate de alteração da utilização ou de autorização de arrendamento para fins não habitacionais de prédios ou fracções não licenciados, nos termos do n.º 4 do artigo 5.º do Decreto-Lei n.º 160/2006, de 8 de Agosto, destina-se a verificar a conformidade do uso previsto com as normas legais e regulamentares aplicáveis e a idoneidade do edifício ou sua fracção autónoma para o fim pretendido."

quando haja lugar à vistoria prevista no artigo 65.° do regime jurídico da urbanização e da edificação.

4 – O alvará de autorização de utilização para fins turísticos deve conter os elementos referidos no n.° 5 do artigo 77.° do regime jurídico da urbanização e da edificação e dele é dado conhecimento ao Turismo de Portugal, I. P., através dos meios previstos no artigo 74.°

5 – A emissão do alvará de utilização para fins turísticos depende apenas do pagamento prévio pelo requerente da respectiva taxa.

6 – Os conjuntos turísticos *(resorts)* dispõem de um único alvará de autorização de utilização para fins turísticos quando se tenha optado por submeter conjuntamente a licenciamento ou comunicação prévia as operações urbanísticas referentes à instalação da totalidade dos componentes de um conjunto turístico.

7 – Fora do caso previsto no número anterior, cada empreendimento turístico, estabelecimento e equipamento integrados em conjuntos turísticos *(resorts)* devem dispor de alvará de autorização de utilização próprio, de natureza turística ou para outro fim a que se destinem.

8 – A instalação dos empreendimentos turísticos pode ser autorizada por fases, aplicando-se a cada uma delas o disposto na presente secção.

NOTA:

A presente Secção, das mais inovatórias que o regime apresenta, indica agora os regimes próprios de autorização ou comunicação de utilização para fins turísticos. O primeiro, assenta no art. 30.°, e o segundo, no art. 31.°, com carácter supletivo, dado que a epígrafe deste último indica "Comunicação de abertura *em caso de ausência de autorização de utilização para fins turísticos*".

Por outro lado, o procedimento das "vistorias" exigível em qualquer empreendimento é agora substituído pelo termo de responsabilidade dos técnicos, que agora vem instruir o pedido de concessão de autorização de utilização para fins turísticos (n.° 2).

Na lei anterior, o art. 25.°, do Decreto-Lei n.° 167/97, de 04.07, na redacção introduzida pelo Decreto-Lei n.° 217/2006, de 31.10, exigia apenas o termo de responsabilidade subscrito pelo director técnico responsável pela obra *e* somente quando o pedido de vistoria era apresentado após a conclusão das mesmas (n.° 2).

O diploma actual, acolheu as al. *a)* a *c)*, do n.º 1, do art. 29.º, do Decreto--Lei n.º 167/97, de 04.07, com alguma alteração na denominação técnica dos responsáveis, sendo que agora cabe aos técnicos a responsabilidade inerente da utilização para fins turísticos, sem qualquer intervenção da autoridade administrativa.

Relembre-se que o art. 29.º, do Decreto-Lei n.º 167/97, de 04.07, havia sido alterado pelo Decreto-Lei n.º 217/2006, de 31.10, com o fim de agilizar o procedimento de (na altura) licenciamento ou autorização, e estranhamente, havia sido o único diploma a merecer essa *agilização* [que não constava do Decreto-Lei n.º 54/2002, de 11.03 (turismo no espaço rural) e do Decreto-Lei n.º 47/99, de 16.02 (turismo da natureza)], facultando-se ao promotor a possibilidade de a vistoria ser requerida antes de o empreendimento estar em condições de ser aberto ao público e para combater, quer a ausência da vistoria requerida, quer a ausência de emissão de licença ou autorização de utilização turística, ou seja, para minar ou combater a inércia administrativa.

Hoje, os termos de responsabilidade fazem parte do procedimento, prescindindo-se da realização de vistoria, a não ser no caso da mesma ser exigível nos termos do art. 65.º do RJUE (n.º 3). Não entendemos o "salvo" do legislador actual, porquanto o art. 65.º, pertence à Subsecção IV, indica *Utilização de edifícios ou suas fracções*, ou seja, quanto a nós, a vistoria é sempre exigível na fase de utilização de edifícios ou suas fracções.

O preceito corresponde, muito imperfeitamente, aos arts. 25.º e 29.º, do Decreto-Lei n.º 167/97, de 04.07, recebendo ainda um contributo do RJUE, previsto no n.º 5, do preceito; no que concerne ao prévio pagamento das taxas para efeito de emissão do alvará para fins turísticos (art. 113.º, n.º 2, do RJUE, sob a epígrafe *Deferimento Tácito*).

Note-se que o n.º 3, do preceito, acolhe quer o prazo para deliberação sobre a concessão de autorização de utilização para fins turísticos, quer o prazo para emissão do respectivo alvará e a indicação da realização de vistoria nos termos do RJUE.

A remissão do n.º 4, do preceito, para o n.º 5, do art. 77.º, do RJUE, visa apenas indicar quais os elementos a constar do alvará, prescindindo-se agora das especificações próprias da lei do turismo, previstas no n.º 4, do art. 27.º, do Decreto-Lei n.º 167/97, de 04.07. Há também aqui um aligeiramento das exigências informativas do alvará.

O n.º 6, do preceito, atribui aos conjuntos turísticos um alvará único quando submetam conjuntamente a licenciamento ou comunicação prévia as operações urbanísticas, fenómeno que não se estende aos restantes empreendimentos turísticos, quando integrados em conjuntos turísticos, mas cujo procedimento não foi conjunto (n.º 7).

O n.º 8, do preceito, corresponde ao art. 28.º, n.º 3, do Decreto-Lei n.º 167//97, de 04.07.

O preceito também corresponde, com as devidas adaptações, ao art. 29.º, do Decreto-Lei n.º 54/2002, de 11.03 (turismo no espaço rural) e ao art. 25.º, do Decreto-Lei n.º 47/99, de 16.02 (turismo da natureza). Relembre-se que estes dois regimes não mereceram a *agilização* atribuída pelo Decreto-Lei n.º 217/2006, de 31.10, que cuidou exclusivamente do Decreto-Lei n.º 167/97, de 04.07.

ARTIGO 31.º
Comunicação de abertura em caso de ausência de autorização de utilização para fins turísticos

1 – Decorrido o prazo previsto no n.º 3 do artigo 30.º ou decorridos os prazos previstos do artigo 65.º do regime jurídico da urbanização e da edificação, quando tenha sido determinada a realização da vistoria, sem que tenha sido concedida a autorização de utilização para fins turísticos ou emitido o respectivo alvará, o interessado pode comunicar à câmara municipal a sua decisão de abrir ao público, com conhecimento ao Turismo de Portugal, I. P., entregando os seguintes elementos:

a) Termos de responsabilidade a que se referem as alíneas *a)* a *c)* do n.º 2 do artigo 30.º, caso ainda não tenham sido entregues com o pedido aí referido;

b) Termo de responsabilidade subscrito pelo promotor da edificação, assegurando a idoneidade e correctas acessibilidades do edifício ou sua fracção autónoma para os fins a que se destina e que o mesmo respeita as normas legais e regulamentares aplicáveis, tendo em conta o uso e classificação previstos;

c) Auto de vistoria de teor favorável à abertura do estabelecimento elaborado pelas entidades que tenham realizado a vistoria prevista nos artigos 64.º e 65.º do regime jurídico da urbanização e da edificação[18], quando esta tenha ocorrido;

---

[18] O artigo 65.º **(Realização da vistoria)**, do RJUE dispõe que:
"1 – A vistoria realiza-se no prazo de 15 dias a contar da decisão do presidente da câmara referida no n.º 2 do artigo anterior, decorrendo sempre que possível em data a acordar com o requerente.

d) No caso de a vistoria ter imposto condicionantes, termo de responsabilidade assinado pelo responsável da direcção técnica da obra, assegurando que as mesmas foram respeitadas.

2 – No prazo de 30 dias a contar da recepção da comunicação prevista no número anterior, deve o presidente da câmara municipal proceder à emissão do alvará de autorização de utilização para fins turísticos, o qual deve ser notificado ao requerente no prazo de oito dias.

3 – Decorrido o prazo referido no número anterior, o interessado na obtenção de alvará de utilização para fins turísticos pode recorrer ao mecanismo da intimação judicial para a prática de acto legalmente devido previsto no artigo 112.° do regime jurídico da urbanização e da edificação.

4 – Caso se venha a verificar grave ou significativa desconformidade do empreendimento em funcionamento com o projecto aprovado, os subscritores dos termos de responsabilidade a que se referem as alíneas *a*), *b*) e *d*) do n.° 1 respondem solidariamente com a entidade exploradora do empreendimento, pelos danos causados por força da desconformidade em causa, sem prejuízo das demais sanções aplicáveis.

---

2 – A vistoria é efectuada por uma comissão composta, no mínimo, por três técnicos, a designar pela câmara municipal, dos quais pelo menos dois devem ter habilitação legal para ser autor de projecto, correspondente à obra objecto de vistoria, segundo o regime da qualificação profissional dos técnicos responsáveis pela elaboração e subscrição de projectos.

3 – A data da realização da vistoria é notificada pela câmara municipal ao requerente da autorização de utilização, o qual pode fazer-se acompanhar dos autores dos projectos e do técnico responsável pela direcção técnica da obra, que participam, sem direito a voto, na vistoria.

4 – As conclusões da vistoria são obrigatoriamente seguidas na decisão sobre o pedido de autorização.

5 – No caso da imposição de obras de alteração decorrentes da vistoria, a emissão da autorização requerida depende da verificação da adequada realização dessas obras, mediante nova vistoria a requerer pelo interessado, a qual deve decorrer no prazo de 15 dias a contar do respectivo requerimento.

6 – Não sendo a vistoria realizada nos prazos referidos nos n.os 1 ou 5, o requerente pode solicitar a emissão do título de autorização de utilização, mediante a apresentação do comprovativo do requerimento da mesma nos termos do artigo 63.° ou do número anterior, o qual é emitido no prazo de cinco dias e sem a prévia realização de vistoria."

NOTA:

1. A natureza da epígrafe do preceito "Comunicação de abertura *em caso de ausência de autorização de utilização para fins turísticos*" elucida que estamos no âmbito de intervenção dos deferimentos tácitos.

A operação urbanística é, por natureza legal, *autorizável*, no entanto, o prazo previsto no art. 30.º, n.º 3 (prazo para deliberação sobre a concessão de autorização de utilização para fins turísticos e prazo para emissão do respectivo alvará) ou os prazos previstos no art. 65.º, do RJUE (para a realização da vistoria) esgotaram-se, sem que tenha sido concedida a autorização de utilização para fins turísticos ou emitido o respectivo alvará. Nesse caso a utilização em vista é meramente *comunicável*. Basta que o interessado *comunique à câmara municipal respectiva a sua pretensão, com conhecimento ao Turismo de Portugal, I.P.*

O preceito corresponde, na sua essência ao art. 29.º, n.º 1 e 2, do Decreto-Lei n.º 167/97, de 04.07, na redacção introduzida pelo Decreto-Lei n.º 217/2006, de 31.10. (a qual pretendeu desburocratizar e agilizar o regime de procedimento administrativo).

Há, no entanto, uma significativa diferença entre os dois preceitos, o art. 31.º, n.º 3, indica que não havendo emissão do alvará de autorização de utilização para fins turísticos, o interessado na obtenção do mesmo, deve apelar ao mecanismo da intimação judicial para a prática de acto legalmente devido previsto no art. 112.º, do RJUE.

Este número do preceito não se encontrava reflectido no art. 29.º, do Decreto-Lei n.º 167/97, de 04.07, exigindo este diploma apenas a comunicação da abertura ao público à câmara municipal respectiva e à então *DGT* (art. 30.º-A, aditado igualmente pelo Decreto-Lei n.º 217/2006, de 31.10).

Ou seja, a potencial morosidade da figura "intimação judicial para a prática de acto legalmente devido" que o Decreto-Lei n.º 217/2006, de 31.10. temia, pode agora, a qualquer momento, ser recuperada, pretendendo o promotor o alvará de autorização de utilização para fins turísticos, ou seja, se não se sentir devidamente resguardado com o título válido de abertura constituído pelo "comprovativo de ter efectuado a comunicação prevista no n.º 1 do artigo anterior" (art. 32.º, al. *b*)).

Quanto ao n.º 4, do preceito, é de realçar o regime de *responsabilidade solidária* com a entidade exploradora do empreendimento, pelos danos causados por força da desconformidade em causa, sem prejuízo das demais sanções aplicáveis.

2. Relativamente ao mecanismo da intimação judicial para a prática de acto legalmente devido previsto no artigo 112.º, do RJUE, é de destacar a figura da sanção pecuniária compulsória, de natureza civilista e que o direito administrativo acolheu.

Explica CALVÃO DA SILVA ("Cumprimento e sanção pecuniária compulsória", Coimbra, Almedina, 1997, p. 355), "por definição e por função, a sanção pecuniária compulsória não é um fim em si mesmo: a sua utilização visa obter a realização de uma prestação, judicialmente reconhecida, a que o credor tem direito, constituindo, apenas, uma forma de protecção do credor contra o devedor relapso e um reforço da tutela específica do direito daquele à realização *in natura* da prestação que por este lhe é devida. Insere-se, portanto, na sempre actual questão da efectividade da tutela específica a que o credor tem direito, da actuação desse princípio primário, natural e lógico, para toda a espécie de obrigações, que é o direito ao cumprimento".

JURISPRUDÊNCIA:

I – De acordo com o disposto na alínea a) do art. 111.º do DL n.º 555/99, decorridos os prazos fixados para a prática de qualquer acto especialmente regulado no presente diploma sem que o mesmo se mostre praticado, observa-se o seguinte:
"Tratando-se de acto que devesse ser praticado por qualquer órgão municipal no âmbito do procedimento de licenciamento, o interessado pode recorrer ao processo regulado no art. 112.º.
II – (....). III – A fórmula neutra utilizada pela lei – «o acto que se mostre devido» (art. 112.º, n.º 1, parte final) – resulta, simplesmente, da circunstância de a norma para onde remete (art. 111.º, al. a) abarcar um conjunto incaracterizado de possíveis actos administrativos a emitir no âmbito do processo de licenciamento.
IV – Trata-se de uma norma aberta, a integrar em cada caso concreto com o pedido de intimação do tipo de acto que a situação requeira para a defesa dos interesses do requerente.
V – O pedido de intimação pode licença de construção, ao abrigo dos artigos anteriores, não pode ser rejeitado, apenas com fundamento em ilegal apresentação, se o requerente alegou ter apresentado o projecto de especialidade, todos deferidos e aprovados, e também o pedido de passagem da licença de construção sem que a entidade competente se tivesse pronunciado.
(Ac. STA, de 10.03.2004, CJA, n.º 45, p. 59)

3. "As conclusões da vistoria são obrigatoriamente seguidas na decisão sobre o pedido de autorização", dispõe o art. 65.º, do RJUE, ou seja, mantém-se o carácter vinculativo da mesma (apesar de o legislador actual não ter acolhido a indicação de que "se o auto de vistoria for desfavorável, o empreendimento turístico não pode, em caso algum, abrir ao público", como decorria, *v.g.*, do art. 26.º, n.º 8, do Decreto-Lei n.º 167/97, de 04 de Julho). Para tal, e apesar da omissão legal, as referidas conclusões devem ser devidamente fundamentadas (a exemplo do expresso no art. 26.º, n.º 7, do revogado Decreto-Lei n.º 167/97, de 04 de Julho).

O dever de fundamentação recai sobre todos os actos que neguem, extingam, restrinjam ou afectem por qualquer modo direitos ou interesses legalmente protegidos, ou imponham ou agravem deveres, encargos ou sanções (art. 124.º, n.º 1, al. *a*), do CPA, acompanhando a lei constitucional, art. 268.º, n.º 3).

Quanto aos requisitos da fundamentação, dispõe o art. 125.º, n.ºs 1 e 2, do CPA que:

"1. A fundamentação deve ser expressa, através de sucinta exposição dos fundamentos de facto e de direito da decisão, podendo consistir em mera declaração de concordância com os fundamentos de anteriores pareceres, informações ou propostas, que constituirão neste caso parte integrante do respectivo auto.

2. Equivale à falta de fundamentação a adopção de fundamentos que, por obscuridade, contradição ou insuficiência, não esclareçam concretamente a motivação do acto".

A "falta de fundamentação das decisões da administração dificulta muitas vezes a sua impugnação ou sequer uma opção consciente entre a aceitação da sua legalidade e a justificação de um recurso contencioso" (VIEIRA DE ANDRADE; "O dever de fundamentação expressa de actos administrativos", Coimbra, Almedina, p. 110).

O interesse da fundamentação do *acto negativo* é, na essência, estabelecer "um critério para a determinação do conteúdo da fundamentação (...), ou seja, permite-nos compreender a motivação e a justificação da recusa do pedido formulado pelo particular", garantindo ainda um *procedimento decisório* correcto (VIEIRA DE ANDRADE, *op. cit.*, p. 43).

Permite ainda avaliar se o orgão decisório actuou dentro dos poderes legalmente concedidos, ou se ocorreu desvio de poder ou outros vícios que afectam a validade do acto administrativo.

O desvio de poder é entendido por FREITAS DO AMARAL (Direito Administrativo, vol. III, AFDL, p. 308) como "o vício que consiste no exercício de um poder discricionário por um motivo principalmente determinante que não condiga com o fim que a lei visou ao conferir aquele poder. O desvio de poder pressupõe, portanto, uma discrepância entre o fim legal e o fim real (ou fim efectivamente prosseguido pela Administração)".

A tipologia exemplificativa da nulidade dos actos apresenta a usurpação do poder, a incompetência, o vício de forma, a violação da lei e o desvio de poder (arts. 133.º e ss, do CPA)".

FREITAS DO AMARAL (*ibidem*) refere que os dois primeiros vícios (usurpação de poder e incompetência) correspondem à ideia de *ilegalidade orgânica*. O terceiro (vício de forma) à ideia de *ilegalidade formal*. E o quarto e quinto vícios (violação da lei e desvio de poder) à ideia de *ilegalidade material*.

JURISPRUDÊNCIA:

1. *I – O acto administrativo tem de ser fundamentado, sob pena da sua anulabilidade.*

II – A fundamentação, dando a conhecer ao seu destinatário as razões da prática do acto, desempenha um importante papel na defesa dos direitos do administrado, pois permite o controlo da sua legalidade, quer este se faça pela via graciosa, quer pela via contenciosa.

III – Fundamentar um acto não significa uma exaustiva descrição de todas as razões que determinaram a sua prática, mas implica esclarecer devidamente o seu destinatário dos motivos que estão na sua génese e das razões que sustentam o seu concreto conteúdo (...).

(Ac. STA, de 09.05.2001, ADSTA, Ano XLI, n.° 483, p. 203)

2. *I – No domínio da fundamentação, só poderá considerar-se viável o recurso ao princípio do aproveitamento do acto administrativo, se tiver havido enunciação suficiente, embora errónea ou inexacta dos fundamentos de facto e de direito da decisão, mas não nos casos de falta ou insuficiência de fundamentação.*

II – Impondo-se como regra (arts. 124.° e 125.° CPA) a exigência legal de fundamentação, é mais acentuada quando esteja em causa o exercício de poderes discricionários pela Administração, ou esta disponha de margens de apreciação ou de escolha.

III – O aproveitamento do acto inquinado de vício de forma coloca-se ao juiz de um modo particularmente difícil, dado que tal aproveitamento só será admissível quando o agente administrativo, posto que racional e cumpridor da lei, só podia ter tomado aquela decisão, isto é, quando o acto não tenha alternativa válida.

(Ac. STA, de 13.04.2000, AASTA, Ano III, n.° 3, Abr.-Jul., p. 10)

3. *I – O dever legal de decidir importa à Administração pelo artigo 9.°, n.° 1, do Código do Procedimento Administrativo mantém-se, mesmo que seja de presumir tacitamente indeferida à pretensão do interessado e que este tenha deixado transcrever o prazo para a interposição do recurso contencioso daquele indeferimento.*

II – Assim enferma de vício de violação de lei o despacho que, no circunstancialismos referido em I, não decide a pretensão do interessado e manda simplesmente arquivar o procedimento.

(Ac. STA, de 22.03.2000, BMJ, 495, p. 138).

4. *A fundamentação é um conceito relativo que depende do tipo legal do acto, dos seus termos e das circunstâncias em que foi proferido, devendo dar a conhecer ao seu destinatário as razões de facto e de direito em que se baseou o autor para decidir nesse sentido e não noutro, não se podendo abstrair da situação específica daquele e da sua possibilidade, face às circunstâncias pessoais concretas, de se aperceber ou de apreender as referidas razões, mormente quando intervém no procedimento administrativo impulsionando o itinerário cognoscitivo da autoridade competente.*

(Ac. TP, de 10.03.1999, CJA, n.° 16, p. 5)

5. Através do recurso contencioso, a estabilidade do acto em crise pode ser posta em causa, e este banido da ordem jurídica, seja por um acto administrativo – revogação – seja por decisão judicial – anulação.
(Ac. STA, de 17.12.1998, AASTA, Ano II, Set.-Dez., p. 265)

4. Relativamente a uma eventual inércia da autoridade administrativa, convém indicar os pressupostos do deferimento tácito, que têm que ser preenchidos *in casu*, cumulativamente (ou seja, todos os requisitos se têm que acumular perante o caso concreto):

a) Que haja competência e dever de decidir da autoridade em questão em relação à pretensão do requerente;

A competência só pode ser conferida, delimitada ou retirada pela lei (princípio da legalidade da competência, previsto no art. 29.°-1 do CPA), assim a competência não se presume, é imodificável e irrenunciável.

Para FREITAS DO AMARAL, competência é "o conjunto de poderes funcionais que a lei confere para a prossecução das atribuições das pessoas colectivas". Atribuições, são, por sua vez, "os fins ou interesses que a lei incumbe as pessoas colectivas de prosseguir" *(in* "Curso de Direito Administrativo", Coimbra, Almedina, 1994, p. 608).

JURISPRUDÊNCIA:

I – O indeferimento tácito pressupõe que a Autoridade a quem é imputado tenha o dever legal de decidir a pretensão do Requerente.

II – Não há dever legal de decidir se tal pretensão é dirigida à emissão de acto normativo, designadamente uma Portaria.

III – Neste caso o silêncio não é de molde a configurar uma situação de indeferimento tácito. (...)

V – Ou seja, é necessário que um orgão da Administração seja instado a tomar uma decisão que vise produzir efeitos jurídicos numa situação individual e concreta (...)".
(Ac. STA, de 25.06.1998, AASTA, Ano I, n.° 3, Abril-Julho, p. 106)

b) manifestando aquela um comportamento omissivo;
c) durante determinado período de tempo;

Explica CARLOS ALBERTO CADILHA ("O silêncio administrativo", CJA, n.° 28, p. 22.): "O acto de deferimento tácito, que começou por ser admitido no âmbito do direito do urbanismo, corresponde a uma técnica de intervenção de polícia administrativa ou de intervenção tutelar que tem em vista evitar as consequências desvantajosas que para a esfera jurídica dos particulares poderiam resultar da inércia administrativa em relação a certos direitos ou actividades, cujo exercício dependa de um prévio procedimento autorizatório.

Em segunda linha, a valoração positiva do silêncio administrativo tem ainda a intencionalidade de agilizar a Administração, impelindo-a a emitir uma decisão em tempo oportuno, de modo a evitar os inconvenientes do ponto de vista do interesse público que poderiam derivar do deferimento tácito de uma pretensão que fosse contrária à lei."

JURISPRUDÊNCIA:

I – Não ocorre nulidade por omissão de pronúncia quando na sentença expressamente se apontam as razões pelas quais se não conhecem das questões tidas por não apreciadas.

II – Tal abstenção poderá integrar erro de julgamento mas não aquela nulidade.

III – Nos procedimentos de 2.º grau, como é o caso do recurso hierárquico, só haverá lugar a audiência do interessado quando o acto secundário se baseie em elementos novos que não constavam do procedimento de 1.º grau.

IV – A emissão do alvará de licenciamento de construção é um acto integrativo de eficácia, tanto do deferimento expresso como do deferimento tácito do pedido de licenciamento.

V – Uma vez verificado o deferimento tácito, o interessado terá que requerer a emissão do título de licenciamento que é o alvará, só podendo agir ao abrigo do deferimento tácito após a obtenção desse mesmo título.

VI – Assim, não assume a natureza de revogação ilegal de acto constitutivo de direitos, a ordem de demolição de obras realizadas sem que o interessado tenha obtido o mencionado alvará, ainda que haja deferimento tácito do pedido.

(Ac. STA, de 26 de Junho de 2002, ADSTA, Ano XLI, n.º 491, p. 1423)

5. Para aferir se os pressupostos acima referidos foram ou não preenchidos (nomeadamente, se o prazo em curso já expirou), a consulta do processo é fundamental, enquadrando-se no âmbito do chamado *direito à informação procedimental*, ou seja, assiste ao requerente a faculdade de a fim de preparar e documentar a defesa dos seus interesses, consultar os processos administrativos em que é parte legítima e ser informado sobre o andamento dos procedimentos e resoluções tomadas nos termos do art. 61.º, n.ºs 1 e 2 (Direito dos interessados à informação), do CPA que dispõe que:

"1. Os particulares têm o direito de ser informados pela administração, sempre que o requeiram, sobre o andamento dos procedimentos em que sejam directamente interessados, bem como o direito de conhecer as resoluções definitivas que sobre eles forem tomadas.

2. As informações a prestar abrangem a indicação do serviço onde o procedimento se encontra, os actos e diligências praticados, as deficiências a suprir pelos interessados, as decisões adoptadas e quaisquer outros elementos solicitados".

O procedimento para intimação para consulta de documentos ou passagem de certidões tem vindo a ser entendido já não apenas como um mero meio acessório à acção principal de impugnação, mas uma providência autónoma de carácter geral. Para uma compreensão do raciocínio (VIEIRA DE ANDRADE, "Justiça Administrativa, Univ. de Coimbra, Faculdade de Direito, p. 15 e ss.)

Esse mesmo direito é consagrado no art. 110.°, do RJUE (Direito à informação), que abrange o direito à informação sobre os instrumentos de desenvolvimento e planeamento territorial em vigor (n.° 1, al. *a*)), sobre o estado e o andamento dos processos que lhes digam directamente respeito (o chamado *direito à informação procedimental*, n.° 1, al. *b*)); e o direito à consulta dos processos e à obtenção de certidões ou reproduções autenticadas dos documentos que os integram (n.° 3).

O direito à informação procedimental é concedido a quem prove possuir um interesse legítimo e, ainda, para defesa de interesses difusos definidos na lei.

Por sua vez, o *direito à informação não procedimental*, destina-se a permitir aos cidadãos em geral a consulta dos registos e arquivos administrativos, independentemente de serem ou não directamente interessados.

JURISPRUDÊNCIA:

1. *I — O êxito do pedido de intimação para consulta de documentos ou passagem de certidões depende, inter alia, da verificação de um requisito de natureza substantiva (ou condição de procedência) a saber:*

Que a entidade requerida disponha de jurisdição sobre os procedimentos nos quais tais documentos se integrem.

II — Significa isto que, se do pedido formulado pelo requerente no procedimento administrativo, dos factos alegados e dos demais elementos probatórios resultar que a entidade demandada não dispõe de tal jurisdição, o pedido terá necessariamente que ser rejeitado, já que o dever e o poder de «facultar a consulta de documentos ou processos e passar certidões» pressupõe a verificação dessa condição de procedibilidade do pedido.

III — A simples invocação das qualidades de accionista e de contribuinte não têm, por si só, a virtualidade de conferir ao requerente um interesse legítimo atendível para requerer, nos termos do art. 64.°, n.° 1, do CPA, a consulta de documentos relativos a contratos celebrados entre outros accionistas da mesma sociedade a que o próprio requerente pertence.

(Ac. STA, de 13.04.2000, CJA, n.° 21, p. 67)

2. *I — O direito à informação procedimental é conferido às pessoas «directamente interessadas no procedimento», devendo entender-se como directamente interessados, parta tal efeito, todas as pessoas cuja esfera jurídica resulta alterada pela própria instauração do procedimento ou aquelas que saiam (ou sairão provavelmente) beneficiadas ou desfavorecidas nessa sua esfera pela respectiva de cisão final.*

II – *Quer no regime procedimental, que no não procedimental, a titularidade do direito à informação é sempre aferida pela existência de um «interesse» nos elementos pretendidos, que deve ser alegado pelo requerente.*

III – *Tal «interesse» na obtenção dos elementos pretendidos deve-se aferir em função de uma situação de vantagem pretendida, alegada pelo requerente, único requisito subjectivo exigido pela lei de procedimento administrativo (CPA e Lei n.º 65/93, de 26/8), para legitimar o exercício do direito à informação por parte dos administrados.*

IV – *O normativo constante do art. 82.º, n.º 2, da LPTA, regulador do processo de intimação judicial, como meio processual existente ao dispor dos interessados para a efectivação do seu direito à informação, pressupõe para o seu exercício a existência de um interesse legítimo na obtenção da informação, como pressuposto processual de apreciação do pedido de intimação, sem o qual tal pedido carece de ser rejeitado,, ao abrigo do disposto no art. 57.º, § 4.º, do RSTA, que tem aplicação em todos os meios processuais contenciosos administrativos, sejam eles principais ou acessórios.*

(Ac. TCA, de 06.04.2000, CJA, n.º 31, p. 36)

3. *I* – *Face à nova extensão e tutela do direito de informação procedimental, constitucionalmente consagrado no n.º 1 do art. 268.º da Constituição e concretizado nos artigos 61.º a 64.º do CPA, deverá entender-se que o segmento normativo do n.º 1 do art. 82.º da PLTA, corresponde à expressão «a fim de permitir o uso de meios administrativos ou contenciosos» está implicitamente revogado.*

II – *O direito à informação tornou-se independente de qualquer pretensão impugnatória ou judiciária do administrado, perspectivando-se antes como um verdadeiro direito subjectivo. E sendo assim é irrelevante saber o fim a que se destina o pedido de intimação para consulta de documentos ou passagem de certidões.*

III – *Tendo a pretensão da requerente sido apreciada e rejeitada pelo Tribunal Administrativo do Círculo, ao abrigo do art. 82.º da LPTA, o recurso daquela decisão se interpuser é da competência do Tribunal Central Administrativo, nos termos do art. 40.º, alínea a) do ETAF, por a mesma ter sido proferida em meio processual acessório.*

(Ac. TCA, de 27.01.2000, AASTA, Ano III – n.º 2, Jan.-Mar., p. 262)

4. *Fundamentando-se um determinado acto administrativo em parecer jurídico emitido por serviços distintos daquele a que pertence o autor do acto, sobre este recai a obrigação de, a requerimento de um interessado, passar certidão não só do acto, mas ainda do teor ou conteúdo de tal parecer jurídico, enquanto fundamentação e parte integrante do acto administrativo por si praticado, sendo para o efeito irrelevante que o autor do acto não disponha do «original« ou «fotocópia autenticada« do referido parecer.*

(Ac. TCA, de 30.09.1999, BMJ, 489, p. 423)

5. *I* – *O direito à informação e o direito à sua tutela jurisdicional efectiva são direitos de natureza análoga aos «direitos, liberdades e garantias» (vide art. 268.º da Constituição). E sendo o direito à informação e o direito à sua tutela jurisdicional efectiva direitos fundamentais, estes só podem ser* *objecto de restrições nos casos previstos na Constituição, devendo as restrições limitar-se ao necessário para garantir outros direitos ou liberdades constitucionalmente garantidos (art. 18.°, n.° 2, da Constituição).*

II — Daí que a imposição de uma condição ao exercício do direito à informação e à sua tutela jurisdicional efectiva se possa consubstanciar numa restrição àqueles direitos. Ponto é que essa condição se mostre, por exemplo, inadequada, desnecessária ou desproporcionada para a prossecução do fim ou fins à mesma subjacentes (art. 18.°, n.° 2, da Constituição).

III — O acto que, como condição para o exercício do direito à informação, impõe a um administrado o pagamento prévio de um montante de 3 020 000$00, a título de encargos, por ser susceptível de se configurar como um condicionamento ilegítimo ao acesso a esse direito, poderá, na prática, equivaler a uma recusa a esse mesmo direito. E podendo a condição ao exercício do direito à informação e à sua tutela jurisdicional efectiva consubstanciar-se num acto equivalente a uma recusa a esses direitos, terá o tribunal que conhecer da (i)legalidade de tal condição.

IV — Um julgamento de constitucionalidade sobre uma condição como a prevista no ponto 3 deste sumário pressupõe sempre uma avaliação do «equilíbrio interno» do sistema legal de pagamento relativo ao exercício do direito à informação, não sendo indiferente a existência ou inexistência de uma desproporção nos pagamentos a efectuar à luz de um critério de comparação das diferentes modalidades do direito à informação, consoante ela se apresente como procedimental (arts. 268.°, n.° 1, da Constituição, 61.° e 64.° do CPA e 84.° da LPTA) ou como não procedimental (arts. 268.°, n.° 2, da Constituição, 65.°, n.° 1, do CPA, Lei n.° 65/93, de 26/8), e mesmo à luz das normas relativas ao pagamento de custas, em sede de recurso contencioso.

V — A imposição do «pagamento das importâncias que forem devidas» (n.° 3 do art. 62.° do CPA), como condição do exercício do direito à informação procedimental, implica uma certa compressão do direito fundamental de acesso à justiça administrativa (art. 11.°, n.° 1, do CPA e arts. 20.° e 268.° da Constituição). Daí que se imponha averiguar se esta compressão relativamente àqueles que não têm acesso à justiça, garantindo, neste domínio, pelo apoio judiciário, se situa dentro de limites razoáveis, como impõe o princípio da proporcionalidade, implícito no art. 18.°, n.° 2, da Constituição.

V — A ponderação de meios e fins a que assim somos conduzidos (vide ponto 4 deste sumário) não pode deixar de ter presente o quantitativo concreto imposto à ora recorrente (3 020 000$00) e, em função disso, não pode deixar de conduzir à conclusão que o valor em causa, quando encarado numa lógica comparativa com os decorrentes do direito ao acesso à informação não procedimental e também com o direito ao acesso aos tribunais administrativos (vide DL n.° 41 150, de 12/2, o qual, no seu art. 9.°, estabelece como limite máximo de taxa de justiça para o Tribunal Pleno a quantia de 120 000$00), se revela manifestamente excessivo e desproporcionado, tornando, in casu, *o direito à informação procedimental extremamente gravoso, tomando por paradigma a capacidade contributiva de um administrado médio.*

VII — Ou seja, os encargos impostos pela entidade recorrida à ora recorrente como condição para a passagem de certidões de determinados documentos, não tendo de corresponder aos encargos impostos como condição para a reprodução por fotocópia dos mesmos documentos, nos termos do art. 12.°, n.° 1, alínea b), e 2, da Lei n.° 65/93, ou às custas judiciais nos tribunais administrativos, não podem ser desproporcionalmente mais altos ou pôr em risco o acesso à justiça. (Refira-se, a propósito, que o problema não reside no facto de as despesas impostas serem mais elevadas, mas sim no quantum *que se terá que averiguar se a justiça administrativa é realmente acessível à generalidade dos administrados sem terem de recorrer ao sistema de apoio judiciário.*

VIII – No caso sub judice, *os encargos impostos pela entidade recorrida à ora recorrente como condição para a passagem de certidões por estas requeridas fundamentam-se numa norma – alínea s) do n.º 1 da Portaria n.º 854/97 – que, de acordo com a interpretação que lhe foi dada pela entidade recorrida, é inconstitucional, porque ao onerar de forma discriminada o procedimento administrativo em causa comparativamente com outros (designadamente com o procedimento relativo à informação não procedimental), e mesmo em relação ao processo administrativo contenciosos, numa completa perda do «equilíbrio interno necessário ao sistema» (a que está intimamente ligado o princípio da proporcionalidade), se consubstanciou num condicionamento ilegítimo do direito à informação e do direito à sua tutela jurisdicional efectiva, violador dos arts. 18.º, n.º 2, e 268.º, n.ºˢ 1 e 4, da Constituição, condicionamento esse que, por ter objectivamente limitado o direito do administrado no acesso àqueles direitos, equivaleu, na prática, à sua recusa.*

(Ac. TCA, de 02.06.1999, CJA, n.º 23, p. 42)

ARTIGO 32.º
Título de abertura

Constitui título válido de abertura do empreendimento qualquer dos seguintes documentos:

a) **Alvará de autorização de utilização para fins turísticos do empreendimento;**

b) **Comprovativo de ter efectuado a comunicação prevista no n.º 1 do artigo anterior;**

c) **Requerimento de intimação judicial para a prática de acto legalmente devido, nos termos do n.º 3 do artigo anterior.**

NOTA:

O preceito corresponde, *ipsis verbis*, ao art. 30.º, do Decreto-Lei n.º 167//97, de 04.07, na redacção introduzida pelo Decreto-Lei n.º 217/2006, de 31.10.

Sobre ilícito contra-ordenacional: *v.* art. 67.º, n.º 1, al. *a*).

ARTIGO 33.º
Caducidade da autorização de utilização para fins turísticos

1 - A autorização de utilização para fins turísticos caduca:

a) Se o empreendimento não iniciar o seu funcionamento no prazo de um ano a contar da data da emissão do alvará de autorização de utilização para fins turísticos ou do termo do prazo para a sua emissão;

b) Se o empreendimento se mantiver encerrado por período superior a um ano, salvo por motivo de obras;

c) Quando seja dada ao empreendimento uma utilização diferente da prevista no respectivo alvará;

d) Quando, por qualquer motivo, o empreendimento não puder ser classificado ou manter a classificação de empreendimento turístico.

2 - Caducada a autorização de utilização para fins turísticos, o respectivo alvará é cassado e apreendido pela câmara municipal, por iniciativa própria, no caso dos parques de campismo e de caravanismo dos empreendimentos de turismo de habitação e dos empreendimentos de turismo no espaço rural, com excepção dos hotéis rurais, ou a pedido do Turismo de Portugal, I. P., nos restantes casos.

3 - A caducidade da autorização determina o encerramento do empreendimento, após notificação da respectiva entidade exploradora.

4 - Sem prejuízo do disposto nos números anteriores, podem ser adoptadas as medidas de tutela de legalidade urbanística que se mostrem fundadamente adequadas, nos termos do disposto no regime jurídico da urbanização e da edificação.

NOTA:

Os n.ºs 1 a 3, do preceito, correspondem ao n.º 1, als. a), b), c) e e), n.º 3, e n.º 4 do art. 32.º, do Decreto-Lei n.º 167/97, de 04.07.

O n.º 4, remete para o RJUE.

O preceito também corresponde, com as devidas adaptações, ao art. 36.º, do Decreto-Lei n.º 54/2002, de 11.03 (turismo no espaço rural) e ao art. 32.º, do Decreto-Lei n.º 47/99, de 16.02 (turismo da natureza).

CAPÍTULO V
Classificação

ARTIGO 34.°
Noção e natureza

A classificação destina-se a atribuir, confirmar ou alterar a tipologia e a categoria dos empreendimentos turísticos e tem natureza obrigatória.

ARTIGO 35.°
Categorias

1 - Os empreendimentos turísticos referidos nas alíneas *a*) a *c*) do n.° 1 do artigo 4.° classificam-se nas categorias de uma a cinco estrelas, atendendo à qualidade do serviço e das instalações, de acordo com os requisitos a definir pela portaria prevista na alínea *a*) do n.° 2 do artigo 4.°

2 - Tais requisitos devem incidir sobre:
a) Características das instalações e equipamentos;
b) Serviço de recepção e portaria;
c) Serviço de limpeza e lavandaria;
d) Serviço de alimentação e bebidas;
e) Serviços complementares.

3 - A portaria a que se refere o n.° 1 distingue entre os requisitos mínimos e os requisitos opcionais, cujo somatório permite alcançar a pontuação necessária para a obtenção de determinada categoria.

NOTA:

Os estabelecimentos hoteleiros, os aldeamentos turísticos e os apartamentos turísticos (empreendimentos turísticos referidos nas alíneas *a*) a *c*) do n.° 1 do artigo 4.°) classificam-se nas categorias de uma a cinco estrelas, de acordo com os requisitos a fixar em portaria, que irá distinguir entre os requisitos mínimos e os requisitos opcionais (n.° 3). O art. 39.°, indica a possibilidade de, em determinados casos, haver dispensa de requisitos.

O art. 35.° aparentemente indica que os restantes empreendimentos turísticos não são categorizáveis, ideia reforçada pelo preâmbulo do diploma. Assim, nos termos do art. 36.°, o presidente da câmara municipal determina a realização de uma auditoria de classificação (e não categorização), inclusivé para os parques de campismo.

ARTIGO 36.°
Processo de classificação

1 – O Turismo de Portugal, I. P., no caso dos empreendimentos turísticos referidos nas alíneas *a*) a *d*) do n.° 1 do artigo 4.° e na alínea *c*) do n.° 3 do artigo 18.°, ou o presidente da câmara municipal, no caso dos parques de campismo, dos empreendimentos de turismo de habitação e dos empreendimentos de turismo no espaço rural, determina a realização de uma auditoria de classificação do empreendimento turístico no prazo de dois meses a contar da data da emissão do alvará de autorização utilização para fins turísticos ou da abertura do empreendimento, nos termos do n.° 1 do artigo 31.° e da alínea *c*) do artigo 32.°

2 – A auditoria de classificação é realizada directamente pelo Turismo de Portugal, I. P., ou pela câmara municipal, consoante os casos, ou por entidade acreditada para o efeito, nos termos a definir por portaria do membro do Governo responsável pela área do turismo.

3 – Após a realização da auditoria, o Turismo de Portugal, I. P., ou o presidente da câmara municipal, consoante os casos, fixa a classificação do empreendimento turístico e atribui a correspondente placa identificativa.

4 – Em todos os empreendimentos turísticos é obrigatória a afixação no exterior, junto à entrada principal, da placa identificativa da respectiva classificação, cujo modelo é aprovado pela portaria referida no artigo anterior.

5 – No caso dos parques de campismo, dos empreendimentos de turismo de habitação e dos empreendimentos de turismo no espaço rural, com excepção dos hotéis rurais, a classificação pode ser confirmada juntamente com a autorização de utilização para fins turísticos

quando tenha sido realizada vistoria nos termos do artigo 64.º do regime jurídico da urbanização e da edificação.

NOTA:

Substituiu-se agora o termo vistoria para efeitos de classificação por *auditoria de classificação*.

Essa auditoria é da competência do Turismo de Portugal. I.P., tratando-se de estabelecimentos hoteleiros, aldeamentos turísticos, apartamentos turísticos, conjuntos turísticos e hotéis-rurais (alíneas *a*) a *d*), do n.º 1, do artigo 4.º, e alínea *c*), do n.º 3, do artigo 18.º) e do presidente da câmara municipal respectiva, no caso dos parques de campismo, dos empreendimentos de turismo de habitação, dos empreendimentos de turismo no espaço rural, devendo ser realizada no prazo de dois meses a contar da emissão do alvará de autorização de utilização para fins turísticos **ou** da abertura do empreendimento (n.º 1).

A auditoria pode ser realizada, no entanto, por entidade acreditada para o acto (n.º 2).

Após a realização da auditoria é fixada a classificação do empreendimento e atribuída a correspondente placa identificativa (n.º 3), a qual deve estar afixada no exterior do empreendimento (n.º 4).

Este processo autónomo de classificação é dispensado nos casos dos parques de campismo, dos empreendimentos de turismo de habitação, dos empreendimentos de turismo no espaço rural, podendo a classificação ser confirmada juntamente com a autorização de utilização para fins turísticos, quando tenha havido vistoria, nos termos do art. 64.º, do RJUE (n.º 5).

O preceito também corresponde, grosseiramente, ao art. 34.º, e ss, do Decreto-Lei n.º 167/97, de 04.07 (empreendimentos turísticos), ao art. 39.º, e ss, do Decreto-Lei n.º 54/2002, de 11.03 (turismo no espaço rural) e ao art. 35.º, e ss, do Decreto-Lei n.º 47/99, de 16.02 (turismo da natureza).

Quanto ao *desaparecimento* do deferimento tácito previsto, *v.g.*, no art. 37.º, do Decreto-Lei n.º 167/97, de 04.07, entendemos ser de aplicar o art. 108.º, do CPA (Deferimento tácito), que enuncia:

"Quando a prática de um acto administrativo ou o exercício de um direito por um particular dependam de aprovação ou autorização de um órgão administrativo, consideram-se estas concedidas, salvo disposição em contrário, se a decisão não for proferida no prazo estabelecido por lei".

Sobre ilícito contra-ordenacional: *v.* art. 67.º, n.º 1, al. *i*).

ARTIGO 37.º
Taxa

1 - Pela realização de auditorias de classificação efectuadas pelo Turismo de Portugal, I. P., é devida uma taxa, nos termos a fixar por portaria conjunta dos membros do Governo responsáveis pelas áreas das finanças e do turismo, destinada a suportar as despesas inerentes.

2 - Sem prejuízo do disposto no número anterior, pela realização de auditorias de classificação efectuadas pelas câmaras municipais é igualmente devida uma taxa, nos termos a fixar em regulamento aprovado pelo órgão deliberativo do respectivo município, nos termos da Lei n.º 53-E/2006, de 29 de Dezembro.

NOTA:

O preceito corresponde, com as devidas adaptações, ao art. 68, do Decreto-Lei n.º 167/97, de 04.07 (empreendimentos turísticos), ao art. 68.º, do Decreto-Lei n.º 54/2002, de 11.03 (turismo no espaço rural) e ao art. 64.º, do Decreto-Lei n.º 47/99, de 16.02 (turismo da natureza).

A Portaria n.º 1229/2001, de 25.10 irá ser revogada pela nova portaria a publicar.

ARTIGO 38.º
Revisão da classificação

1 - A classificação dos empreendimentos turísticos deve ser obrigatoriamente revista de quatro em quatro anos.

2 - O pedido de revisão deve ser formulado pelo interessado ao órgão competente seis meses antes do fim do prazo.

3 - A classificação pode, ainda, ser revista a todo o tempo, oficiosamente ou a pedido do interessado, quando se verificar alteração dos pressupostos que determinaram a respectiva atribuição.

NOTA:

Inovadoramente fixa-se um regime de revisão periódica (quatro anos), nos termos do n.º 1, do preceito, para aferir a qualidade da prestação. O impulso da revisão cabe ao interessado que o deve formular 6 meses antes do fim do prazo (n.º 2).

Conforme decorria da lei anterior a classificação pode ocorrer a todo o tempo, oficiosamente, ou a pedido do interessado, quando se verificar alteração dos pressupostos que determinaram a respectiva atribuição (n.º 3). Este número corresponde, com as devidas adaptações, ao art. 38, n.º 1, do Decreto-Lei n.º 167/97, de 04.07 (empreendimentos turísticos), ao art. 43.º, n.º 1, do Decreto--Lei n.º 54/2002, de 11.03 (turismo no espaço rural) e ao art. 39.º, n.º 1, do Decreto-Lei n.º 47/99, de 16.02 (turismo da natureza).

Sobre ilícito contra-ordenacional: v. art. 67.º, n.º 1, al. h).

ARTIGO 39.º
Dispensa de requisitos

1 – Os requisitos exigidos para a atribuição da classificação podem ser dispensados pelo Turismo de Portugal, I. P., ou pela câmara municipal, consoante os casos, quando a sua estrita observância for susceptível de afectar as características arquitectónicas ou estruturais dos edifícios que estejam classificados a nível nacional, regional ou local ou que possuam valor histórico, arquitectónico, artístico ou cultural.

2 – A dispensa de requisitos pode também ser concedida a projectos reconhecidamente inovadores e valorizantes da oferta turística.

3 – No caso dos conjuntos turísticos *(resorts,)* podem ser dispensados alguns dos requisitos exigidos para as instalações e equipamentos quando o conjunto turístico *(resort)* integrar um ou mais empreendimentos que disponham de tais instalações e equipamentos e desde que os mesmos possam servir ou ser utilizados pelos utentes de todos os empreendimentos integrados no conjunto.

NOTA:

Os n.ºs 1 e 2, do preceito, correspondem, com as devidas adaptações, ao art. 40.º, n.ºs 1 e 2, do Decreto-Lei n.º 167/97, de 04.07 (empreendimentos turísticos), ao art. 45.º, n.ºs 1 a 4, do Decreto-Lei n.º 54/2002, de 11.03 (turismo no espaço rural) e ao art. 41.º, n.ºs 1 e 2, do Decreto-Lei n.º 47/99, de 16.02 (turismo da natureza).

Inovadoramente, os conjuntos turísticos recebem uma dispensa de requisitos especial, nos termos do n.º 3.

CAPÍTULO VI
Registo Nacional de Empreendimentos Turísticos

ARTIGO 40.º
Registo Nacional de Empreendimentos Turísticos

1 - O Turismo de Portugal, I. P., disponibiliza no seu sítio na Internet o Registo Nacional dos Empreendimentos Turísticos (RNET), constituído pela relação actualizada dos empreendimentos turísticos com título de abertura válido, da qual consta o nome, classificação, capacidade e localização do empreendimento, respectiva classificação e localização, identificação da entidade exploradora e períodos de funcionamento.

2 - Quaisquer factos que constituam alteração aos elementos constantes do registo devem ser comunicados pela entidade exploradora ao Turismo de Portugal, I. P., no prazo de 10 dias sobre a sua verificação.

3 - A caducidade da autorização de utilização para fins turísticos nos termos do artigo 33.º determina o cancelamento da inscrição do empreendimento turístico no RNET.

4 - Os serviços do registo predial podem ter acesso aos dados constantes do RNET relativos à classificação dos empreendimentos turísticos.

NOTA:

Conforme é explicado no preâmbulo do diploma, "Cria-se o Registo Nacional de Empreendimentos Turísticos (RNET), organizado pelo Turismo de Portugal, I. P., que deve conter a relação actualizada de todos os empreendimentos turísticos e que será disponibilizado ao público".

O registo pertencia, no passado, à *DGT* (art. 69.º, do Decreto-Lei n.º 167//97, de 04.07; art. 69.º, do Decreto-Lei n.º 54/2002, de 11.03; e art. 65.º, do Decreto-Lei n.º 47/99, de 16.02).

CAPÍTULO VII
Exploração e funcionamento

ARTIGO 41.º
Nomes

1 – Os nomes dos empreendimentos turísticos não podem sugerir uma tipologia, classificação ou características que não possuam.

2 – As denominações simples ou compostas que utilizem o termo «hotel» só podem ser utilizadas pelos empreendimentos turísticos previstos na alínea *a*) do n.º 1 do artigo 4.º e na alínea *c*) do n.º 3 do artigo 18.º

NOTA:

O n.º 1, do preceito, corresponde, com as devidas adaptações, ao art. 41.º, n.º 3, do Decreto-Lei n.º 167/97, de 04.07 (empreendimentos turísticos), ao art. 46.º, n.º 3, do Decreto-Lei n.º 54/2002, de 11.03 (turismo no espaço rural) e ao art. 43.º, n.º 3, do Decreto-Lei n.º 47/99, de 16.02 (turismo da natureza).

Além da proibição de sugestão de uma classificação diferente, a lei actual releva a tipologia e as características.

O termo *residencial*, que resguardava a prestação apenas de pequeno-almoço não recebeu acolhimento. E a essência da exploração parece esgotar-se na prestação de alojamento turístico, nos termos previstos no n.º 2, do art. 43.º, eventualmente para vincar a natureza do serviço de restauração como prestação autónoma.

Sobre ilícito contra-ordenacional: *v.* art. 67.º, n.º 1, al. *j*).

ARTIGO 42.º
Publicidade

1 – A publicidade, documentação comercial e *merchandising* dos empreendimentos turísticos deve indicar o respectivo nome e classificação, não podendo sugerir uma classificação ou características que o empreendimento não possua.

2 – Nos anúncios ou reclamos instalados nos próprios empreendimentos pode constar apenas o seu nome.

NOTA:

O preceito corresponde, com as devidas adaptações, ao art. 42.°, do Decreto-Lei n.° 167/97, de 04.07 (empreendimentos turísticos), ao art. 47.°, do Decreto-Lei n.° 54/2002, de 11.03 (turismo no espaço rural) e ao art. 44.°, do Decreto-Lei n.° 47/99, de 16.02 (turismo da natureza).

Sobre ilícito contra-ordenacional: *v.* art. 67.°, n.° 1, al. *l*).

ARTIGO 43.°
Oferta de alojamento turístico

1 – Com excepção do alojamento local, apenas os empreendimentos turísticos previstos no presente decreto-lei podem prestar serviços de alojamento turístico.

2 – Presume-se existir prestação de serviços de alojamento turístico quando um imóvel ou fracção deste esteja mobilado e equipado e sejam oferecidos ao público em geral, além de dormida, serviços de limpeza e recepção, por períodos inferiores a 30 dias.

NOTA:

O conceito de alojamento turístico, previsto n.° 2, acompanha o regime anterior, excepção feita à exigência de o período de alojamento ser inferior a 30 dias. Questiona-se se a presunção é afastada havendo uma prestação de alojamento por período superior.

A prestação dos serviços de restauração é autonomizada, *agora também nos próprios empreendimentos de turismo de habitação e nos empreendimentos de turismo no espaço rural*, característica que até aqui, constituía uma condição *sine qua non*, com apelo inclusive à promoção da gastronomia local (cfr. art. 10.°, do Decreto-Regulamentar n.° 13/2002, de 12 de Março).

O preceito corresponde, com as devidas adaptações, ao art. 43.°, n.ºs 1 e 2, do Decreto-Lei n.° 167/97, de 04.07 (empreendimentos turísticos).

ARTIGO 44.°
Exploração dos empreendimentos turísticos

1 – Cada empreendimento turístico deve ser explorado por uma única entidade, responsável pelo seu integral funcionamento e nível de serviço e pelo cumprimento das disposições legais e regulamentares aplicáveis.

2 – A entidade exploradora é designada pelo titular do respectivo alvará de autorização de utilização para fins turísticos.

3 – Nos conjuntos turísticos *(resorts)*, os empreendimentos turísticos que o integram podem ser explorados por diferentes entidades, que respondem directamente pelo cumprimento das disposições legais e regulamentares.

4 – Nos conjuntos turísticos *(resorts)*, o funcionamento das instalações e equipamentos e os serviços de utilização comum obrigatórios, nos termos da classificação atribuída e do título constitutivo, são da responsabilidade da entidade administradora do conjunto turístico *(resort)*.

5 – Caso o empreendimento turístico integre estabelecimentos comerciais e de restauração ou de bebidas, autonomamente autorizados, as respectivas entidades exploradoras respondem directamente pelo cumprimento das disposições legais e regulamentares.

NOTA:

O n.º 1, do preceito, corresponde, com as devidas adaptações, ao art. 44.º, do Decreto-Lei n.º 167/97, de 04.07 (empreendimentos turísticos), e ao art. 42.º, do Decreto-Lei n.º 47/99, de 16.02 (turismo da natureza).

Refere o preâmbulo, do diploma em anotação, que se consagrou "um novo paradigma de exploração dos empreendimentos turísticos, assente na unidade e continuidade da exploração por parte da entidade exploradora e na permanente afectação à exploração turística de todas as unidades de alojamento que compõem o empreendimento, independentemente do regime de propriedade em que assentam e da possibilidade de utilização das mesmas pelos respectivos proprietários".

O ênfase atribuído legalmente à exploração por uma única entidade é dispensado no caso dos conjuntos turísticos *(resorts)*, nos termos do n.º 3, sendo que o funcionamento das instalações e equipamentos e os serviços de utilização comum obrigatórios, são da responsabilidade da entidade administradora (n.º 4).

O n.º 5, do preceito, entende que as entidades exploradoras possuem autonomia apesar dos respectivos estabelecimentos comerciais e de restauração ou de bebidas, integrarem o empreendimento turístico.

Sobre ilícito contra-ordenacional: *v.* art. 67.º, n.º 1, al. *m*).

ARTIGO 45.º
Exploração turística das unidades de alojamento

1 – Sem prejuízo do disposto no artigo 49.º, as unidades de alojamento estão permanentemente em regime de exploração turística, devendo a entidade exploradora assumir a exploração continuada da totalidade das mesmas, ainda que ocupadas pelos respectivos proprietários.

2 – A entidade exploradora deve assegurar que as unidades de alojamento permanecem a todo o tempo mobiladas e equipadas em plenas condições de serem locadas para alojamento a turistas e que nelas são prestados os serviços obrigatórios da categoria atribuída ao empreendimento turístico.

3 – Quando a propriedade e a exploração turística não pertençam à mesma entidade ou quando o empreendimento se encontre em regime de propriedade plural, a entidade exploradora deve obter de todos os proprietários um título jurídico que a habilite à exploração da totalidade das unidades de alojamento.

4 – O título referido no número anterior deve prever os termos da exploração turística das unidades de alojamento, a participação dos proprietários nos resultados da exploração da unidade de alojamento, bem como as condições da utilização desta pelo respectivo proprietário.

5 – Os proprietários das unidades de alojamento, quando ocupam as mesmas, usufruem dos serviços obrigatórios da categoria do empreendimento, os quais estão abrangidos pela prestação periódica prevista no artigo 56.º

6 – As unidades de alojamento previstas no n.º 3 não podem ser exploradas directamente pelos seus proprietários, nem podem ser objecto de contratos que comprometam o uso turístico das mesmas, designadamente, contratos de arrendamento ou constituição de direitos de uso e habitação.

NOTA:

Este regime de exploração turística visa permitir que o empreendimento turístico apresente sempre as condições de funcionamento adequadas. O preceito corresponde, na essência, ao art. 47.º, do Decreto-Lei n.º 167/97, de 04.07.

Sobre ilícito contra-ordenacional: *v.* art. 67.º, n.º 1, als. *n)* e *o)*.

ARTIGO 46.º
Deveres da entidade exploradora

São deveres da entidade exploradora:
a) Publicitar os preços de todos os serviços oferecidos, de forma bem visível, na recepção e mantê-los sempre à disposição dos utentes;
b) Informar os utentes sobre as condições de prestação dos serviços e preços, previamente à respectiva contratação;
c) Manter em bom estado de funcionamento todas as instalações, equipamentos e serviços do empreendimento, incluindo as unidades de alojamento, efectuando as obras de conservação ou de melhoramento necessárias para conservar a respectiva classificação;
d) Facilitar às autoridades competentes o acesso ao empreendimento e o exame de documentos, livros e registos directamente relacionadas com a actividade turística;
e) Cumprir as normas legais, regulamentares e contratuais relativas à exploração e administração do empreendimento turístico.

NOTA:

O regime actual inclui o que até agora se encontrava no âmbito das informações ao utente *(v.g.*, art. 21.º, do Decreto-Regulamentar n.º 36/97, de 25.09), um leque de deveres perante o cliente e perante as autoridades administrativas competentes. No que concerne à al. *b*), exige-se à entidade exploradora informação pré-contratual, sobre as condições de prestação dos serviços e respectivos preços.

Sobre ilícito contra-ordenacional: *v.* art. 67.º, n.º 1, al. *p*).

ARTIGO 47.º
Responsabilidade operacional

1 – Em todos os empreendimentos turísticos deve haver um responsável, nomeado pela entidade exploradora, a quem cabe zelar pelo seu funcionamento e nível de serviço.

2 – A responsabilidade operacional dos empreendimentos turísticos de cinco, quatro e três estrelas deve caber a um funcionário habilitado ao exercício da profissão de director de hotel.

NOTA:

O preceito corresponde, na essência, ao art. 54.°, do Decreto-Lei n.° 167/97, de 04.07 (empreendimentos turísticos), ao art. 55.°, do Decreto-Lei n.° 54/2002, de 11.03 (turismo no espaço rural) e ao art. 51.°, do Decreto-Lei n.° 47/99, de 16.02 (turismo da natureza).

A figura de director de hotel apenas é exigível nos empreendimentos turísticos de cinco, quatro e três estrelas. O investimento na formação dos profissionais do sector fica assim por cumprir.

O diploma que regula a competência técnica exigível para o desempenho de director, subdirector de hotel e assistente de direcção de hotel é o constante do Decreto-Lei n.° 271/82, de 13.07, com a alteração introduzida pelo Decreto-Lei n.° 148/2006, de 01.08.

Sobre ilícito contra-ordenacional: v. art. 67.°, n.° 1, al. q).

ARTIGO 48.°
Acesso aos empreendimentos turísticos

1 – É livre o acesso aos empreendimentos turísticos, salvo o disposto nos números seguintes.

2 – Pode ser recusado o acesso ou a permanência nos empreendimentos turísticos a quem perturbe o seu funcionamento normal.

3 – O disposto no n.° 1 não prejudica, desde que devidamente publicitadas:

a) A possibilidade de afectação total ou parcial dos empreendimentos turísticos à utilização exclusiva por associados ou beneficiários das entidades proprietárias ou da entidade exploradora;

b) A reserva temporária de parte ou da totalidade do empreendimento turístico.

4 – A entidade exploradora dos empreendimentos turísticos pode reservar para os utentes neles alojados e seus acompanhantes o acesso e a utilização dos serviços, equipamentos e instalações do empreendimento.

5 – As normas de funcionamento e de acesso ao empreendimento devem ser devidamente publicitadas pela entidade exploradora.

NOTA:

O preceito corresponde, com as devidas adaptações, ao art. 50.°, do Decreto-Lei n.° 167/97, de 04.07 (empreendimentos turísticos), ao art. 51.°, do Decreto-Lei n.° 54/2002, de 11.03 (turismo no espaço rural) e ao art. 48.°, do Decreto-Lei n.° 47/99, de 16.02 (turismo da natureza).

Ao contrário da lei anterior, a versão actual não exemplifica o conceito de "perturbação do funcionamento normal", o que concede ao promotor um poder mais alargado de intervenção.

Relativamente ao direito de acesso das pessoas com deficiência visual acompanhadas de cães-guia a locais, transportes e estabelecimentos de acesso público, encontra-se consagrado no Decreto-Lei n.° 74/2007, de 27 de Março[19].

Sobre ilícito contra-ordenacional: v. art. 67.°, n.° 1, als. r) e s).

---

[19] Este diploma dispõe nos arts. 1.°, 2.°, 3.° e 4.°, o seguinte:

"Artigo 1.°
Direito de acesso

1 – As pessoas com deficiência têm direito a fazer-se acompanhar de cães de assistência no acesso a locais, transportes e estabelecimentos de acesso público.

2 – Para efeitos da aplicação do presente decreto-lei, considera-se cão de assistência o cão treinado ou em fase de treino para acompanhar, conduzir e auxiliar a pessoa com deficiência.

3 – O conceito de cão de assistência abrange as seguintes categorias de cães:

a) Cão-guia, cão treinado ou em fase de treino para auxiliar pessoa com deficiência visual;

b) Cão para surdo, cão treinado ou em fase de treino para auxiliar pessoa com deficiência auditiva;

c) Cão de serviço, cão treinado ou em fase de treino para auxiliar pessoa com deficiência mental, orgânica ou motora.

Artigo 2.°
Âmbito de aplicação

O cão de assistência quando acompanhado por pessoa com deficiência ou treinador habilitado pode aceder a locais, transportes e estabelecimentos de acesso público, designadamente:

(...) j) Estabelecimentos relacionados com a indústria da restauração e do turismo, incluindo restaurantes, cafetarias, casas de bebidas e outros abertos ao público;

l) Estabelecimentos de alojamento, como hotéis, residenciais, pensões e outros similares;

ARTIGO 49.º
Período de funcionamento

1 – Sem prejuízo de disposição legal ou contratual, nomeadamente no tocante à atribuição de utilidade turística ou de financiamentos públicos, os empreendimentos turísticos podem estabelecer livremente os seus períodos de funcionamento.

2 – Os empreendimentos turísticos em propriedade plural apenas podem encerrar desde que haja acordo de todos os proprietários.

---

    m) Lares e casas de repouso;
    n) Locais de lazer e de turismo em geral, como praias, parques de campismo, termas, jardins e outros;
    o) Locais de emprego.

Artigo 3.º
Exercício do direito de acesso

1 – O direito de acesso previsto no artigo anterior não implica qualquer custo suplementar para a pessoa com deficiência e prevalece sobre quaisquer proibições ou limitações que contrariem o disposto no presente decreto-lei, ainda que assinaladas por placas ou outros sinais distintivos.

2 – Nos casos em que as especiais características, natureza ou finalidades dos locais o determinem, o direito de acesso a que se refere o artigo anterior poderá ser objecto de regulamentação que explicite o modo concreto do seu exercício.

3 – O direito de acesso não pode ser exercido enquanto o animal apresentar sinais manifestos de doença, agressividade, falta de higiene, bem como de qualquer outra característica anormal susceptível de provocar receios fundados para a segurança e integridade física das pessoas ou dos animais, ou se comporte de forma a perturbar o normal funcionamento do local em causa.

4 – Os cães de assistência são dispensados do uso de açaimo funcional quando circulem na via ou lugar público.

Artigo 4.º
Cães de assistência em treino

1 – O regime definido neste decreto-lei é igualmente aplicável aos cães de assistência em treino, desde que acompanhados pelo respectivo treinador ou pela família de acolhimento.

2 – Consideram-se famílias de acolhimento as que recebem os cães de assistência durante a fase de socialização e adaptação do animal à convivência humana e que estejam credenciadas como tal.(...)".

3 – O período de funcionamento dos empreendimentos turísticos deve ser devidamente publicitado e afixado em local visível ao público do exterior do empreendimento.

NOTA:

Liberalizou-se totalmente o período de funcionamento dos empreendimentos turísticos, desobrigando-os de estarem, em princípio, abertos ao público todo o ano (art. 51.º, do Decreto-Lei n.º 167/97, de 04.07; ou excepcionalmente, encerrar durante um período máximo de 90 dias, art. 52.º, n.º 1, do Decreto-Lei n.º 54/2002, de 11.03).

O legislador pretendeu, a nosso ver, acentuar aqui o carácter (potencialmente) sazonal da actividade. Esta política de liberalização irá, no entanto, implicar, naturalmente, efeitos negativos relativamente ao vínculo contratual dos trabalhadores e dos recursos humanos em geral.

Sobre ilícito contra-ordenacional: v. art. 67.º, n.º 1, al. u).

ARTIGO 50.º
Sinais normalizados

Nas informações de carácter geral relativas aos empreendimentos turísticos e aos serviços que neles são oferecidos devem ser usados os sinais normalizados constantes de tabela a aprovar por portaria do membro do Governo responsável pela área do turismo.

NOTA:

O preceito corresponde, com as devidas adaptações, ao art. 55.º, do Decreto-Lei n.º 167/97, de 04.07 (empreendimentos turísticos), ao art. 56.º, do Decreto-Lei n.º 54/2002, de 11.03 (turismo no espaço rural) e ao art. 52.º, do Decreto-Lei n.º 47/99, de 16.02 (turismo da natureza).

Sobre ilícito contra-ordenacional: v. art. 67.º, n.º 1, al. v).

ARTIGO 51.º
Livro de reclamações

1 – Os empreendimentos turísticos devem dispor de livro de reclamações, nos termos e condições estabelecidos no Decreto-Lei

n.º 156/2005, de 15 de Setembro, com as alterações introduzidas pelo Decreto-Lei n.º 371/2007, de 6 de Novembro.

2 – O original da folha de reclamação deve ser enviado à Autoridade de Segurança Alimentar e Económica (ASAE), entidade competente para fiscalizar e instruir os processos de contra-ordenação previstos no decreto-lei referido no número anterior.

3 – A ASAE deve facultar ao Turismo de Portugal, I. P., acesso às reclamações dos empreendimentos turísticos, nos termos de protocolo a celebrar entre os dois organismos.

NOTA:

O preceito corresponde, com as devidas adaptações, ao art. 60.º, do Decreto-Lei n.º 167/97, de 04.07 (empreendimentos turísticos), ao art. 60.º, do Decreto-Lei n.º 54/2002, de 11.03 (turismo no espaço rural) e ao art. 55.º, do Decreto-Lei n.º 47/99, de 16.02 (turismo da natureza).

Clarificou-se que a entidade competente para receber o original da reclamação é a ASAE, dentro das atribuídas conferidas pelo Decreto-Lei n.º 274/2007, de 30.07 (art. 3.º, n.º 2, al. t)).

As alterações introduzidas pelo Decreto-Lei n.º 371/2007, de 6 de Novembro, visaram não só alterar o anexo I do Decreto-Lei n.º 156/2005, de 15 de Setembro, pela introdução de novos estabelecimentos, como ainda, foi criada uma *obrigação geral*, para todos os fornecedores de bens ou prestadores de serviços que não se encontrem identificados naquele anexo, de possuírem e disponibilizarem o livro de reclamações, contanto que exista um estabelecimento físico, fixo ou permanente, o contacto directo com o público e o fornecimento de um bem ou a prestação de um serviço (segundo o respectivo preâmbulo).

O regime previsto no Decreto-Lei n.º 156/2005, de 15 de Setembro não se aplica aos serviços e organismos da Administração Pública a que se refere o art. 38.º do Decreto-Lei n.º 135/99, de 22 de Abril, (art. 2.º, n.º 3, do Decreto-Lei n.º 156/2005, de 15 de Setembro), com a excepção prevista no n.º 5.

O Decreto-Lei n.º 156/2005, de 15 de Setembro, estabelece o conceito de "fornecedor de bens ou prestador de serviços" (art. 2.º, n.º 1). Este é obrigado a possuir o livro, a facultá-lo imediata e gratuitamente, a afixar a informação de que o possui (nos termos do art. 5.º, n.º 6) e a conservá-lo por um período mínimo, de três anos (art. 3.º, n.º 1, do Decreto-Lei n.º 156/2005, de 15 de Setembro), sob pena de aplicação da censura cominatória e publicitária prevista no art. 9.º, para além das sanções acessórias previstas no artigo 10.º.

Esclarece-se agora que o fornecedor de bens ou prestador de serviços não pode justificar a ausência do livro pelo facto deste se encontrar disponível noutros estabelecimentos, dependências ou sucursais (n.° 2).

Mantém-se o não condicionamento da apresentação do livro, designadamente à necessidade de identificação do utente (n.° 3), sendo certo que a reclamação só é válida se o formulário for devidamente preenchido e o reclamante identificado.

Igualmente se mantém a possibilidade de intervenção policial para remover a recusa de apresentação do livro ou para tomar nota da ocorrência e a fazer chegar à entidade competente (n.° 4).

A forma de formulação da reclamação (correcta e completa) é indicada no art. 4.°, n.ºs 1 e 2, cabendo agora ao próprio fornecedor de bens ou prestador de serviços *confirmar* o preenchimento correcto.

O prazo de envio do original é aumentado para 10 dias úteis (art. 5.°, n.° 1), podendo, conjuntamente com o envio, o fornecedor de bens ou prestador de serviços alegar ou esclarecer o que entender por conveniente (n.° 3).

O regime procedimental mantém-se, cabendo à ASAE receber as folhas de reclamação (e respectivas alegações, havendo-as) e instaurar o respectivo procedimento contra-ordenacional (art. 6.°, n.° 1). Em alternativa à instauração do procedimento, pode a ASAE notificar o fornecedor de bens ou prestador de serviços para apresentar as respectivas alegações (n.° 2), para esclarecimento da reclamação apresentada.

O reclamante tem direito ao duplicado da reclamação, conservando-se no livro o triplicado (art. 5.°, n.° 4).

Cabe à ASAE manter o reclamante informado sobre o procedimento adoptado ou as medidas cominatórias tomadas (n.° 3). A lei claramente impõe um *dever de informação* à autoridade competente para fiscalizar.

O n.° 4, ao indicar "uma situação de litígio" confunde a interpretação do preceito, dado que a reclamação assenta sempre numa "situação de litígio". Pretende-se indicar que o n.° 4, é reservado para os casos em que há ilícito contra-ordenacional com aplicação, de facto, das respectivas coima e medidas acessórias?

Manteve-se a abolição do "poder de queixa" do reclamante através do envio do respectivo duplicado.

A reclamação é oficiosamente atendida através do envio do original e o procedimento é, de imediato, de natureza contra-ordenacional. Sem prejuízo, naturalmente, do reclamante apresentar reclamações por quaisquer outros meios, de acordo com os direitos constitucionalmente consagrados (art. 13.°).

Os estabelecimentos de prestação de serviços na área do turismo encontram-se consagrados no Anexo II (ponto 2). Escusado será dizer que a tipologia aí prevista se encontra desactualizada face ao diploma em anotação.

A actual redacção não acolheu expressamente a finalidade do livro de reclamações: "formulação de observações e reclamações sobre o estado e a apresentação das instalações e do equipamento, bem como sobre a qualidade dos serviços e o modo como foram prestados" (art. 60.º, n.º 1, do revogado Decreto-Lei n.º 167/97, de 04 de Julho). A lei actual refere somente que o reclamante deve "descrever de forma clara e completa os factos que motivam a reclamação" (art. 4.º, n.º 1, al. c), do Decreto-Lei n.º 156/2005, de 15 de Setembro).

A tramitação procedimental do ilícito contra-ordenacional continua a reger-se pelo Decreto-Lei n.º 433/82, de 27.10 (RJCO)[20].

Constitui contra-ordenação "todo o facto ilícito e censurável que preencha um tipo legal no qual se comine uma coima" (art. 1.º, do RJCO), aplicando-se eventualmente, ainda uma sanção acessória (art. 21.º).

Os prazos de prescrição do procedimento por contra-ordenação vão de um a cinco anos (art. 27.º, do RJCO), contados a partir da prática da contra-ordenação.

A prescrição tem por efeito a extinção do procedimento contra-ordenacional. A prescrição é, no entanto, suspensa (art. 27.º-A, do RJCO) e interrompida nos termos especiais do art. 28.º, do RJCO. Neste último caso, decorre a inutilização do tempo que já correu desde que se iniciou a contagem do respectivo prazo, até que se verifica o facto interruptivo. A partir daqui inicia-se, novamente, a contagem do prazo de prescrição, não se aproveitando o tempo anteriormente decorrido.

Distinta da prescrição do procedimento é a prescrição da coima (art. 29.º, do RJCO), cuja contagem é efectuada nos termos do n.º 2. Pode ocorrer, portanto que apesar de passível de sanção, a coima não seja aplicada no prazo devido, prescrevendo então. E com a prescrição da coima (sanção principal) prescrevem igualmente as sanções acessórias (art. 31.º).

"A prescrição da execução das coimas conta-se a partir do momento em que a decisão condenatória se torna definitiva ou transita em julgado. As decisões administrativas condenatórias tornam-se definitiva se delas não for interposto recurso judicial no prazo de 20 dias a contar do seu conhecimento pelo arguido (art. 59.º, n.º 3, do RGCO), prazo este que se conta nos termos do art. 60.º", explicam

---

[20] Com as alterações introduzidas pelos Decretos-Leis n.os 356/89, de 17.10, 244/95, de 14.09 e n.º 109/2001, de 24.12.

SIMAS SANTOS e LOPES DE SOUSA ("Contra-Ordenações – Anotações ao regime geral", Vislis Editores, 2001).

Se houvesse que distinguir a coima da multa, sempre se diria, em termos muito simplistas, que a coima, sanção puramente pecuniária, é sempre associada ao ilícito contra-ordenacional, enquanto a multa se prende com o ilícito penal. Ainda, a coima nunca é colocada em alternativa à pena de privação de liberdade, enquanto a multa é aplicada muitas vezes em alternativa àquela medida. Ambas as sanções pecuniárias revertem para o Estado.

Cabe às autoridades administrativas competentes o processamento das contra-ordenações (art. 33.º, RGCO), investigando e instruindo o processo para aferir do cometimento ou não do facto ilícito e censurável desde que salvaguardado o direito à impugnação judicial (art. 59.º, do RJCO)

Uma das garantias que assistem ao infractor é o direito a ser ouvido e a de apresentar a sua defesa, pronunciando-se sobre os factos que lhe são imputados.

O art. 50.º, do RJCO prevê claramente que "Não é permitida a aplicação de uma coima ou de uma sanção acessória sem antes se ter assegurado ao arguido a possibilidade de num prazo razoável, se pronunciar sobre a contra-ordenação que lhe é imputada e sobre a sanção ou sanções em que incorre."

JURISPRUDÊNCIA:

Quando, em cumprimento do disposto no art. 50.º do regime geral das contra-ordenações, o orgão instrutor optar, no termo da instrução contra-ordenacional, pela audiência escrita do arguido, mas, na correspondente notificação, não lhe fornecer todos os elementos necessários para que este fique a conhecer a totalidade dos aspectos relevantes para a decisão, nas matérias de facto e de direito, o processo ficará doravante afectado de nulidade, dependente de arguição, pelo interessado/notificado, no prazo de 10 dias após a notificação, perante a própria administração, ou, judicialmente, no acto de impugnação da subsequente decisão/acusação administrativa.

(Assento STJ, n.º 1/2003, DR I-A, de 25.01.2003)

Analisada a defesa e instruído o processo, a autoridade administrativa decide em conformidade, condenando ou absolvendo o arguido, indicando cabalmente as provas que serviram para fundamentar a sua convicção (*V.* Ac. de 25.02.1998, CJ., Ano XXIII, 1998, Tomo I, p. 242).

A decisão tomada pela autoridade administrativa é sempre susceptível de impugnação judicial (art. 59.º-1, do RJCO).

Se entendermos, conforme tem sido manifestado pela jurisprudência dominante, que o recurso de impugnação se integra ainda na fase administrativa, então será de aplicar o regime previsto no Código do Procedimento Administrativo.

JURISPRUDÊNCIA:

1. *I – O prazo para recorrer da decisão que aplica uma coima não tem natureza judicial, mas administrativa, suspendendo-se aos sábados, domingos e feriados, mas não na Terça-feira de Carnaval, que apenas é dia de tolerância de ponto.*

II – Sendo dia de tolerância de ponto, a Terça-feira de Carnaval só seria relevante, se o prazo terminasse nesse dia; num tal caso, o termo do prazo transferir-se-ia para o 1.º dia útil seguinte.
(Ac. RP, de 20.12.2000, CJ, Ano XXV, T. V, p. 239).

2. *I – O recurso de impugnação da decisão que aplicou uma coima integra-se na fase administrativa do processo de contra-ordenação.*

II – Não sendo acto judicial, não lhe é aplicável o disposto no art. 145.º, n.º 5, do Código de Processo Civil, vigorando, antes, o regime previsto no Código do Procedimento Administrativo".
(Ac. STJ, de 07.01.1998, BMJ, 473, p. 565)

A impugnação judicial da decisão administrativa deverá conter uma sinopse dos pontos que deverão ser novamente apreciados (obriga à formulação de "alegações e conclusões", nos termos legais da parte final do n.º 3, do art. 59.º, do RJCO). O recurso deve ser motivado, o arguido deve delimitar a matéria, de facto e de direito, que entende deve ser reapreciada.

Se o arguido se limita, nas conclusões apresentadas, a negar a contra-ordenação imputada, não está então a delimitar perante o tribunal a matéria que entende dever ser reapreciada (o *objecto do recurso*), equivalendo como tal à ausência de motivação do mesmo, pois a negação da prática da contra-ordenação, é pura e simplesmente a própria pretensão do arguido, e que levaria à sua absolvição. O recurso que apresenta ausência de motivação é rejeitado.

JURISPRUDÊNCIA:

1. *I – Porque a impugnação judicial das decisões administrativas é, para todos os efeitos, um verdadeiro recurso, sendo o meio específico de impugnar aquelas decisões e sendo destinado a provocar o reexame e novo julgamento da matéria, as respectivas alegações devem conter os fundamentos dessa mesma impugnação, ou seja, o arguido deve apresentar as razões que fundamentam o seu ponto de vista, tendo como ponto de referência a decisão que constitui objecto da impugnação, devendo apontar os vícios de que enferma a decisão impugnada, contrapondo à mesma o entendimento que considera mais correcto sobre o assunto.*

II – Consistindo aquela impugnação num requerimento em que o arguido apresenta factos que, no seu entendimento, justificam a suspensão da sanção acessória de inibição de conduzir, suspensão essa que requer, a final, ao tribunal, não tomando qualquer posição no que concerne à decisão administrativa, nem mesmo se lhe referindo, e não contestando os fundamentos desta, verifica-se falta de alegações, não reunindo tal requerimento os requisitos formais mínimos exigidos pelo art. 59.º, n.º 3,

do Decreto-Lei n.° 433/82, de 27 de Outubro, pelo que, nos termos do artigo 63.°, n.° 1, do mesmo decreto-lei, o recurso deve ser rejeitado.
(Ac. RE, de 21.03.2000, BMJ, 495, p. 382).

2. No domínio das contra-ordenações, a ausência de conclusões não deve determinar a rejeição do recurso de impugnação quando, das alegações, forem perceptíveis as questões que o recorrente pretende submeter à apreciação do tribunal.
(Ac. RL, de 07.12.1999, CJ, Ano XXIV, T. V, p. 150).

3. São inconstitucionais – por violação do disposto no artigo 32.°, n.° 1, da Constituição – os artigos 63.°, n.° 1, e 59.°, n.° 3, do Regime Geral das Contra-Ordenações quando interpretados no sentido da falta de indicação das razões do pedido nas conclusões da motivação levar à rejeição liminar do recurso interposto pelo arguido, sem que tenha havido prévio convite para proceder a tal indicação.
(Ac. TC, de 18.05.1999, BMJ, 487, p. 124).

"O juiz rejeitará, por meio de despacho, o recurso feito fora do prazo ou sem respeito pelas exigências de forma" (art. 63.°-1, do RJCO).

Explica BEÇA PEREIRA ("Regime Geral das Contra-Ordenações e Coimas", Almedina, 4.° ed., p. 112), "A decisão de rejeitar o recurso deve ser comunicada à autoridade administrativa, nos termos do art. 70.°, n.° 4. Neste caso, o processo, uma vez rejeitado o recurso, é arquivado no Tribunal e não devolvido à autoridade administrativa. E se houvesse que devolver o processo, era inútil a comunicação da decisão final imposta no art. 70.°, n.° 4".

Impugnada a decisão da autoridade administrativa, o juiz decidirá por simples despacho, "quando não considere necessária a audiência de julgamento e o arguido ou o Ministério Público não se oponham" (art. 64.°, n.os 1 e 2, do RJCO) ou por sentença, havendo lugar à audiência de discussão e julgamento.

A sentença ou o despacho proferido pelo tribunal de 1ª instância no âmbito da impugnação judicial, é recorrível para o tribunal de 2ª instância (ou tribunal da Relação), nos termos previstos no art. 73.°, do RJCO.

O princípio da proibição da *reformatio in pejus* vigora desde a revisão do RJCO pelo Decreto-Lei n.° 244/95, de 14.09, que aditou o art. 72.°-A, segundo o qual quando o arguido entende impugnar a decisão da autoridade administrativa ou recorrer da decisão judicial, não pode a sanção aplicada para aquele ilícito contra-ordenacional ser modificada em seu prejuízo (n.° 1).

O mesmo princípio colhe quando a impugnação seja promovida no exclusivo interesse do arguido (também n.° 1).

A razão-de-ser da figura visa impedir que, havendo uma reapreciação do caso, a sanção sofra um agravamento, o que precludiria o direito à livre apreciação.

CAPÍTULO VIII
Propriedade plural em empreendimentos turísticos

ARTIGO 52.º
Noção

1 – Consideram-se empreendimentos turísticos em propriedade plural aqueles que compreendem lotes e ou fracções autónomas de um ou mais edifícios.

2 – As unidades de alojamento dos empreendimentos turísticos podem constituir-se como fracções autónomas nos termos da lei geral.

NOTA:

O presente capítulo apresenta uma realidade nova, muito semelhante ao regime de constituição e exploração do direito real de habitação periódica, aprovado pelo Decreto-Lei n.º 275/93, de 05.08.

Refere o preâmbulo que "No que concerne aos empreendimentos turísticos em propriedade plural, determina-se a aplicação subsidiária do regime da propriedade horizontal no relacionamento entre a entidade exploradora e administradora do empreendimento e os proprietários das unidades de alojamento que o compõem, sem prejuízo do estabelecimento de um importante conjunto de normas específicas, resultantes da natureza turística do empreendimento".

ARTIGO 53.º
Regime aplicável

Às relações entre os proprietários dos empreendimentos turísticos em propriedade plural é aplicável o disposto no presente decreto-lei e, subsidiariamente, o regime da propriedade horizontal.

ARTIGO 54.º
Título constitutivo

1 – Os empreendimentos turísticos em propriedade plural regem-se por um título constitutivo elaborado e aprovado nos termos do presente decreto-lei.

2 – O título constitutivo do empreendimento turístico não pode conter disposições incompatíveis com o estabelecido em alvará de loteamento ou título constitutivo da propriedade horizontal aplicáveis aos imóveis que integram o empreendimento.

3 – O título constitutivo de empreendimento turístico que se encontre instalado em edifício ou edifícios implantados num único lote substitui o título constitutivo da propriedade horizontal, quando esta não tenha sido previamente constituída, desde que conste de escritura pública ou de outro título de constituição da propriedade horizontal e abranja todas as fracções do edifício ou edifícios onde esteja instalado o empreendimento turístico, independentemente do uso a que sejam afectas.

4 – O título constitutivo é elaborado pelo titular do alvará de licença para a realização da operação urbanística relativa à instalação do empreendimento, ou pelo titular do respectivo alvará de autorização de utilização, e carece de aprovação pelo Turismo de Portugal, I. P., a qual constitui condição prévia à outorga da escritura pública a que se refere o número anterior, quando exista, sendo nesta exarada menção expressa à data da aprovação do título constitutivo pelo Turismo de Portugal, I. P.

5 – O Turismo de Portugal, I. P., deve pronunciar-se sobre o título constitutivo no prazo de 30 dias após a apresentação do mesmo pelo interessado e só pode recusar a sua aprovação caso o mesmo viole o disposto no presente decreto-lei ou noutras disposições legais ou regulamentares aplicáveis.

6 – O título constitutivo é registado nos serviços do registo predial previamente à celebração de qualquer contrato de transmissão ou contrato-promessa de transmissão dos lotes ou fracções autónomas.

7 – Deve fazer parte integrante dos contratos-promessa de transmissão, bem como dos contratos de transmissão de propriedade de lotes ou fracções autónomas que integrem o empreendimento turístico em propriedade plural, uma cópia simples do título constitutivo devidamente aprovado e registado, cópia simples do título referido no n.º 3 do artigo 45.º, bem como a indicação do valor da prestação periódica devida pelo titular daqueles lotes ou fracções autónomas no primeiro ano, nos termos do título constitutivo, sob pena de nulidade do contrato.

ARTIGO 55.º
Menções do título constitutivo

1 – O título constitutivo deve conter obrigatoriamente as seguintes menções:
 a) A identificação da entidade exploradora do empreendimento;
 b) A identificação e descrição física e registral das várias fracções autónomas ou lotes, por forma a que fiquem perfeitamente individualizadas;
 c) O valor relativo de cada fracção autónoma ou lote, expresso em percentagem ou permilagem do valor total do empreendimento;
 d) O fim a que se destina cada uma das fracções autónomas ou lotes;
 e) A identificação e descrição das instalações e equipamentos do empreendimento;
 f) A identificação dos serviços de utilização comum;
 g) A identificação das infra-estruturas urbanísticas que servem o empreendimento, o regime de titularidade das mesmas e a referência ao contrato de urbanização estabelecido com a câmara municipal, quando exista;
 h) O critério de fixação e actualização da prestação periódica devida pelos proprietários e a percentagem desta que se destina a remunerar a entidade responsável pela administração do empreendimento, bem como a enumeração dos encargos cobertos por tal prestação periódica;
 i) Os deveres dos proprietários, designadamente os relacionados com o tempo, o lugar e a forma de pagamento da prestação periódica;
 j) Os deveres da entidade responsável pela administração do empreendimento, nomeadamente em matéria de conservação do empreendimento;
 l) Os meios de resolução dos conflitos de interesses.

2 – Do título constitutivo de um conjunto turístico *(resort)* constarão a identificação da entidade administradora do conjunto turístico *(resort)*, a identificação e descrição dos vários empreendimentos turísticos, estabelecimentos ou instalações e equipamentos de exploração turística que o integram, por forma a que fiquem perfeitamente individualizados, o valor relativo de cada um desses ele-

mentos componentes do conjunto turístico *(resort)*, expresso em percentagem ou permilagem do valor total do empreendimento, o fim a que se destina cada um dos referidos empreendimentos turísticos, estabelecimentos e instalações ou equipamentos de exploração turística; bem como as menções a que se referem as alíneas *d)* a *j)* do número anterior, com as devidas adaptações.

3 - Do título constitutivo deve fazer também parte integrante um regulamento de administração do empreendimento, o qual deve reger, designadamente, a conservação, a fruição e o funcionamento das unidades de alojamento, das instalações e equipamentos de utilização comum e dos serviços de utilização comum.

ARTIGO 56.º
Prestação periódica

1 - O proprietário de um lote ou fracção autónoma de um empreendimento turístico em propriedade plural deve pagar à entidade administradora do empreendimento a prestação periódica fixada de acordo com o critério determinado no título constitutivo.

2 - A prestação periódica destina-se a fazer face às despesas de manutenção, conservação e funcionamento do empreendimento, incluindo as das unidades de alojamento, das instalações e equipamentos comuns e dos serviços de utilização comuns do empreendimento, bem como a remunerar a prestação dos serviços de recepção permanente, de segurança e de limpeza das unidades de alojamento e das partes comuns do empreendimento.

3 - Além do disposto no número anterior, a prestação periódica destina-se a remunerar os serviços do revisor oficial de contas e a entidade administradora do empreendimento, podendo suportar outras despesas desde que previstas no título constitutivo.

4 - Consideram-se serviços de utilização comuns do empreendimento os que são exigidos para a respectiva categoria.

5 - A percentagem da prestação periódica destinada a remunerar a entidade administradora do empreendimento não pode ultrapassar 20 % do valor total.

6 - Nos conjuntos turísticos *(resorts)* cada um dos empreendimentos turísticos, estabelecimentos ou instalações e equipamentos

de exploração turística que integram o empreendimento contribuem para os encargos comuns do conjunto turístico (*resort*) na proporção do respectivo valor relativo fixado no título constitutivo do empreendimento, nos termos previstos no n.º 2 do artigo 55.º

7 – Os créditos relativos a prestações periódicas, bem como aos respectivos juros moratórios, gozam do privilégio creditório imobiliário sobre a respectiva fracção, graduado após os mencionados nos artigos 746.º e 748.º do Código Civil e aos demais previstos em legislação especial.

8 – Uma percentagem não inferior a 4 % da prestação periódica deve ser afecta à constituição de um fundo de reserva destinado exclusivamente à realização de obras de reparação e conservação das instalações e equipamentos de uso comum e de outras despesas expressamente previstas no título constitutivo.

9 – Independentemente do critério de fixação da prestação periódica estabelecido no título constitutivo, aquela pode ser alterada por proposta do revisor oficial de contas inserida no respectivo parecer, sempre que se revele excessiva ou insuficiente relativamente aos encargos que se destina e desde que a alteração seja aprovada em assembleia convocada para o efeito.

ARTIGO 57.º
Deveres do proprietário

1 – Os proprietários de lotes ou fracções autónomas em empreendimentos turísticos em propriedade plural não podem:

a) Dar-lhes utilização diversa da prevista no título constitutivo;

b) Alterar a sua volumetria ou a configuração arquitectónica exterior;

c) Praticar quaisquer actos ou realizar obras, incluindo pinturas, que afectem a continuidade ou unidade urbanística, ou paisagística, do empreendimento, ou que prejudiquem o funcionamento ou utilização de instalações e equipamentos de utilização comum;

d) Praticar quaisquer actos ou realizar obras que afectem a tipologia ou categoria do empreendimento;

e) Impedir a realização de obras de manutenção ou conservação da respectiva unidade de alojamento, por parte da entidade exploradora.

2 – A realização de obras pelos proprietários de lotes ou fracções autónomas, mesmo quando realizadas no interior destes, carece de autorização prévia da entidade administradora do empreendimento, sob pena de esta poder repor a situação a expensas do respectivo proprietário.

3 – A entidade exploradora do empreendimento deve ter acesso às unidades de alojamento do empreendimento, a fim de proceder à respectiva exploração turística, prestar os serviços de utilização comum e outros previstos no título constitutivo, proceder às vistorias convenientes para efeitos de conservação ou de executar obras de conservação ou reposição.

4 – Os créditos resultantes da realização de obras decorrentes do disposto no presente decreto-lei ou no título constitutivo, por parte da entidade exploradora do empreendimento, bem como os respectivos juros moratórios, gozam do privilégio creditório imobiliário sobre o respectivo lote ou fracção, graduado após os mencionados nos artigos 746.º e 748.º do Código Civil e os previstos em legislação especial.

NOTA:

Sobre ilícito contra-ordenacional: *v.* art. 67.º, n.º 1, al. *x*).

ARTIGO 58.º
Administração

1 – A administração dos empreendimentos turísticos em propriedade plural incumbe à entidade exploradora, salvo quando esta seja destituída das suas funções, nos termos do artigo 62.º

2 – A administração dos conjuntos turísticos *(resorts)* incumbe a uma entidade administradora única, designada no título constitutivo do conjunto turístico *(resort)*.

3 – A entidade administradora do empreendimento exerce as funções que cabem ao administrador do condomínio, nos termos do

regime da propriedade horizontal, e é responsável pela administração global do empreendimento, incumbindo-lhe, nomeadamente, assegurar o funcionamento e a conservação das instalações e equipamentos de utilização comum e dos serviços de utilização comum previstos no título constitutivo, bem como a manutenção e conservação dos espaços verdes de utilização colectiva, das infra-estruturas viárias e das demais instalações e equipamentos de utilização colectiva integrantes do empreendimento, quando tenham natureza privada.

ARTIGO 59.º
Caução de boa administração e conservação

1 – Nos empreendimentos em propriedade plural, a entidade administradora do empreendimento deve prestar caução de boa administração e conservação a favor dos proprietários das fracções autónomas ou lotes, cujo montante corresponde a cinco vezes o valor anual do conjunto das prestações periódicas, a qual pode ser prestada por seguro ou garantia bancária emitida por uma entidade seguradora ou financeira da União Europeia, devendo o respectivo título ser depositado no Turismo de Portugal, I. P.

2 – A caução só pode ser accionada por deliberação da assembleia geral de proprietários.

3 – A caução deve ser constituída antes da celebração dos contratos de transmissão da propriedade dos lotes ou das fracções autónomas que integrem o empreendimento, sob pena de nulidade dos mesmos.

NOTA:

Sobre ilícito contra-ordenacional: v. art. 67.º, n.º 1, al. z).

ARTIGO 60.º
Prestação de contas

1 – A entidade administradora do empreendimento deve organizar anualmente as contas respeitantes à utilização das presta-

ções periódicas e submetê-las à apreciação de um revisor oficial de contas.

2 – O relatório de gestão e as contas a que se refere o número anterior são enviados a cada proprietário, juntamente com a convocatória da assembleia geral ordinária, acompanhados do parecer do revisor oficial de contas.

3 – Os proprietários têm o direito de consultar os elementos justificativos das contas e do relatório de gestão a apresentar na assembleia geral.

4 – A entidade administradora deve ainda facultar aos proprietários, na assembleia geral destinada a aprovar o relatório de gestão e as contas respeitantes à utilização das prestações periódicas, a análise das contas de exploração, bem como dos respectivos elementos justificativos.

NOTA:

Sobre ilícito contra-ordenacional: v. art. 67.º, n.º 1, al. *aa*).

ARTIGO 61.º
Programa de administração

1 – A entidade administradora dos empreendimentos turísticos em propriedade plural deve elaborar um programa de administração e de conservação do empreendimento para cada ano.

2 – O programa deve ser enviado a cada proprietário juntamente com a convocatória da assembleia geral ordinária em que se procede à respectiva aprovação para o ano seguinte.

NOTA:

Sobre ilícito contra-ordenacional: v. art. 67.º, n.º 1, al. *bb*).

ARTIGO 62.º
Destituição da entidade administradora

1 – Se a entidade administradora do empreendimento não cumprir as obrigações previstas no presente decreto-lei, a assembleia

geral de proprietários pode destituí-la das suas funções de administração.

2 – A destituição só é eficaz se, no mesmo acto, for nomeada uma nova entidade administradora e se a mesma vier a prestar a caução prevista no artigo 59.° no prazo de 15 dias.

ARTIGO 63.°
Assembleia geral de proprietários

1 – A assembleia geral de proprietários integra todos os proprietários dos lotes ou fracções que constituem o empreendimento.

2 – Compete à assembleia geral:

 a) Eleger o presidente de entre os seus membros;

 b) Aprovar o relatório de gestão e as contas respeitantes à utilização das prestações periódicas;

 c) Aprovar o programa de administração e conservação do empreendimento;

 d) Aprovar, sob proposta do revisor oficial de contas, a alteração da prestação periódica, nos casos previstos no n.° 9 do artigo 56.°;

 e) Accionar a caução de boa administração;

 f) Destituir a entidade administradora do empreendimento, nos casos previstos no artigo 62.°;

 g) Deliberar sobre qualquer outro assunto que lhe seja submetido pela entidade administradora do empreendimento.

3 – A assembleia geral é convocada pela entidade responsável pela administração do empreendimento.

4 – A assembleia geral deve ser convocada por carta registada, enviada pelo menos 30 dias de calendário antes da data prevista para a reunião, no 1.° trimestre de cada ano.

5 – A assembleia geral pode ser convocada pelo respectivo presidente sob proposta de proprietários que representem 10 % dos votos correspondentes ao valor total do empreendimento.

6 – São aplicáveis à assembleia geral as regras sobre quórum deliberativo previstas no regime da propriedade horizontal.

7 – As deliberações são tomadas por maioria simples dos votos dos proprietários presentes ou representados, salvo:

a) Quando esteja em causa accionar a caução de boa administração ou destituir a entidade administradora do empreendimento, caso em que a deliberação deve ser tomada pela maioria dos votos correspondentes ao valor total do empreendimento;

b) Nos outros casos previstos no regime da propriedade horizontal.

ARTIGO 64.º
Títulos constitutivos de empreendimentos existentes

1 – As normas do presente capítulo não se aplicam aos empreendimentos turísticos em propriedade plural cujo título constitutivo já se encontre aprovado à data de entrada em vigor do presente decreto-lei, sendo-lhes aplicável o disposto no Decreto-Lei n.º 167/97, de 4 de Julho, na redacção actualmente em vigor, e seus regulamentos.

2 – As entidades exploradoras de empreendimentos turísticos em propriedade plural que se encontram em funcionamento à data da entrada em vigor do presente decreto-lei mas que não disponham de título constitutivo devem proceder à respectiva elaboração e promoção da respectiva aprovação em assembleia geral de proprietários no prazo máximo de dois anos a contar de tal data.

3 – A assembleia de proprietários é convocada nos termos do artigo anterior, devendo a convocatória ser acompanhada dos documentos a aprovar.

4 – A assembleia geral pode deliberar desde que estejam presentes proprietários que representem um quarto do valor total do empreendimento, sendo as deliberações tomadas por maioria dos votos dos proprietários presentes.

5 – O título constitutivo a que se referem os números anteriores deve integrar o regulamento de administração e ser aprovado pelo Turismo de Portugal, I. P., e registado na Conservatória do Registo Predial nos termos do disposto no artigo 54.º

6 – A entidade exploradora deve enviar a cada um dos proprietários uma cópia do título constitutivo devidamente aprovado pelo Turismo de Portugal, I. P., e registado na conservatória do registo predial.

7 – Às alterações aos títulos constitutivos dos empreendimentos existentes são aplicáveis as normas do presente capítulo.

NOTA:

Sobre ilícito contra-ordenacional: *v.* art. 67.º, n.º 1, al. *cc*) e *dd*).

CAPÍTULO IX
Declaração de interesse para o turismo

ARTIGO 65.º
Declaração de interesse para o turismo

1 – O Turismo de Portugal, I. P., a requerimento dos interessados ou da câmara municipal, pode declarar de interesse para o turismo, nos termos a estabelecer em portaria do membro do Governo responsável pela área do turismo, os estabelecimentos, iniciativas, projectos ou actividades de índole económica, cultural, ambiental e de animação que, pela sua localização e características, complementem outras actividades ou empreendimentos turísticos, ou constituam motivo de atracção turística das áreas em que se encontram.

2 – A declaração de interesse para o turismo pode ser retirada oficiosamente, quando deixarem de se verificar os pressupostos que determinaram a sua atribuição.

NOTA:

O Decreto-Regulamentar n.º 22/98, de 21.09, que aprovou o regime de declaração de interesse para o turismo irá ser revogado por portaria a publicar.

Bizarramente, o regime da utilidade turística que data de 1983 (Decreto-Lei n.º 423/83, de 05.12), continua por actualizar.

CAPÍTULO X
Fiscalização e sanções

ARTIGO 66.º
Competência de fiscalização e instrução de processos

Sem prejuízo das competências das câmaras municipais previstas no regime jurídico da urbanização e edificação, compete à ASAE fiscalizar o cumprimento do disposto no presente decreto-lei, bem como instruir os respectivos processos, excepto no que se refere a matéria de publicidade cuja competência pertence à Direcção-Geral do Consumidor.

NOTA:

As competências fiscalizadoras e sancionatórias que até aqui eram repartidas pela DGT, e pela direcção regional do Ministério da Economia, são concentradas na ASAE (nos termos do art. 3.º, n.º 2, al. *t*), do Decreto-Lei n.º 274/2007, de 30 de Julho), excepto no que se refere a matéria de publicidade cuja competência pertence à Direcção-Geral do Consumidor. V. Portaria n.º 244/2008, de 25.03, sobre as taxas cobradas pela ASAE.

As câmaras municipais mantém a respectiva competência no âmbito do atribuído pelo RJUE.

ARTIGO 67.º
Contra-ordenações

1 – Constituem contra-ordenações:
a) A oferta de serviços de alojamento turístico sem título válido;
b) O não cumprimento pelo estabelecimento de alojamento local dos requisitos mínimos previstos no n.º 2 do artigo 3.º e do registo previsto no n.º 3 do mesmo artigo;
c) O não cumprimento dos requisitos gerais de instalação previstos no artigo 5.º;
d) O não cumprimento das condições de identificação, segurança no acesso, insonorização e comunicação com o exterior previstas nos n.os 3, 4 e 5 do artigo 7.º;

e) O desrespeito pelo número máximo de camas convertíveis que podem ser instaladas nas unidades de alojamento dos empreendimentos turísticos, tal como previsto no n.° 2 do artigo 8.°;

f) O desrespeito da capacidade máxima dos empreendimentos turísticos, nos termos previstos nos n.os 1 e 4 do artigo 8.°;

g) O desrespeito pela área máxima prevista para instalações de carácter complementar destinadas a alojamento, tal como estabelecido no n.° 4 do artigo 19.°;

h) A não apresentação do pedido de revisão da classificação do empreendimento turístico com a antecedência prevista no n.° 2 do artigo 38.° e a falta de apresentação do requerimento necessário para proceder à reconversão da classificação previsto no n.° 2 do artigo 75.°;

i) A não afixação no exterior da placa identificativa da classificação do empreendimento turístico, tal como previsto no n.° 4 do artigo 36.°;

j) A violação do disposto no artigo 41.°, em matéria de identificação dos empreendimentos turísticos;

l) A adopção de classificação ou de características que o empreendimento não possua na respectiva publicidade, documentação comercial e *merchandising,* tal como previsto no n.° 1 do artigo 42.°;

m) O desrespeito pela regra da unidade da exploração prevista no n.° 1 do artigo 44.°;

n) O desrespeito pelo regime de exploração turística em permanência e de exploração continuada das unidades de alojamento do empreendimento turística, tal como previsto nos n.os 1 e 2 do artigo 45.°, e a falta de celebração de contrato de exploração com os proprietários ou a falta de previsão no referido contrato dos termos da exploração turística das unidades de alojamento, da participação dos proprietários nos resultados da exploração das unidades de alojamento e das condições da utilização destas pelos respectivos proprietários, tal como previsto nos n.os 3 e 4 do artigo 45.°;

o) A exploração das unidades de alojamento pelos respectivos proprietários ou a celebração de contratos que comprometam o uso turístico das mesmas, tal como previsto no n.° 6 do artigo 45.°;

p) A violação pela entidade exploradora dos deveres previstos nas alíneas *a)* a *d)* do artigo 46.°;

q) A atribuição da responsabilidade operacional por empreendimentos turísticos de cinco, quatro e três estrelas a funcionário não habilitado ao exercício da profissão de director de hotel;

r) A proibição de livre acesso aos empreendimentos turísticos nos casos não previstos nos n.ᵒˢ 2, 3 e 4 do artigo 48.°;

s) A falta de publicitação das regras de funcionamento e acesso aos empreendimentos turísticos;

t) O encerramento de um empreendimento turístico em propriedade plural, sem consentimento de todos os proprietários;

u) A falta de publicitação do período de funcionamento dos empreendimentos turísticos;

v) A não utilização de sinais normalizados, nos termos previstos no artigo 50.°;

x) O desrespeito pelos proprietários de lotes ou fracções autónomas em empreendimentos turísticos do disposto nos n.ᵒˢ 1 e 3 do artigo 57.°;

z) A falta de prestação de caução de boa administração e conservação pela entidade administradora do empreendimento, no termos previstos no n.° 1 do artigo 59.°;

aa) O não cumprimento dos deveres de prestação de contas previstos no artigo 60.°;

bb) O não cumprimento dos deveres relativos à elaboração e disponibilização aos proprietários de um programa de administração e de conservação do empreendimento turístico em propriedade plural para cada ano, nos termos previstos no artigo 61.°;

cc) A falta de elaboração e promoção da respectiva aprovação em assembleia geral de proprietários de título constitutivo para os empreendimentos turísticos em propriedade plural já existentes, nos termos previstos no n.° 2 do artigo 64.°;

dd) A falta de remessa a cada um dos proprietários de uma cópia do título constitutivo para os empreendimentos turísticos em propriedade plural, nos termos previstos no n.° 6 do artigo 64.°

2 – As contra-ordenações previstas nas alíneas *d*), *e*), *i*), *m*), *s*), *u*), *v*) e *dd*) do n.° 1 são punidas com coima de € 100 a € 500, no caso de pessoa singular, e de € 1000 a € 5000, no caso de pessoa colectiva.

3 – As contra-ordenações previstas nas alíneas *f*), *g*), *h*), *j*), *l*), *q*), *r*), *t*) e *x*) do n.° 1 são punidas com coima de € 500 a € 2500, no caso de pessoa singular, e de € 5000 a € 25000, no caso de pessoa colectiva.

4 – As contra-ordenações previstas nas alíneas *a*), *b*), *c*), *n*), *o*), *p*), *z*), *aa*), *bb*) e *cc*) do n.º 1 são punidas com coima de € 2500 a € 3740,98, no caso de pessoa singular, e de € 25000 a € 44891,82, no caso de pessoa colectiva.

NOTA:

A moldura cominatória é *actualizada*.

ARTIGO 68.º
Sanções acessórias

1 – Em função da gravidade e da reiteração das contra-ordenações previstas no artigo anterior, bem como da culpa do agente, podem ser aplicadas as seguintes sanções acessórias:

a) Apreensão do material através do qual se praticou a infracção;

b) Suspensão, por um período até dois anos, do exercício da actividade directamente relacionada com a infracção praticada;

c) Encerramento, pelo prazo máximo de dois anos, do empreendimento ou das instalações onde estejam a ser prestados serviços de alojamento turístico sem título válido.

2 – Quando for aplicada a sanção acessória de encerramento, o alvará, quando exista, é cassado e apreendido pela câmara municipal, oficiosamente ou a pedido do Turismo de Portugal, I. P., ou da ASAE.

NOTA:

Como requisito de apreciação da moldura sancionatória desconsiderou-se "o tipo e classificação do empreendimento". O encerramento é agora temporário, no máximo, pelo período de 2 anos. Volvido tal período, entende-se que o empreendimento turístico é *reabilitado*, se tal não ocorrer será definitivamente encerrado.

O preceito corresponde, com as devidas adaptações, ao art. 62.º, do Decreto-Lei n.º 167/97, de 04.07 (empreendimentos turísticos), ao art. 62.º, do Decreto-Lei n.º 54/2002, de 11.03 (turismo no espaço rural) e ao art. 58.º, do Decreto-Lei n.º 47/99, de 16.02 (turismo da natureza).

Recuperou-se o termo *cassação* do alvará.

A publicidade das sanções não foi acolhida.

ARTIGO 69.º
Limites da coima em caso de tentativa e de negligência

A tentativa e a negligência são puníveis, sendo os limites mínimos e máximos das coimas aplicáveis reduzidos para metade.

NOTA:

O preceito corresponde, com as devidas adaptações, ao art. 63.º, do Decreto-Lei n.º 167/97, de 04.07 (empreendimentos turísticos), ao art. 63.º, do Decreto-Lei n.º 54/2002, de 11.03 (turismo no espaço rural) e ao art. 59.º, do Decreto-Lei n.º 47/99, de 16.02 (turismo da natureza).

ARTIGO 70.º
Competência sancionatória

1 – A aplicação das coimas e das sanções acessórias previstas no presente decreto-lei compete:

a) À Comissão de Aplicação de Coimas em Matéria Económica e de Publicidade (CACMEP) relativamente aos empreendimentos turísticos referidos nas alíneas *a)* a *f)* do n.º 1 do artigo 4.º;

b) Às câmaras municipais, relativamente aos empreendimentos turísticos referidos nas alíneas *g)* do n.º 1 do artigo 4.º e aos estabelecimentos de alojamento local.

2 – A aplicação das coimas e das sanções acessórias previstas no presente decreto-lei relativamente aos empreendimentos de turismo de natureza compete, respectivamente, à CACMEP, se estes empreendimentos adoptarem qualquer das tipologias previstas nas alíneas *a)* a *f)* do n.º 1 do artigo 4.º, e às câmaras municipais, se os referidos empreendimentos adoptarem a tipologia prevista na alínea *g)* do n.º 1 do artigo 4.º

NOTA:

Perante o disposto no art. 66.º, que atribui competência fiscalizadora e sancionatória à ASAE, excepto no que se refere a matéria de publicidade cuja competência pertence à Direcção-Geral do Consumidor, não entendemos a actual intervenção da Comissão de Aplicação de Coimas em Matéria Económica e de Publicidade (CACMEP), excepto quanto aos estabelecimentos de alojamento local.

No regime anterior dos empreendimentos turísticos, quer a competência fiscalizadora quer a sancionatória pertenciam à DGT, excepto no que concernia aos parques de campismo, que eram sancionados pela câmara municipal respectiva (art. 64.°, do Decreto-Lei n.° 167/97, de 04.07).

ARTIGO 71.°
Produto das coimas

1 - O produto das coimas aplicadas pelas câmaras municipais constitui receita dos respectivos municípios.

2 - O produto das coimas aplicadas pela CACMEP reverte:
a) 60 % para o Estado;
b) 30 % para a ASAE;
c) 10 % para a CACMEP.

ARTIGO 72.°
Embargo e demolição

Sem prejuízo das competências atribuídas por lei a outras entidades, compete ao presidente da câmara municipal embargar e ordenar a demolição de obras realizadas em violação do disposto no presente decreto-lei, por sua iniciativa ou mediante comunicação do Turismo de Portugal, I. P., ou da ASAE.

NOTA:

O preceito corresponde, com as devidas adaptações, ao art. 66.°, do Decreto-Lei n.° 167/97, de 04.07 (empreendimentos turísticos), ao art. 66.°, do Decreto-Lei n.° 54/2002, de 11.03 (turismo no espaço rural) e ao art. 62.°, do Decreto-Lei n.° 47/99, de 16.02 (turismo da natureza).

A figura do **embargo** encontra-se prevista no art. 102.°, do RJUE, que indica:

"1 – Sem prejuízo das competências atribuídas por lei a outras entidades, o presidente da câmara municipal é competente para embargar obras de urbanização, de edificação ou de demolição, bem como quaisquer trabalhos de remodelação de terrenos, quando estejam a ser executadas:
a) Sem a necessária licença ou admissão de comunicação prévia;

b) Em desconformidade com o respectivo projecto ou com as condições do licenciamento ou comunicação prévia admitida, salvo o disposto no artigo 83.º; ou
c) Em violação das normas legais e regulamentares aplicáveis.

2 – A notificação é feita ao responsável pela direcção técnica da obra, bem como ao titular do alvará de licença ou apresentante da comunicação prévia e, quando possível, ao proprietário do imóvel no qual estejam a ser executadas as obras ou seu representante, sendo suficiente para obrigar à suspensão dos trabalhos qualquer dessas notificações ou a de quem se encontre a executar a obra no local.

3 – Após o embargo, é de imediato lavrado o respectivo auto, que contém, obrigatória e expressamente, a identificação do funcionário municipal responsável pela fiscalização de obras, das testemunhas e do notificado, a data, a hora e o local da diligência e as razões de facto e de direito que a justificam, o estado da obra e a indicação da ordem de suspensão e proibição de prosseguir a obra e do respectivo prazo, bem como as cominações legais do seu incumprimento.

4 – O auto é redigido em duplicado e assinado pelo funcionário e pelo notificado, ficando o duplicado na posse deste.

5 – No caso de a ordem de embargo incidir apenas sobre parte da obra, o respectivo auto fará expressa menção de que o embargo é parcial e identificará claramente qual é a parte da obra que se encontra embargada.

6 – O auto de embargo é notificado às pessoas identificadas no n.º 2.

7 – No caso de as obras estarem a ser executadas por pessoa colectiva, o embargo e o respectivo auto são ainda comunicados para a respectiva sede social ou representação em território nacional.

8 – O embargo, assim como a sua cessação ou caducidade, é objecto de registo na conservatória do registo predial, mediante comunicação do despacho que o determinou, procedendo-se aos necessários averbamentos".

Sendo os respectivos **efeitos** os seguintes (art. 103.º, do RJUE):

"1 – O embargo obriga à suspensão imediata, no todo ou em parte, dos trabalhos de execução da obra.

2 – Tratando-se de obras licenciadas ou objecto de comunicação prévia, o embargo determina também a suspensão da eficácia da respectiva licença ou a admissão de comunicação prévia, bem como, no caso de obras de urbanização, da licença ou comunicação prévia de loteamento urbano a que as mesmas respeitam.

3 – É interdito o fornecimento de energia eléctrica, gás e água às obras embargadas, devendo para o efeito ser notificado o acto que o ordenou às entidades responsáveis pelos referidos fornecimentos.

4 – O embargo, ainda que parcial, suspende o prazo que estiver fixado para a execução das obras no respectivo alvará de licença e estabelecido para a admissão de comunicação prévia".

O embargo caduca, nos termos do art. 104.°, do RJUE:

"1 – A ordem de embargo caduca logo que for proferida uma decisão que defina a situação jurídica da obra com carácter definitivo ou no termo do prazo que tiver sido fixado para o efeito.

2 – Na falta de fixação de prazo para o efeito, a ordem de embargo caduca se não for proferida uma decisão definitiva no prazo de seis meses, prorrogável uma única vez por igual período."

Em alternativa à demolição, pode presidente da câmara municipal ordenar a **realização de trabalhos de correcção ou alteração**, nos termos do art. 105.°, do RJUE:

"1 – Nas situações previstas nas alíneas b) e c) do n.° 1 do artigo 102.°, o presidente da câmara municipal pode ainda, quando for caso disso, ordenar a realização de trabalhos de correcção ou alteração da obra, fixando um prazo para o efeito, tendo em conta a natureza e o grau de complexidade dos mesmos.

2 – Decorrido o prazo referido no número anterior sem que aqueles trabalhos se encontrem integralmente realizados, a obra permanece embargada até ser proferida uma decisão que defina a sua situação jurídica com carácter definitivo.

3 – Tratando-se de obras de urbanização ou de outras obras indispensáveis para assegurar a protecção de interesses de terceiros ou o correcto ordenamento urbano, a câmara municipal pode promover a realização dos trabalhos de correcção ou alteração por conta do titular da licença ou do apresentante da comunicação prévia, nos termos dos artigos 107.° e 108.°

4 – A ordem de realização de trabalhos de correcção ou alteração suspende o prazo que estiver fixado no respectivo alvará de licença ou estabelecido na comunicação prévia pelo período estabelecido nos termos do n.° 1.

5 – O prazo referido no n.° 1 interrompe-se com a apresentação de pedido de alteração à licença ou comunicação prévia, nos termos, respectivamente, dos artigos 27.° e 35.°"

A **demolição da obra e reposição do terreno**, encontra-se prevista no artigo 106.°, do RJUE:

"1 – O presidente da câmara municipal pode igualmente, quando for caso disso, ordenar a demolição total ou parcial da obra ou a reposição do terreno nas condições em que se encontrava antes da data de início das obras ou trabalhos, fixando um prazo para o efeito.

2 – A demolição pode ser evitada se a obra for susceptível de ser licenciada ou objecto de comunicação prévia ou se for possível assegurar a sua conformidade com as disposições legais e regulamentares que lhe são aplicáveis mediante a realização de trabalhos de correcção ou de alteração.

3 – A ordem de demolição ou de reposição a que se refere o n.° 1 é antecedida de audição do interessado, que dispõe de 15 dias a contar da data da sua notificação para se pronunciar sobre o conteúdo da mesma.

4 – Decorrido o prazo referido no n.° 1 sem que a ordem de demolição da obra ou de reposição do terreno se mostre cumprida, o presidente da câmara municipal determina a demolição da obra ou a reposição do terreno por conta do infractor."

JURISPRUDÊNCIA:

1. *"I – Provando-se que determinado edifício estava a ser implantado no terreno com uma distância a pontos fixos que lhe são próximos inferior à que lhe tinha sido marcada pelo projecto aprovado, é legal o acto camarário que, com esse fundamento, determinou o embargo da obra.*

II – Do despacho do Presidente da Câmara mandando levantar o embargo, exarado sobre requerimento do construtor que se limitava a pedir esse levantamento, não pode nunca resultar a aprovação de uma modificação do projecto de arquitectura segundo o que constaria de uma planta que segundo esse requerimento, para mais tratando-se dum tosco desenho sem escala feito em papel A4.

III – Não pode apreciar-se, em recurso jurisdicional, um eventual erro do projecto aprovado no tocante aos afastamentos referidos em I, se essa questão só agora vem suscitada e não foi incluída nos fundamentos do recurso constantes da petição e das alegações finais.

(Ac. STA, de 09.05.2001, AASTA, p. 81)

2. *"O responsável pelo pagamento das despesas feitas por uma câmara municipal com a demolição de obras efectuadas em violação de disposições no Regulamento Geral das Edificações Urbanas, nos termos do § único do seu artigo 166.°, é o dono ou executor dessa obra, e não o proprietário do terreno onde a mesma foi clandestinamente edificada".*

(Ac. STA, de 24.11.1999, BMJ, 491, p. 309)

3. *"I – As figuras jurídicas do embargo de obra ilegal e da demolição são jurídica e ontologicamente distintas, com pressupostos, objecto e efeitos não coincidentes.*

II – Enquanto o embargo é uma medida cautelar, com carácter preventivo e urgente, visando impedir a continuação de obra lesiva da legalidade, já a demolição é um acto unilateral e autoritário, visando a reintegração da ordem jurídica violada.

III – perante uma obra não licenciada que haja sido embargada, a notificação ao interessado assume a dupla função de proibição de continuação da obra e de audiência de interessado com vista à reposição da legalidade.

IV – Tendo o interessado, na sequência desta notificação requerido a legalização da obra, a demolição não pode ser ordenada, cerca de dois anos depois, sem nova audiência, nos termos dos artigos 58.°, n.° 3, do Decreto-Lei n.° 445/91, de 20 de Novembro, e 100.° do Código de Procedimento Administrativo".

(Ac. STA, de 28.10.1999, MBJ, 490, p. 304)

4. *"I – O acto administrativo que ordene a demolição de uma obra não constitui um acto de mera execução da prévia denegação do seu licenciamento.*

II – *Se da competência globalmente transferida para o delegado, este só estiver autorizado pelo delegante a subdelegar poderes «para o despacho dos assuntos correntes dos serviços«, deve concluir-se que houve uma reserva expressa, limitadora do âmbito da subdelegação futura.*

III – *Os «assuntos correntes dos serviços« são, no que aos procedimentos administrativos respeita, os relacionados com os actos procedimentais a praticar, sejam eles anteriores ou posteriores aos actos culminantes dos procedimentos, ficando estes actos, em que fundamentalmente se exerce a autoridade administrativa, excluídos da previsão desses «assuntos».*

IV – *Não cabe na subdelegação de competências feita no director do Departamento de Construção e Conservação de Edifícios e Obras Diversas da Câmara Municipal de Lisboa «para o despacho dos assuntos correntes dos serviços» poder de ordenar a demolição de obras efectuadas sem licença ou em desconformidade com a licença.*

V – *O acto desse director determina demolição de obra, proferido com expressa invocação de subdelegação de competência, em que o seu autor quis manifestamente praticar um acto definitivo e executório e dizer a última palavra da Administração a definir a situação concreta do destinatário do acto, induzindo este a interpor recurso contencioso, deve ser considerado um acto susceptível de imediato recurso contencioso.*

VI – *Atentas as características do caso concreto, a aplicação da norma do artigo 56.º da lei de Processo dos Tribunais Administrativos, implicando a rejeição do recurso contenciosos e a imposição ao interessado do esgotamento das vias graciosas, com o risco de, face a eventual indeferimento, expresso ou silente, do recurso hierárquico, ter de reiniciar a via contenciosa, representaria, na prática, uma restrição em medida intolerável do direito dos cidadãos ao recurso contencioso, na dupla perspectiva de direito a uma tutela jurisdicional efectiva e de direito a uma decisão em prazo razoável (artigos 268.º, n.º 4, e 20.º, n.º 4, da Constituição da República Portuguesa).*

VII – *Nos termos do corpo do art. 165.º do Regulamento Geral das Edificações Urbanas, a utilização de parte de edificação em desconformidade com a licença apenas pode servir de base ao decretamento do despejo do local, não podendo servir de fundamento legal para a intimação da demolição de obras, designadamente quando, como no caso ocorre, estas obras tenham sido executadas por entidade dispensada de as submeter a licenciamento municipal".*

(Ac. STA, de 23.06.1999, BMJ, 488, p. 207).

5. *"I* – *Para que ocorra a responsabilidade extracontratual das autarquias locais por actos ilícitos e culposos dos seus orgãos ou agentes, no exercício das suas funções e por causa delas, é necessária a verificação cumulativa dos seguintes pressupostos: facto ilícito, culpa, dano e nexo de causalidade adequada entre o facto e o dano.*

II – *Perante uma barraca implantada num terreno municipal, a título precário, que a interessada não habitava havia quatro anos e que se encontrava parcialmente destruída, e, tendo em vista os poderes que assistem às câmaras em matéria urbanística (cfr., v.g., artigo 165.º do Regulamento Geral das Edificações Urbanas) e relativamente às construções degradadas (cfr., v.g., os artigos 51.º, n.º 2, da Lei das Autarquias Locais e 10.º, §1.º, do Regulamento Geral das Edificações Urbanas), a sua ordem de demolição encontra-se legalmente fundada.*

III – *Embora a ilicitude e culpa sejam em si mesmas realidades distintas, não raro sucede que o elemento culpa se dilui na ilicitude assumindo a culpa o aspecto subjectivo da ilicitude.*

IV – Não deve considerar-se que ocorra o pressuposto culpa quando os serviços da câmara (polícia municipal) não conseguiram levar a efeito a notificação pessoal à interessada de um mandado de demolição da barraca referida, em virtude de a mesma não ter sido encontrada no local indicado como o da sua residência (e em que a pessoal ali encontrada afirmou desconhecer o seu paradeiro) e de na respectiva junta de freguesia, através do recenseamento, haver constatado que a residência ali constante era precisamente aquela".
(Ac. STA, de 01.06.1999, BMJ, 488, p. 397).

6. *"Ao contrário do que acontece com a demolição, o Presidente da Câmara não tem um poder discricionário para decidir do embargo ou não de obra, previsto no art. 57.° do DL n.° 445/91, de 20 de Novembro.*

Tal poder é um poder vinculado pelo que o Presidente da Câmara tem o poder-dever de ordenar o embargo e impedir a continuação das obras, não podendo aguardar o licenciamento ou não para se pronunciar sobre o embargo".
(Ac. STA, de 06.05.1998, CJA, n.° 19, p. 37).

7. *"I – Os prejuízos decorrentes da demolição de uma construção sem prévio licenciamento e sem que o seu proprietário tenha apresentado, no prazo que lhe fora concedido (mais de um ano), o projecto com vista à legalização não são de difícil reparação.*

II – Os danos patrimoniais, e não decorrendo da demolição a cessação de qualquer actividade ou habitação do proprietário, são facilmente quantificáveis, pois correspondem aos custos da demolição e futura reconstrução.

III – É previsível para um homem médio a demolição de uma construção sujeita a licenciamento, mas que foi levada a cabo sem licença e sem que o seu autor apresentasse, no prazo que lhe foi concedido – mais de um ano –, o respectivo projecto de legalização. Daí que os prejuízos materiais e o sofrimento com tal demolição não sejam causados (em termos de causalidade adequada) pela demolição, mas sim pela conduta negligente do proprietário".
(Ac. STA, 02.04.1998, BMJ, 476, p. 512).

O art. 100.° do RJUE[21], por sua vez, configura como crime de desobediência, o desrespeito pelos actos administrativos que determinem qualquer das medi-

---

[21] Artigo 100.° **(Responsabilidade criminal)**, do RJUE:

1 – O desrespeito dos actos administrativos que determinem qualquer das medidas de tutela da legalidade urbanística previstas no presente diploma constitui crime de desobediência, nos termos do artigo 348.° do Código Penal.

2 – As falsas declarações ou informações prestadas pelos responsáveis referidos nas alíneas *e*) e *f*) do n.° 1 do artigo 98.° nos termos de responsabilidade ou no livro de obra integram o crime de falsificação de documentos, nos termos do artigo 256.° do Código Penal.

das de tutela da legalidade urbanística. E como crime de falsificação de documentos as falsas declarações ou informações prestadas (n.º 2).

As obras executadas sem a competente licença ou em violação dos condicionamentos impostos estão, portanto, sujeitas a serem embargadas (art. 102.º, do RJUE), e, em consequência, demolidas e com reposição do terreno nas condições em que se encontrava antes do início das obras ou trabalhos (art. 106.º, do RJUE).

Em caso de incumprimento da medida ordenada, incorre o responsável, como vimos, no crime de desobediência, e ainda, fica sujeito à execução coerciva da medida, podendo o presidente da câmara ordenar, para efeito de demolição e reposição, a posse administrativa do imóvel onde está a ser realizada a obra (art. 107.º, do RJUE).

Explicam JOÃO PEREIRA REIS e MARGARIDA LOUREIRO ("Regime Jurídico da Urbanização e da Edificação Anotado", Almedina, 2002, p. 244) "os requisitos previstos na lei para a tomada de posse administrativa são os seguintes:

a) prática de acto administrativo expresso que determine a transferência da posse a favor do município, acto esse que, para além de fixar o período de tempo a que alude o n.º 7 do art. 107.º, deverá obedecer a todas as formalidades e requisitos previstos no CPA (nomeadamente a audiência prévia dos interessados);

b) notificação do acto, por carta registada com aviso de recepção, ao dono da obra e aos demais titulares de direitos reais sobre o imóvel, bem como, em nosso entender, ao titular do alvará apesar da lei não fazer menção expressa a este interessado;

c) elaboração do auto de posse administrativa de onde conste:

– a identificação do acto administrativo supra referido;

– a descrição do estado em que se encontra o terreno, a obra e as demais construções existentes no prédio do mencionado acto;

– identificação de todos os equipamentos que se encontrem no local".

JURISPRUDÊNCIA:

I – Para que ocorra a responsabilidade extracontratual das autarquias locais por actos ilícitos e culposos dos seus órgãos ou agentes, no exercício das suas funções e por causa delas, é necessária a verificação cumulativa dos seguintes pressupostos: facto ilícito, culpa, dano e nexo de causalidade adequada entre o facto e o dano.

II – Perante uma barraca implantada num terreno municipal, a título precário, que a interessada não habitava havia quatro anos e que se encontrava parcialmente destruída, e, tendo em vista os poderes que assistem às câmaras em matéria urbanística (cfr., v.g., artigo 165.º do Regulamento Geral das Edificações Urbanas) e relativamente às construções degradadas (cfr., v.g., os artigos 51.º, n.º 2, da Lei das Autarquias Locais e 10.º, §1.º, do Regulamento Geral das Edificações Urbanas), a sua ordem de demolição encontra-se legalmente fundada.

III — *Embora a ilicitude e culpa sejam em si mesmas realidades distintas, não raro sucede que o elemento culpa se dilui na ilicitude assumindo a culpa o aspecto subjectivo da ilicitude.*

IV — *Não deve considerar-se que ocorra o pressuposto culpa quando os serviços da câmara (polícia municipal) não conseguiram levar a efeito a notificação pessoal à interessada de um mandado de demolição da barraca referida,* em virtude de a mesma não ter *sido encontrada no local indicado como o da sua residência (e em que a pessoal ali encontrada afirmou desconhecer o seu paradeiro) e de na respectiva junta de freguesia, através do recenseamento, haver constatado que a residência ali constante era precisamente aquela.*

(Ac. STA, de 01.06.1999, BMJ, 488, p. 397)

ARTIGO 73.º
Interdição de utilização

A ASAE é competente para determinar a interdição temporária do funcionamento dos empreendimentos turísticos, na sua totalidade ou em parte, quando a falta de cumprimento das disposições legais aplicáveis puser em causa a segurança dos utilizadores ou a saúde pública, sem prejuízo das competências atribuídas por lei a outras entidades.

NOTA:

O preceito corresponde, com as devidas adaptações, ao art. 67.º, do Decreto-Lei n.º 167/97, de 04.07 (empreendimentos turísticos), ao art. 67.º, do Decreto-Lei n.º 54/2002, de 11.03 (turismo no espaço rural) e ao art. 63.º, do Decreto-Lei n.º 47/99, de 16.02 (turismo da natureza).

ARTIGO 74.º
Sistema informático

1 – A tramitação dos procedimentos previstos no presente decreto-lei é realizada informaticamente com recurso a sistema informático articulado com o sistema previsto no artigo 8.º-A do regime jurídico da urbanização e edificação, nos termos a definir por portaria dos membros do Governo responsáveis pelas áreas da administração local e do turismo.

2 – Para o efeito previsto no número anterior, o Turismo de Portugal, I. P., tem acesso a toda a informação relativa a empreendimen-

tos turísticos constante do sistema informático previsto no regime jurídico da urbanização e edificação.

3 – Enquanto não se encontrarem em funcionamento os sistemas informáticos referidos no n.º 1, a tramitação dos procedimentos estabelecidos no presente decreto –lei pode ser realizada em papel.

CAPÍTULO XI
Disposições finais e transitórias

ARTIGO 75.º
Empreendimentos turísticos, empreendimentos de turismo no espaço rural, casas de natureza e estabelecimentos de hospedagem existentes

1 – O presente decreto-lei aplica-se aos empreendimentos turísticos existentes à data da sua entrada em vigor, sem prejuízo do disposto nos números seguintes.

2 – Os empreendimentos turísticos, os empreendimentos de turismo no espaço rural e as casas de natureza existentes dispõem do prazo de dois anos, contado a partir da data de entrada em vigor do presente decreto-lei, para se reconverterem nas tipologias e categorias agora estabelecidos, excepto quando tal determinar a realização de obras que se revelem materialmente impossíveis ou que comprometam a rendibilidade do empreendimento, como tal reconhecidas pelo Turismo de Portugal, I. P.

3 – A reconversão da classificação prevista no número anterior é atribuída pelo Turismo de Portugal, I. P., ou pelas câmaras municipais, conforme os casos, após realização de auditoria de classificação, a pedido do interessado.

4 – Caso os empreendimentos referidos no n.º 2 não possam manter ou obter a classificação de empreendimento turístico, nos termos do presente decreto-lei, são reconvertidos em modalidades de alojamento local.

5 – O Turismo de Portugal, I. P., deve inscrever no RNET os empreendimentos turísticos reclassificados nos termos do n.º 2.

6 – Os títulos válidos de abertura dos empreendimentos turísticos, dos empreendimentos de turismo no espaço rural e das casas de natureza existentes à data de entrada em vigor do Decreto-Lei n.º 167/97, de 4 de Julho, do Decreto-Lei n.º 54/2002, de 11 de Março, e do Decreto-Lei n.º 47/99, de 16 de Fevereiro, respectivamente, mantêm-se válidos, só sendo substituídos pelo alvará de autorização de utilização para fins turísticos na sequência de obras de ampliação, reconstrução ou alteração.

7 – Os empreendimentos turísticos em propriedade plural existentes à data da entrada em vigor do presente decreto-lei mantêm o regime de exploração turística previsto na legislação vigente aquando do respectivo licenciamento, salvo se, por decisão unânime de todos os seus proprietários, se optar pelo regime de exploração turística previsto no presente decreto-lei.

8 – Os estabelecimentos de hospedagem licenciados pelas câmaras municipais ao abrigo dos respectivos regulamentos convertem-se automaticamente em estabelecimentos de alojamento local.

NOTA:

A lei mantém o seu carácter prospectivo (n.º 1), com excepção do n.º 2, que concede dois anos para a respectiva reconversão (n.º 2), sob pena de reconversão para alojamento local (n.º 4).

Sobre ilícito contra-ordenacional: v. art. 67.º, n.º 1, al. h).

ARTIGO 76.º
Processos pendentes

1 – Os processos pendentes regem-se pelas disposições constantes no presente decreto-lei, salvo o disposto no número seguinte.

2 – As entidades promotoras ou exploradoras dos empreendimentos turísticos em propriedade plural cujos processos se encontram pendentes à data da entrada em vigor do presente decreto-lei podem optar por aplicar o regime constante dos capítulos VII e VIII do presente decreto-lei ou o regime de exploração aplicável à data do início do procedimento.

3 – Para os efeitos previstos no presente artigo, consideram-se pendentes os processos relativos a operações de loteamento, pedidos

de informação prévia e pedidos de licenciamento de operações urbanísticas e pedidos de classificação definitiva que tenham por objecto a instalação de empreendimentos turísticos, de empreendimentos de turismo no espaço rural e de casas de natureza.

NOTA:

Aos processos pendentes (definidos no n.º 3) aplica-se a presente lei (n.º 1), com excepção dos empreendimentos turísticos em propriedade plural cujos processos se encontram pendentes à data da entrada em vigor do presente Decreto-Lei podem que detêm o direito de opção (n.º 2).

ARTIGO 77.º
Norma revogatória

1 – É revogado o Decreto-Lei n.º 167/97, de 4 de Julho, com as alterações introduzidas pelo Decreto-Lei n.º 55/2002, de 11 de Março, e pelo Decreto-Lei n.º 217/2006, de 31 de Outubro, bem como o Decreto-Lei n.º 54/2002, de 11 de Março.

2 – Com a entrada em vigor das portarias previstas no presente decreto-lei são revogados:

 a) O Decreto-Lei n.º 192/82, de 19 de Maio;

 b) O Decreto-Lei n.º 47/99, de 16 de Fevereiro, com as alterações introduzidas pelo Decreto-Lei n.º 56/2002, de 11 de Março, com excepção das disposições referentes à animação ambiental constantes dos n.ᵒˢ 2 e 3 do artigo 2.º e dos artigos 8.º, 9.º e 12.º;

 c) O Decreto Regulamentar n.º 33/97, de 25 de Setembro, com as alterações introduzidas pelo Decreto Regulamentar n.º 14/2002, de 12 de Março;

 d) O Decreto Regulamentar n.º 34/97, de 25 de Setembro, com as alterações introduzidas pelo Decreto Regulamentar n.º 14/99, de 14 de Agosto, e pelo Decreto Regulamentar n.º 6/2000, de 27 de Abril;

 e) O Decreto Regulamentar n.º 36/97, de 25 de Setembro, com as alterações introduzidas pelo Decreto Regulamentar n.º 16/99, de 18 de Agosto;

 f) O Decreto Regulamentar n.º 22/98, de 21 de Setembro, com as alterações introduzidas pelo Decreto Regulamentar n.º 1/2002, de 3 de Janeiro;

g) O Decreto Regulamentar n.° 20/99, de 13 de Setembro, com as alterações introduzidas pelo Decreto Regulamentar n.° 22/2002, de 2 de Abril;
h) O Decreto Regulamentar n.° 2/99, de 17 de Fevereiro;
i) O Decreto Regulamentar n.° 13/2002, de 12 de Março, com as alterações introduzidas pelo Decreto Regulamentar n.° 5/2007, de 14 de Fevereiro;
j) A Portaria n.° 1063/97, de 21 de Outubro;
l) A Portaria n.° 1068/97, de 23 de Outubro;
m) A Portaria n.° 1071/97, de 23 de Outubro;
n) A Portaria n.° 930/98, de 24 de Outubro;
o) Portaria n.° 1229/2001, de 25 de Outubro.

NOTA:

Com a entrada em vigor do presente diploma são revogados os regimes jurídicos referentes à:

– instalação e funcionamento dos empreendimentos turísticos (aprovado pelo Decreto-Lei n.° 167/97, de 4 de Julho, com as respectivas alterações);

– instalação e funcionamento do turismo no espaço rural (aprovado pelo Decreto-Lei n.° 54/2002, de 11 de Março).

Com a entrada em vigor das portarias previstas no presente diploma são revogados os regimes jurídicos referentes ao/à:

– instalação e funcionamento dos parques de campismo rurais (aprovado pelo Decreto-Lei n.° 192/82, de 19 de Maio);

– instalação e funcionamento do turismo de natureza (aprovado pelo Decreto-Lei n.° 47/99, de 16 de Fevereiro, com as respectivas alterações, *com excepção das disposições referentes à animação ambiental constantes dos n.*^{os} *2 e 3 do artigo 2.° e dos artigos 8.°, 9.° e 12.°*;

– instalação e funcionamento dos parques de campismo públicos (aprovado pelo Decreto Regulamentar n.° 33/97, de 25 de Setembro, com as respectivas alterações);

– instalação e funcionamento dos meios complementares de alojamento turístico (aprovado pelo Decreto Regulamentar n.° 34/97, de 25 de Setembro, com as respectivas alterações);

– instalação e funcionamento dos estabelecimentos hoteleiros (aprovado pelo Decreto Regulamentar n.° 36/97, de 25 de Setembro, com as respectivas alterações);

— declaração de interesse para o turismo (aprovada pelo Decreto Regulamentar n.º 22/98, de 21 de Setembro, com as respectivas alterações);
— instalação e funcionamento dos conjuntos turísticos (aprovado pelo Decreto Regulamentar n.º 20/99, de 13 de Setembro);
— requisitos mínimos das instalações e do funcionamento das casas de natureza (aprovado pelo Decreto Regulamentar n.º 2/99, de 17 de Fevereiro);
— regulamento do turismo da natureza (aprovado pelo Decreto Regulamentar n.º 13/2002, de 12 de Março, com as respectivas alterações);
— medidas de segurança contra riscos de incêndio (aprovado pela Portaria n.º 1063/97, de 21 de Outubro);
— sinalização dos empreendimentos turísticos, estabelecimentos de restauração e bebidas e turismo no espaço rural, quanto aos serviços prestados (aprovada pela Portaria n.º 1068/97, de 23 de Outubro);
— registo dos empreendimentos turísticos e do estabelecimentos de restauração e bebidas classificados como típicos (aprovado pela Portaria n.º 1071/97, de 23 de Outubro);
— modelo de alvará de licença de utilização turística e modelo de alvará de licença de utilização para serviços de restauração e de bebidas (aprovado pela Portaria n.º 930/98, de 24 de Outubro);
— taxas cobradas pela Direcção-Geral do Turismo pelas vistorias requeridas (aprovado pela Portaria n.º 1229/2001, de 25 de Outubro).

Aparentemente, mantêm-se em vigor os seguintes diplomas:
— Decreto-Lei n.º 142/2004, de 11.06 (actividade termal);
— Decreto-Lei n.º 304/2003, de 09.12 (campo de férias);
— Decreto-Lei n.º 309/2002, de 16.12 (recintos de espectáculos);
— Decreto-Lei n.º 263/2001, de 28.09 (sistema de segurança privada nos estabelecimentos de restauração e bebidas);
— Lei n.º 107/2001, de 08.09 (património cultural);
— Decreto-Lei n.º 204/2000, de 01.09 (regime jurídico da animação turística);
— Portaria n.º 262/2000, de 13.05 (tabela de preços dos serviços de cafetaria);
— Decreto-Regulamentar n.º 18/99, de 27.08 (regulamento da animação ambiental);
— Decreto-Lei n.º 275/93, de 05.08 (regime jurídico do direito real de habitação periódica);
— Decreto-Lei n.º 422/89, de 02.12 (regime jurídico do jogo);
— Decreto-Lei n.º 423/83, de 05.12 (regime jurídico da utilidade turística).

ARTIGO 78.º
Regiões Autónomas

O regime previsto no presente decreto-lei é aplicável às Regiões Autónomas dos Açores e da Madeira, sem prejuízo das adaptações decorrentes da estrutura própria da administração regional autónoma.

ARTIGO 79.º
Entrada em vigor

O presente decreto-lei entra em vigor 30 dias após a data da sua publicação.

ACTIVIDADES DE ANIMAÇÃO AMBIENTAL NO ÂMBITO DO TURISMO DE NATUREZA

ARTIGO 2.º, N.ᵒˢ 2 E 3 E ARTIGOS 8.º, 9.º E 12.º
DO DECRETO-LEI N.º 47/99,
de 16 de Fevereiro[22]

ARTIGO 2.º
(Âmbito)

(...) "2 – Integram-se ainda no turismo de natureza as actividades de animação ambiental, nas modalidades de:
a) Animação;
b) Interpretação ambiental;
c) Desporto de natureza.
3 – Os requisitos das instalações, classificação e do funcionamento das casas de natureza previstas na alínea b) do n.º 1, bem como as actividades de animação ambiental previstas no número anterior, são definidos através de decreto regulamentar[23].

ARTIGO 8.º
(Animação ambiental)

Para efeitos do presente diploma, entende-se por animação ambiental a que é desenvolvida tendo como suporte o conjunto de actividades,

---

[22] Com as alterações introduzidas pelo Decreto-Lei n.º 56/2002, de 11 de Março.
[23] O preceito reporta-se ao Decreto Regulamentar n.º 2/99, de 17 de Fevereiro, a revogar logo que publicada a respectiva portaria inerente ao Decreto-Lei n.º 39/2008, de 07.05.

serviços e instalações para promover a ocupação dos tempos livres dos turistas e visitantes através do conhecimento e da fruição dos valores naturais e culturais próprios da área protegida.

ARTIGO 9.º
(Modalidades)

1 – Considera-se animação o conjunto de actividades que se traduzam na ocupação dos tempos livres dos turistas e visitantes, permitindo a diversificação da oferta turística através da integração dessas actividades e outros recursos das áreas protegidas, contribuindo para a divulgação da gastronomia, do artesanato, dos produtos e tradições da região onde se inserem, desenvolvendo-se com o apoio das infra-estruturas e dos serviços existentes no âmbito do turismo de natureza.

2 – Interpretação ambiental é toda a actividade que permite ao visitante o conhecimento global do património que caracteriza a área protegida, através da conservação no local, das formações geológicas, da flora, fauna e respectivos habitats, bem como de aspectos ligados aos usos e costumes das populações com recurso às instalações, sistemas e equipamentos do turismo de natureza.

3 – Consideram-se actividades de desporto de natureza todas as que sejam praticadas em contacto directo com a natureza e que, pelas suas características, possam ser praticadas de forma não nociva para a conservação da natureza.

ARTIGO 12.º
(Competência do Instituto da Conservação da Natureza)

Para efeitos do presente diploma, compete ao Instituto da Conservação da Natureza[24], sem prejuízo de outras competências atribuídas por lei:

a) Acompanhar e assegurar a uniformidade do processo de implementação do turismo de natureza;

b) Dar parecer, no âmbito dos pedidos de informação prévia, sobre as iniciativas da instalação das casas de natureza e das actividades de animação ambiental"

---

[24] Agora Instituto de Conservação da Natureza e da Biodiversidade, I. P..

INSTITUIÇÃO DA OBRIGATORIEDADE DE EXISTÊNCIA E DISPONIBILIZAÇÃO DO LIVRO DE RECLAMAÇÕES EM TODOS OS ESTABELECIMENTOS DE FORNECIMENTO DE BENS OU PRESTAÇÃO DE SERVIÇOS

DECRETO-LEI N.º 156/2005,
de 15 de Setembro[25]

CAPÍTULO I
Do objecto e do âmbito de aplicação

ARTIGO 1.º
Objecto

1 – O presente diploma visa reforçar os procedimentos de defesa dos direitos dos consumidores e utentes no âmbito do fornecimento de bens e prestação de serviços.

2 – O presente decreto-lei institui a obrigatoriedade de existência e disponibilização do livro de reclamações em todos os estabelecimentos de fornecimento de bens ou prestação de serviços, designadamente os constantes do anexo I ao presente decreto-lei e que dele faz parte integrante.

3 – Sem prejuízo do disposto no número anterior, os fornecedores de bens e os prestadores de serviços podem disponibilizar no seu sítio de Internet instrumentos que permitam aos consumidores reclamarem.

---

[25] Com a redacção introduzida pelo Decreto-Lei n.º 371/2007, de 6 de Novembro.

ARTIGO 2.º
Âmbito

1 – Para efeitos do presente decreto-lei, a referência a «fornecedor de bens ou prestador de serviços» compreende os estabelecimentos referidos no artigo anterior que:
  a) Se encontrem instalados com carácter fixo ou permanente, e neles seja exercida, exclusiva ou principalmente, de modo habitual e profissional, a actividade; e
  b) Tenham contacto com o público, designadamente através de serviços de atendimento ao público destinado à oferta de produtos e serviços ou de manutenção das relações de clientela.

2 – O anexo a que se refere o artigo anterior pode ser objecto de aditamentos.

3 – O regime previsto neste diploma não se aplica aos serviços e organismos da Administração Pública a que se refere o artigo 38.º do Decreto-Lei n.º 135/99, de 22 de Abril.

4 – O livro de reclamações pode ser utilizado por qualquer utente nas situações e nos termos previstos no presente diploma.

5 – Exceptuam-se do disposto no n.º 3 os serviços e organismos da Administração Pública encarregues da prestação dos serviços de abastecimento público de água, de saneamento de águas residuais e de gestão de resíduos urbanos que passam a estar sujeitos às obrigações constantes deste decreto-lei.

CAPÍTULO II
Do livro de reclamação e do procedimento

ARTIGO 3.º
Obrigações do fornecedor de bens ou prestador de serviços

1 – O fornecedor de bens ou prestador de serviços é obrigado a:
  a) Possuir o livro de reclamações nos estabelecimentos a que respeita a actividade;
  b) Facultar imediata e gratuitamente ao utente o livro de reclamações sempre que por este tal lhe seja solicitado;
  c) Afixar no seu estabelecimento, em local bem visível e com caracteres facilmente legíveis pelo utente, um letreiro com a seguinte informação: «Este estabelecimento dispõe de livro de reclamações»;

d) Manter, por um período mínimo de três anos, um arquivo organizado dos livros de reclamações que tenha encerrado.

2 – O fornecedor de bens ou prestador de serviços não pode, em caso algum, justificar a falta de livro de reclamações no estabelecimento onde o utente o solicita pelo facto de o mesmo se encontrar disponível noutros estabelecimentos, dependências ou sucursais.

3 – Sem prejuízo da regra relativa ao preenchimento da folha de reclamação a que se refere o artigo 4.º, o fornecedor de bens ou prestador de serviços ou o funcionário do estabelecimento não pode condicionar a apresentação do livro de reclamações, designadamente à necessidade de identificação do utente.

4 – Quando o livro de reclamações não for imediatamente facultado ao utente, este pode requerer a presença da autoridade policial a fim de remover essa recusa ou de que essa autoridade tome nota da ocorrência e a faça chegar à entidade competente para fiscalizar o sector em causa.

ARTIGO 4.º
Formulação da reclamação

1 – A reclamação é formulada através do preenchimento da folha de reclamação.

2 – Na formulação da reclamação, o utente deve:

a) Preencher de forma correcta e completa todos os campos relativos à sua identificação e endereço;

b) Preencher de forma correcta a identificação e o local do fornecedor de bens ou prestador do serviço;

c) Descrever de forma clara e completa os factos que motivam a reclamação.

3 – Para efeitos do disposto na alínea *b*) do número anterior, o fornecedor de bens ou o prestador de serviços está obrigado a fornecer todos os elementos necessários ao correcto preenchimento dos campos relativos à sua identificação, devendo ainda confirmar que o utente os preencheu correctamente.

ARTIGO 5.º
Envio da folha de reclamação e alegações

1 – Após o preenchimento da folha de reclamação, o fornecedor do bem, o prestador de serviços ou o funcionário do estabelecimento tem a

obrigação de destacar do livro de reclamações o original que, no prazo de 10 dias úteis, deve ser remetido à entidade de controlo de mercado competente ou à entidade reguladora do sector.

2 – Tratando-se de fornecedor de bens ou prestador de serviços não identificado no anexo I ao presente decreto-lei, observado o disposto no número anterior, o original da folha de reclamação deve ser remetido à entidade de controlo de mercado competente ou à entidade reguladora do sector ou, na ausência de uma e outra, à Autoridade de Segurança Alimentar e Económica.

3 – Para efeitos do disposto nos números anteriores, a remessa do original da folha de reclamação pode ser acompanhada das alegações que o fornecedor de bens ou o prestador de serviço entendam dever prestar, bem como dos esclarecimentos dispensados ao reclamante em virtude da reclamação.

4 – Após o preenchimento da folha de reclamação, o fornecedor do bem, o prestador de serviços ou o funcionário do estabelecimento tem ainda a obrigação de entregar o duplicado da reclamação ao utente, conservando em seu poder o triplicado, que faz parte integrante do livro de reclamações e dele não pode ser retirado.

5 – Sem prejuízo do disposto nos números anteriores, o utente pode também remeter o duplicado da folha de reclamação à entidade de controlo de mercado competente ou à entidade reguladora do sector, de acordo com as instruções constantes da mesma ou, tratando-se de fornecedor de bens ou prestador de serviços não identificado no anexo I ao presente decreto-lei e, não havendo uma e outra destas entidades, à Autoridade de Segurança Alimentar e Económica.

6 – Para efeitos do número anterior, o letreiro a que se refere a alínea c) do n.º 1 do artigo 3.º deve conter ainda, em caracteres facilmente legíveis pelo utente, a identificação completa e a morada da entidade junto da qual o utente deve apresentar a reclamação.

ARTIGO 6.º
Procedimento da entidade de controlo de mercado competente e da entidade reguladora do sector

1 – Para efeitos de aplicação do presente decreto-lei, cabe à entidade de controlo de mercado competente ou à entidade reguladora do sector:

a) Receber as folhas de reclamação e, se for o caso, as respectivas alegações;

b) Instaurar o procedimento adequado se os factos resultantes da reclamação indiciarem a prática de contra-ordenação prevista em norma específica aplicável.

2 – Fora dos casos a que se refere a alínea *b*) do número anterior, a entidade de controlo de mercado competente ou a entidade reguladora deve notificar o fornecedor de bens ou prestador de serviços para que, no prazo de 10 dias úteis, apresente as alegações que entenda por convenientes.

3 – Quando da folha de reclamação resultar a identificação suficiente do reclamante, a entidade de controlo de mercado competente ou a entidade reguladora do sector podem, através de comunicação escrita, informar aquele sobre o procedimento ou as medidas que tenham sido ou venham a ser adoptadas na sequência da reclamação formulada.

4 – Quando da folha de reclamação resultar uma situação de litígio, a entidade de controlo de mercado competente ou a entidade reguladora do sector deve, através de comunicação escrita e após concluídas todas as diligências necessárias à reposição legal da situação, informar o reclamante sobre o procedimento ou as medidas que tenham sido ou venham a ser adoptadas na sequência da reclamação formulada.

CAPÍTULO III
Da edição e venda do livro de reclamações

ARTIGO 7.º
Modelo de livro de reclamações

O modelo do livro de reclamações e as regras relativas à sua edição e venda, bem como o modelo de letreiro a que se refere a alínea *c*) do n.º 1 do artigo 3.º do presente diploma, são aprovados por portaria conjunta dos membros do Governo responsáveis pelas áreas das finanças e da defesa do consumidor, a emitir no prazo de 90 dias a contar da data da publicação do presente diploma.

NOTA:

V. a Portaria n.º 1288/2005, de 15.12, com as alterações introduzidas pela Portaria n.º 70/2008, de 23 de Janeiro.

ARTIGO 8.º
Aquisição de novo livro de reclamações

1 – O encerramento, perda ou extravio do livro de reclamações obriga o fornecedor de bens ou o prestador de serviços a adquirir um novo livro.

2 – A perda ou extravio do livro de reclamações obriga o fornecedor de bens ou o prestador de serviços a comunicar imediatamente esse facto à entidade reguladora ou, na falta desta, à entidade de controlo de mercado sectorialmente competente junto da qual adquiriu o livro.

3 – A perda ou extravio do livro de reclamações obriga ainda o fornecedor de bens ou prestador de serviços, durante o período de tempo em que não disponha do livro, a informar o utente sobre a entidade à qual deve recorrer para apresentar a reclamação.

CAPÍTULO IV
Das contra-ordenações

ARTIGO 9.º
Contra-ordenações

1 – Constituem contra-ordenações puníveis com a aplicação das seguintes coimas:

a) De € 250 a € 3500 e de € 3500 a € 30 000, consoante o infractor seja pessoa singular ou pessoa colectiva, a violação do disposto nas alíneas *a)*, *b)* e *c)* do n.º 1 do artigo 3.º, nos n.ºs 1, 2 e 4 do artigo 5.º e no artigo 8.º;

b) De € 250 a € 2500 e de € 500 a € 5000, consoante o infractor seja pessoa singular ou pessoa colectiva, a violação do disposto na alínea *d)* do n.º 1 do artigo 3.º, no n.º 3 do artigo 4.º e no n.º 6 do artigo 5.º

2 – A negligência é punível sendo os limites mínimos e máximos das coimas aplicáveis reduzidos a metade.

3 – Em caso de violação do disposto na alínea *b)* do n.º 1 do artigo 3.º, acrescida da ocorrência da situação prevista no n.º 4 do mesmo artigo, o montante da coima a aplicar não pode ser inferior a metade do montante máximo da coima prevista.

4 – A violação do disposto nas alíneas *a)* e *b)* do n.º 1 do artigo 3.º dá lugar, para além da aplicação da respectiva coima, à publicidade da condenação por contra-ordenação num jornal de expansão local ou nacional, a expensas do infractor.

ARTIGO 10.º
Sanções acessórias

1 – Quando a gravidade da infracção o justifique, podem ainda ser aplicadas as seguintes sanções acessórias, nos termos do regime geral das contra-ordenações:
 a) Encerramento temporário das instalações ou estabelecimentos;
 b) Interdição do exercício da actividade;
 c) Privação do direito a subsídio ou benefício outorgado por entidade ou serviço público.

2 – As sanções referidas no número anterior têm duração máxima de dois anos contados a partir da data da decisão condenatória definitiva.

ARTIGO 11.º
Fiscalização e instrução dos processos de contra-ordenação

1 – A fiscalização e a instrução dos processos relativos às contra-ordenações previstas no n.º 1 do artigo 9.º compete:
 a) À Autoridade de Segurança Alimentar e Económica, quando praticadas em estabelecimentos de fornecimento de bens e de prestação de serviços mencionados nas alíneas a), b), c), d), e), f), i), l), m) e t) do n.º 1 do anexo I;
 b) Ao Instituto do Desporto de Portugal, I. P., quando praticadas em estabelecimentos mencionados na alínea g) do n.º 1 do anexo I;
 c) À Inspecção-Geral das Actividades Culturais, quando praticadas em estabelecimentos mencionados nas alíneas h) e n) do n.º 1 do anexo I;
 d) Ao INFARMED – Autoridade Nacional do Medicamento e dos Produtos de Saúde, I. P., quando praticadas em estabelecimentos mencionados na alínea j) do n.º 1 do anexo I;
 e) Ao Instituto dos Registos e do Notariado, I. P., quando praticadas em estabelecimentos mencionados na alínea o) do n.º 1 do anexo I;
 f) Ao Instituto da Construção e do Imobiliário, I. P., quando praticadas em estabelecimentos mencionados nas alíneas p), q), r) e s) do n.º 1 do anexo I;
 g) Ao Instituto da Segurança Social, I. P., quando praticadas em estabelecimentos mencionados na alínea n) do n.º 3 do anexo I;
 h) Às respectivas entidades reguladoras, quando praticadas em estabelecimentos dos prestadores de serviços mencionados no n.º 2 do anexo I;

i) Aos respectivos centros distritais da segurança social, quando praticadas em estabelecimentos mencionados nas alíneas *a)* a *m)* do n.º 3 do anexo I;

j) Ao Banco de Portugal, quando praticadas nos estabelecimentos mencionados no n.º 4 do anexo I;

l) Ao Instituto de Seguros de Portugal, quando praticadas em estabelecimentos mencionados no n.º 5 do anexo I;

m) Às respectivas capitanias, quando praticadas em estabelecimentos mencionados no n.º 6 do anexo I;

n) À Ordem dos Médicos Veterinários, quando praticadas em estabelecimentos mencionados no n.º 7 do anexo I;

o) À Inspecção-Geral da Educação, quando praticadas em estabelecimentos mencionados no n.º 8 do anexo I;

p) À Secretaria-Geral do Ministério da Ciência, Tecnologia e Ensino Superior, quando praticadas em estabelecimentos mencionados no n.º 9 do anexo I.

2 – A aplicação das coimas e sanções acessórias compete às entidades que, nos termos da lei, são responsáveis pela respectiva aplicação.

3 – Compete à Autoridade de Segurança Alimentar e Económica a fiscalização e a instrução dos processos relativos às contra-ordenações previstas no n.º 1 do artigo 9.º quando praticadas em estabelecimentos de fornecimento de bens e de prestação de serviços não mencionados no anexo I a este decreto-lei e quando não exista entidade de controlo de mercado competente e entidade reguladora do sector.

4 – A receita das coimas reverte em 60 % para o Estado, em 30 % para a entidade que instrui o processo contra-ordenacional e em 10 % para a entidade que aplica a coima quando esta não coincida com a entidade que faz a instrução.

5 – Coincidindo na mesma entidade a instrução e a aplicação das coimas, a distribuição da receita é de 60 % para o Estado e de 40 % para a entidade que instrui o processo.

CAPÍTULO V
Da informação estatística, da uniformização do regime e da avaliação do diploma

ARTIGO 12.º
Informação sobre reclamações recebidas

1 – As entidades reguladoras e as entidades de controlo de mercado competentes devem remeter à Direcção–Geral do Consumidor, com uma

periodicidade semestral, informação, designadamente sobre o tipo, natureza e objecto das reclamações apresentadas, identificação das entidades reclamadas e prazo de resolução das reclamações.

2 – Para efeitos de aplicação do número anterior, a Direcção-Geral do Consumidor define, em documento a ser remetido às entidades reguladoras do sector e às entidades de controlo de mercado competentes no prazo de 30 dias a contar da data de entrada em vigor do presente decreto-lei, a informação pretendida.

ARTIGO 13.º
Outros procedimentos

1 – A formulação da reclamação nos termos previstos no presente decreto-lei não exclui a possibilidade de o utente apresentar reclamações por quaisquer outros meios e não limita o exercício de quaisquer direitos constitucional ou legalmente consagrados.

2 – Sem prejuízo dos procedimentos previstos no presente decreto-lei, as entidades de controlo de mercado competentes e as entidades reguladoras do sector podem estabelecer mecanismos internos, no âmbito das suas competências, que permitam uma resolução mais célere da reclamação e que não diminuam as garantias de defesa das partes.

ARTIGO 14.º
Avaliação da execução

No final do primeiro ano a contar da data de entrada em vigor do presente decreto-lei, e bianualmente nos anos subsequentes, a Direcção-Geral do Consumidor elabora um relatório de avaliação sobre a aplicação e execução do mesmo, devendo remetê-lo ao membro do Governo responsável pela área da defesa do consumidor.

ARTIGO 15.º
Uniformização de regime e revogação

1 – O regime previsto no presente diploma aplica-se igualmente aos fornecedores de bens, prestadores de serviços e estabelecimentos constantes no anexo II a este diploma, que dele faz parte integrante, sendo revogadas quaisquer outras normas que contrariem o disposto neste decreto-lei.

2 – A fiscalização, a instrução dos processos e a aplicação das coimas e sanções acessórias previstas no presente diploma aos fornecedores de bens, prestadores de serviços e estabelecimentos constantes do anexo II cabem às entidades que, nos termos da legislação específica existente que estabelece a obrigatoriedade do livro de reclamações, são competentes para o efeito.

3 – O disposto no presente artigo não prejudica a manutenção do livro de reclamações do modelo que, à data da entrada em vigor deste diploma, estiver a ser utilizado até ao respectivo encerramento.

CAPÍTULO VI
Entrada em vigor

ARTIGO 16.º
Entrada em vigor

O presente diploma entra em vigor no dia 1 de Janeiro de 2006.

ANEXO I
Entidades que, nos termos do n.º 2 do artigo 1.º, passam a estar sujeitas à obrigatoriedade de existência e disponibilização do livro de reclamações

1 – Estabelecimentos de venda ao público e de prestação de serviços:

a) Estabelecimentos de comércio a retalho e conjuntos comerciais, bem como estabelecimentos de comércio por grosso com revenda ao consumidor final;

b) Postos de abastecimento de combustíveis;

c) Lavandarias, estabelecimentos de limpeza a seco e de engomadoria;

d) Salões de cabeleireiro, institutos de beleza ou outros de natureza similar, independentemente da denominação adoptada;

e) Estabelecimentos de tatuagens e colocação de *piercings*;

f) Estabelecimentos de comércio, manutenção e reparação de velocípedes, ciclomotores, motociclos e veículos automóveis novos e usados;

g) Estabelecimentos de manutenção física, independentemente da designação adoptada;

h) Recintos de espectáculos de natureza artística;

i) Parques de estacionamento subterrâneo ou de superfície;

j) Farmácias;

l) Estabelecimentos de aluguer de velocípedes, de motociclos e de veículos automóveis;
m) Estabelecimentos de reparação de bens pessoais e domésticos;
n) Estabelecimentos de aluguer de videogramas;
o) Estabelecimentos notariais privados;
p) Estabelecimentos das empresas de construção civil;
q) Estabelecimentos das empresas de promoção imobiliária;
r) Estabelecimentos das empresas de administração de condomínios;
s) Estabelecimentos das empresas de avaliação imobiliária;
t) Estabelecimentos de centros de estudos e de explicações.

2 – Estabelecimentos dos prestadores de serviços seguintes:
a) Prestadores de serviços públicos essenciais a que se refere a Lei n.º 23/96, de 26 de Julho;
b) Prestadores de serviços de transporte rodoviários, ferroviários, marítimos, fluviais, aéreos, de comunicações electrónicas e postais;
c) Prestadores de serviços de abastecimento de água, de saneamento de águas residuais e de gestão de resíduos urbanos, incluindo os serviços e organismos da Administração Pública que actuem neste sector.

3 – Estabelecimentos das instituições particulares de segurança social em relação aos quais existam acordos de cooperação celebrados com os centros distritais de segurança social:
a) Creches;
b) Pré-escolar;
c) Centros de actividade de tempos livres;
d) Lares para crianças e jovens;
e) Lares para idosos;
f) Centros de dia;
g) Apoio domiciliário;
h) Lares para pessoas com deficiências;
i) Centros de actividades ocupacionais para deficientes;
j) Centros comunitários;
l) Cantinas sociais;
m) Casa-abrigos;
n) Estabelecimentos das empresas de ocupação de actividades de tempos livres ou outros de natureza similar independentemente da denominação adoptada.

4 – Instituições de crédito e sociedades financeiras.

5 – Estabelecimentos das empresas de seguros bem como os estabelecimentos de mediadores, corretores de seguros e sociedades gestoras de fundos de pensões.

6 – Marinas.

7 – Clínicas veterinárias.

8 – Estabelecimentos particulares e cooperativos de educação pré-escolar e dos ensinos básico e secundário.

9 – Estabelecimentos do ensino superior particular e cooperativo.

ANEXO II
Entidades que já se encontram sujeitas à obrigatoriedade de existência e disponibilização do livro de reclamações, de acordo com a legislação existente à data da entrada em vigor deste decreto-lei, a que se refere o n.º 1 do artigo 15.º

1 – Estabelecimentos de venda ao público e de prestação de serviços:
 a) Centros de inspecção automóvel;
 b) Escolas de condução;
 c) Centros de exames de condução;
 d) Empresas de mediação imobiliária;
 e) Agências funerárias;
 f) Postos consulares.
2 – Estabelecimentos de prestação de serviços na área do turismo:
 a) Empreendimentos turísticos;
 b) Estabelecimentos de restauração e bebidas;
 c) Turismo no espaço rural;
 d) Agências de viagens e turismo;
 e) Salas de jogo do bingo;
 f) Turismo da natureza;
 g) Empresas de animação turística;
 h) Recintos com diversões aquáticas;
 i) Campos de férias;
 j) Estabelecimentos termais;
 l) Marina de Ponta Delgada.
3 – Estabelecimentos das instituições particulares de segurança social:
 a) Instituições particulares de solidariedade social;
 b) Estabelecimentos de apoio social;
 c) Serviços de apoio domiciliário.
4 – Estabelecimentos dos prestadores de serviços na área da saúde:
 a) Unidades privadas de saúde com internamento ou sala de recobro;
 b) Unidades privadas de saúde com actividade específica, designadamente laboratórios; unidades com fins de diagnóstico, terapêutica e de prevenção de radiações ionizantes, ultra-sons ou campos magnéticos; unidades privadas de diálise; clínicas e consultórios dentários e unidades de medicina física e de reabilitação;
 c) Unidades privadas de prestação de cuidados de saúde na área da toxicodependência;
 d) Outros operadores sujeitos à actividade reguladora da Entidade Reguladora da Saúde.

REGIME JURÍDICO DA URBANIZAÇÃO E DA EDIFICAÇÃO

DECRETO-LEI N.º 555/99,
de 16 de Dezembro[26-27]

CAPÍTULO I
Disposições preliminares

ARTIGO 1.º
Objecto

O presente diploma estabelece o regime jurídico da urbanização e da edificação.

ARTIGO 2.º
Definições

Para efeitos do presente diploma, entende-se por:
a) «Edificação» a actividade ou o resultado da construção, reconstrução, ampliação, alteração ou conservação de um imóvel destinado a utilização humana, bem como de qualquer outra construção que se incorpore no solo com carácter de permanência;

---

[26] Com a redacção introduzida pela Lei n.º 13/2000, de 20 de Julho, pelo Decreto-Lei n.º 177/2001, de 4 de Junho, pelas Leis n.ºs 15/2002, de 22 de Fevereiro, e 4-A/2003, de 19 de Fevereiro, pelo Decreto-Lei n.º 157/2006, de 8 de Agosto, e pela Lei n.º 60/2007, de 04.07.

[27] O Decreto-Lei n.º 46/2008, de 12 de Março regula a produção anual global de 100 milhões de toneladas de resíduos de construção e demolição (RCD).

b) «Obras de construção» as obras de criação de novas edificações;

c) «Obras de reconstrução sem preservação das fachadas » as obras de construção subsequentes à demolição total ou parcial de uma edificação existente, das quais resulte a reconstituição da estrutura das fachadas, da cércea e do número de pisos;

d) «Obras de ampliação» as obras de que resulte o aumento da área de pavimento ou de implantação, da cércea ou do volume de uma edificação existente;

e) «Obras de alteração» as obras de que resulte a modificação das características físicas de uma edificação existente ou sua fracção, designadamente a respectiva estrutura resistente, o número de fogos ou divisões interiores, ou a natureza e cor dos materiais de revestimento exterior, sem aumento da área de pavimento ou de implantação ou da cércea;

f) «Obras de conservação» as obras destinadas a manter uma edificação nas condições existentes à data da sua construção, reconstrução, ampliação ou alteração, designadamente as obras de restauro, reparação ou limpeza;

g) «Obras de demolição» as obras de destruição, total ou parcial, de uma edificação existente;

h) «Obras de urbanização» as obras de criação e remodelação de infra-estruturas destinadas a servir directamente os espaços urbanos ou as edificações, designadamente arruamentos viários e pedonais, redes de esgotos e de abastecimento de água, electricidade, gás e telecomunicações, e ainda espaços verdes e outros espaços de utilização colectiva;

i) «Operações de loteamento» as acções que tenham por objecto ou por efeito a constituição de um ou mais lotes destinados, imediata ou subsequentemente, à edificação urbana e que resulte da divisão de um ou vários prédios ou do seu reparcelamento;

j) «Operações urbanísticas» as operações materiais de urbanização, de edificação, utilização dos edifícios ou do solo desde que, neste último caso, para fins não exclusivamente agrícolas, pecuários, florestais, mineiros ou de abastecimento público de água;

l) «Trabalhos de remodelação dos terrenos» as operações urbanísticas não compreendidas nas alíneas anteriores que impliquem a destruição do revestimento vegetal, a alteração do relevo natural e das camadas de solo arável ou o derrube de árvores de alto porte ou em maciço para fins não exclusivamente agrícolas, pecuários, florestais ou mineiros;

m) «Obras de escassa relevância urbanística» as obras de edificação ou demolição que, pela sua natureza, dimensão ou localização tenham escasso impacte urbanístico;

n) «Obras de reconstrução com preservação das fachadas» as obras de construção subsequentes à demolição de parte de uma edificação existente, preservando as fachadas principais com todos os seus elementos não dissonantes e das quais não resulte edificação com cércea superior à das edificações confinantes mais elevadas;

o) «Zona urbana consolidada» a zona caracterizada por uma densidade de ocupação que permite identificar uma malha ou estrutura urbana já definida, onde existem as infra-estruturas essenciais e onde se encontram definidos os alinhamentos dos planos marginais por edificações em continuidade.

ARTIGO 3.º
Regulamentos municipais

1 – No exercício do seu poder regulamentar próprio, os municípios aprovam regulamentos municipais de urbanização e ou de edificação, bem como regulamentos relativos ao lançamento e liquidação das taxas e prestação de caução que, nos termos da lei, sejam devidas pela realização de operações urbanísticas.

2 – Os regulamentos previstos no número anterior devem ter como objectivo a concretização e execução do presente diploma, não podendo contrariar o nele disposto, e devem fixar os montantes das taxas a cobrar nos casos de admissão de comunicação prévia e de deferimento tácito, não podendo estes valores exceder os previstos para o licenciamento ou acto expresso.

3 – Os projectos dos regulamentos referidos no n.º 1 são submetidos a discussão pública, por prazo não inferior a 30 dias, antes da sua aprovação pelos órgãos municipais.

4 – Os regulamentos referidos no n.º 1 são objecto de publicação na 2.ª série do *Diário da República*, sem prejuízo das demais formas de publicidade previstas na lei.

CAPÍTULO II
Controlo prévio

SECÇÃO I
Âmbito e competência

ARTIGO 4.º
Licença

1 – A realização de operações urbanísticas depende de prévia licença, nos termos e com as excepções constantes da presente secção.

2 – Estão sujeitas a licença administrativa:
 a) As operações de loteamento;
 b) As obras de urbanização e os trabalhos de remodelação de terrenos em área não abrangida por operação de loteamento;
 c) As obras de construção, de alteração e de ampliação em área não abrangida por operação de loteamento;
 d) As obras de reconstrução, ampliação, alteração, conservação ou demolição de imóveis classificados ou em vias de classificação e as obras de construção, reconstrução, ampliação, alteração, conservação ou demolição de imóveis situados em zonas de protecção de imóveis classificados, bem como dos imóveis integrados em conjuntos ou sítios classificados, ou em áreas sujeitas a servidão administrativa ou restrição de utilidade pública;
 e) As obras de reconstrução sem preservação das fachadas;
 f) As obras de demolição das edificações que não se encontrem previstas em licença de obras de reconstrução;
 g) As demais operações urbanísticas que não estejam isentas de licença, nos termos do presente diploma.

3 – A sujeição a licenciamento dos actos de reparcelamento da propriedade de que resultem parcelas não destinadas imediatamente a urbanização ou edificação depende da vontade dos proprietários.

4 – Está sujeita a autorização a utilização dos edifícios ou suas fracções, bem como as alterações da utilização dos mesmos.

ARTIGO 5.º
Competência

1 – A concessão da licença prevista no n.º 2 do artigo anterior é da competência da câmara municipal, com faculdade de delegação no presidente e de subdelegação deste nos vereadores.

2 – A concessão de autorização prevista no n.º 4 do artigo anterior é da competência do presidente da câmara, podendo ser delegada nos vereadores, com faculdade de subdelegação, ou nos dirigentes dos serviços municipais.

3 – A aprovação da informação prévia regulada no presente diploma é da competência da câmara municipal, podendo ser delegada no seu presidente, com faculdade de subdelegação nos vereadores.

4 – *(Revogado.)*

ARTIGO 6.º
Isenção de licença

1 – Sem prejuízo do disposto na alínea *d*) do n.º 2 do artigo 4.º, estão isentas de licença:

a) As obras de conservação;

b) As obras de alteração no interior de edifícios ou suas fracções, à excepção dos imóveis classificados ou em vias de classificação, que não impliquem modificações na estrutura de estabilidade, das cérceas, da forma das fachadas e da forma dos telhados;

c) As obras de reconstrução com preservação das fachadas;

d) As obras de urbanização e os trabalhos de remodelação de terrenos em área abrangida por operação de loteamento;

e) As obras de construção, de alteração ou de ampliação em área abrangida por operação de loteamento ou plano de pormenor que contenha os elementos referidos nas alíneas *c*), *d*) e *f*) do n.º 1 do artigo 91.º do Decreto-Lei n.º 380/99, de 22 de Setembro;

f) As obras de construção, de alteração ou de ampliação em zona urbana consolidada que respeitem os planos municipais e das quais não resulte edificação com cércea superior à altura mais frequente das fachadas da frente edificada do lado do arruamento onde se integra a nova edificação, no troço de rua compreendido entre as duas transversais mais próximas, para um e para outro lado;

g) A edificação de piscinas associadas a edificação principal;

h) As alterações à utilização dos edifícios, bem como o arrendamento para fins não habitacionais de prédios ou fracções não licenciados, nos termos do n.º 4 do artigo 5.º do Decreto-Lei n.º 160/2006, de 8 de Agosto;

i) As obras identificadas no artigo 6.º-A;

j) Os destaques referidos nos n.ºs 4 e 5.

2 – *(Revogado.)*

3 – Sem prejuízo do disposto no artigo 37.º e nos procedimentos especiais que exijam consulta externa, as obras referidas nas alíneas c) a h) do n.º 1 ficam sujeitas ao regime de comunicação prévia.

4 – Os actos que tenham por efeito o destaque de uma única parcela de prédio com descrição predial que se situe em perímetro urbano estão isentos de licença desde que as duas parcelas resultantes do destaque confrontem com arruamentos públicos.

5 – Nas áreas situadas fora dos perímetros urbanos, os actos a que se refere o número anterior estão isentos de licença quando, cumulativamente, se mostrem cumpridas as seguintes condições:

a) Na parcela destacada só seja construído edifício que se destine exclusivamente a fins habitacionais e que não tenha mais de dois fogos;

b) Na parcela restante se respeite a área mínima fixada no projecto de intervenção em espaço rural em vigor ou, quando aquele não exista, a área de unidade de cultura fixada nos termos da lei geral para a região respectiva.

6 – Nos casos referidos nos n.ºs 4 e 5, não é permitido efectuar na área correspondente ao prédio originário novo destaque nos termos aí referidos por um prazo de 10 anos contados da data do destaque anterior.

7 – O condicionamento da construção bem como o ónus do não fraccionamento previstos nos n.ºs 4 e 5 devem ser inscritos no registo predial sobre as parcelas resultantes do destaque, sem o que não pode ser licenciada qualquer obra de construção nessas parcelas.

8 – O disposto neste artigo não isenta a realização das operações urbanísticas nele previstas da observância das normas legais e regulamentares aplicáveis, designadamente as constantes de plano municipal e plano especial de ordenamento do território e as normas técnicas de construção.

9 – A certidão emitida pela câmara municipal comprovativa da verificação dos requisitos do destaque constitui documento bastante para efeitos de registo predial da parcela destacada.

10 – Os actos que tenham por efeito o destaque de parcela com descrição predial que se situe em perímetro urbano e fora deste devem observar o disposto nos n.ºs 4 e 5.

ARTIGO 6.º-A
Obras de escassa relevância urbanística

1 – São obras de escassa relevância urbanística:

a) As edificações, contíguas ou não, ao edifício principal com altura não superior a 2,2 m ou, em alternativa, à cércea do rés-do-chão do edifício principal com área igual ou inferior a 10 m2 e que não confinem com a via pública;

b) A edificação de muros de vedação até 1,8 m de altura que não confinem com a via pública e de muros de suporte de terras até uma altura de 2 m ou que não alterem significativamente a topografia dos terrenos existentes;

c) A edificação de estufas de jardim com altura inferior a 3 m e área igual ou inferior a 20 m2;

d) As pequenas obras de arranjo e melhoramento da área envolvente das edificações que não afectem área do domínio público;

e) A edificação de equipamento lúdico ou de lazer associado a edificação principal com área inferior à desta última;

f) A demolição das edificações referidas nas alíneas anteriores;

g) Outras obras, como tal qualificadas em regulamento municipal.

2 – Exceptuam-se do disposto no n.º 1 as obras em imóveis classificados de interesse nacional ou interesse público e nas respectivas zonas de protecção.

3 – O regulamento municipal a que se refere a alínea *g)* do n.º 1 pode estabelecer limites além dos previstos nas alíneas *a)* a *c)* do mesmo número.

4 – A descrição predial pode ser actualizada mediante declaração de realização de obras de escassa relevância urbanística nos termos do presente diploma.

ARTIGO 7.º
Operações urbanísticas promovidas pela Administração Pública

1 – Estão igualmente isentas de licença:

a) As operações urbanísticas promovidas pelas autarquias locais e suas associações em área abrangida por plano municipal de ordenamento do território;

b) As operações urbanísticas promovidas pelo Estado relativas a equipamentos ou infra-estruturas destinados à instalação de serviços públicos ou afectos ao uso directo e imediato do público, sem prejuízo do disposto no n.º 4;

c) As obras de edificação ou demolição promovidas pelos institutos públicos que tenham por atribuições específicas a salvaguarda do património cultural ou a promoção e gestão do parque habitacional do Estado e que estejam directamente relacionadas com a prossecução destas atribuições;

d) As obras de edificação ou demolição promovidas por entidades públicas que tenham por atribuições específicas a administração das áreas portuárias ou do domínio público ferroviário ou aeroportuário, quando realizadas na respectiva área de jurisdição e directamente relacionadas com a prossecução daquelas atribuições;

e) As obras de edificação ou de demolição e os trabalhos promovidos por entidades concessionárias de obras ou serviços públicos, quando se reconduzam à prossecução do objecto da concessão;

f) As operações urbanísticas promovidas por empresas públicas relativamente a parques empresarias e similares, nomeadamente áreas de localização empresarial, zonas industriais e de logística.

2 – A execução das operações urbanísticas previstas no número anterior, com excepção das promovidas pelos municípios, fica sujeita a parecer prévio não vinculativo da câmara municipal, que deve ser emitido no prazo de 20 dias a contar da data da recepção do respectivo pedido.

3 – As operações de loteamento e as obras de urbanização promovidas pelas autarquias locais e suas associações em área não abrangida por plano municipal de ordenamento do território devem ser previamente autorizadas pela assembleia municipal, depois de submetidas a parecer prévio não vinculativo da Comissão de Coordenação e Desenvolvimento Regional (CCDR), a qual deve pronunciar-se no prazo de 20 dias a contar da recepção do respectivo pedido.

4 – As operações de loteamento e as obras de urbanização promovidas pelo Estado devem ser previamente autorizadas pelo ministro da tutela e pelo ministro responsável pelo ordenamento do território, depois de ouvida a câmara municipal, a qual se deve pronunciar no prazo de 20 dias após a recepção do respectivo pedido.

5 – As operações de loteamento e as obras de urbanização promovidas pelas autarquias locais e suas associações ou pelo Estado, em área não abrangida por plano de urbanização ou plano de pormenor, são submetidas a discussão pública, nos termos estabelecidos no artigo 77.º do Decreto-Lei n.º 380/99, de 22 de Setembro, com as necessárias adaptações, excepto no que se refere aos períodos de anúncio e duração da discussão pública que são, respectivamente, de 8 e de 15 dias.

6 – A realização das operações urbanísticas previstas neste artigo deve observar as normas legais e regulamentares que lhes forem aplicáveis, designadamente as constantes de instrumento de gestão territorial, do regime jurídico de protecção do património cultural, do regime jurídico aplicável à gestão de resíduos de construção e demolição, e as normas técnicas de construção.

7 - À realização das operações urbanísticas previstas neste artigo aplica-se ainda, com as devidas adaptações, o disposto nos artigos 10.º, 12.º e 78.º

SECÇÃO II
Formas de procedimento

SUBSECÇÃO I
Disposições gerais

ARTIGO 8.º
Procedimento

1 - O controlo prévio das operações urbanísticas obedece às formas de procedimento previstas na presente secção, devendo ainda ser observadas as condições especiais de licenciamento previstas na secção III do presente capítulo.

2 - Sem prejuízo das competências do gestor de procedimento, a direcção da instrução do procedimento compete ao presidente da câmara municipal, podendo ser delegada nos vereadores, com faculdade de subdelegação nos dirigentes dos serviços municipais.

3 - Cada procedimento é acompanhado por gestor de procedimento, a quem compete assegurar o normal desenvolvimento da tramitação processual, acompanhando, nomeadamente, a instrução, o cumprimento de prazos, a prestação de informação e os esclarecimentos aos interessados.

4 - O recibo da apresentação de requerimento para licenciamento, informação prévia ou comunicação prévia contém a identificação do gestor do procedimento, bem como a indicação do local, do horário e da forma pelo qual poderá ser contactado.

5 - Em caso de substituição do gestor de procedimento, é notificada ao interessado a identidade do novo gestor, bem como os elementos referidos no número anterior.

ARTIGO 8.º-A
Sistema informático

1 - A tramitação dos procedimentos previstos no presente diploma é realizada informaticamente, com recurso a um sistema informático próprio, o qual permite, nomeadamente:
   a) A entrega de requerimentos e comunicações;

b) A consulta pelos interessados do estado dos procedimentos;
c) A submissão dos procedimentos a consulta por entidades externas ao município;
d) Disponibilizar informação relativa aos procedimentos de comunicação prévia admitida para efeitos de registo predial e matricial.

2 – O sistema informático previsto neste artigo é objecto de portaria conjunta dos membros do Governo responsáveis pela justiça, pela administração local e pelo ordenamento do território.

3 – A apresentação de requerimentos, outros elementos e a realização de comunicações através de via electrónica devem ser instruídos com assinatura digital qualificada.

NOTA:

V. Portaria n.º 216-A/2008, de 03.03.

ARTIGO 9.º
Requerimento e comunicação

1 – Salvo disposição em contrário, os procedimentos previstos no presente diploma iniciam-se através de requerimento ou comunicação apresentados com recurso a meios electrónicos e através do sistema previsto no artigo anterior, dirigidos ao presidente da câmara municipal, dos quais devem constar a identificação do requerente ou comunicante, incluindo o domicílio ou sede, bem como a indicação da qualidade de titular de qualquer direito que lhe confira a faculdade de realizar a operação urbanística.

2 – Do requerimento ou comunicação consta igualmente a indicação do pedido ou objecto em termos claros e precisos, identificando o tipo de operação urbanística a realizar por referência ao disposto no artigo 2.º, bem como a respectiva localização.

3 – Quando respeite a mais de um dos tipos de operações urbanísticas referidos no artigo 2.º directamente relacionadas, devem ser identificadas todas as operações abrangidas, aplicando-se neste caso a forma de procedimento correspondente a cada tipo de operação, sem prejuízo da tramitação e apreciação conjunta.

4 – O pedido ou comunicação é acompanhado dos elementos instrutórios previstos em portaria aprovada pelos ministros responsáveis pelas obras públicas e pelo ordenamento do território, para além dos documentos especialmente referidos no presente diploma[28].

5 – *(Revogado.)*

---

[28] *V*. Portaria n.º 232, 2008, de 11 de Março.

6 - Com a apresentação de requerimento ou comunicação por via electrónica é emitido recibo entregue por via electrónica.

7 - No requerimento inicial pode o interessado solicitar a indicação das entidades que, nos termos da lei, devam emitir parecer, autorização ou aprovação relativamente ao pedido apresentado, sendo-lhe tal notificado no prazo de 15 dias, salvo rejeição liminar do pedido nos termos do disposto no artigo 11.º

8 - O gestor do procedimento regista no processo a junção subsequente de quaisquer novos documentos e a data das consultas a entidades exteriores ao município e da recepção das respectivas respostas, quando for caso disso, bem como a data e o teor das decisões dos órgãos municipais.

9 - A substituição do requerente ou comunicante, do responsável por qualquer dos projectos apresentados ou do director técnico da obra deve ser comunicada ao gestor do procedimento para que este proceda ao respectivo averbamento no prazo de 15 dias a contar da data da substituição.

ARTIGO 10.º
Termo de responsabilidade

1 - O requerimento ou comunicação é sempre instruído com declaração dos autores dos projectos, da qual conste que foram observadas na elaboração dos mesmos as normas legais e regulamentares aplicáveis, designadamente as normas técnicas de construção em vigor, e do coordenador dos projectos, que ateste a compatibilidade entre os mesmos.

2 - Das declarações mencionadas no número anterior deve, ainda, constar referência à conformidade do projecto com os planos municipais de ordenamento do território aplicáveis à pretensão, bem como com a licença de loteamento, quando exista.

3 - Sem prejuízo do disposto no número seguinte e em legislação especial, só podem subscrever projectos os técnicos legalmente habilitados que se encontrem inscritos em associação pública de natureza profissional e que façam prova da validade da sua inscrição aquando da apresentação do requerimento inicial.

4 - Os técnicos cuja actividade não esteja abrangida por associação pública podem subscrever os projectos para os quais possuam habilitação adequada, nos termos do disposto no regime da qualificação profissional exigível aos técnicos responsáveis pela elaboração e subscrição de projectos ou em legislação especial relativa a organismo público legalmente reconhecido.

5 – Os autores e coordenador dos projectos devem declarar, nomeadamente nas situações previstas no artigo 60.°, quais as normas técnicas ou regulamentares em vigor que não foram observadas na elaboração dos mesmos, fundamentando as razões da sua não observância.

6 – Sempre que forem detectadas irregularidades nos termos de responsabilidade, no que respeita às normas legais e regulamentares aplicáveis e à conformidade do projecto com os planos municipais de ordenamento do território ou licença de loteamento, quando exista, devem as mesmas ser comunicadas à associação pública de natureza profissional onde o técnico está inscrito ou ao organismo público legalmente reconhecido no caso dos técnicos cuja actividade não esteja abrangida por associação pública.

ARTIGO 11.°
Saneamento e apreciação liminar

1 – Compete ao presidente da câmara municipal, por sua iniciativa ou por indicação do gestor do procedimento, decidir as questões de ordem formal e processual que possam obstar ao conhecimento de qualquer pedido ou comunicação apresentados no âmbito do presente diploma.

2 – O presidente da câmara municipal profere despacho de aperfeiçoamento do pedido, no prazo de oito dias a contar da respectiva apresentação, sempre que o requerimento ou comunicação não contenham a identificação do requerente ou comunicante, do pedido ou da localização da operação urbanística a realizar, bem como no caso de faltar documento instrutório exigível que seja indispensável ao conhecimento da pretensão e cuja falta não possa ser oficiosamente suprida.

3 – Na hipótese prevista no número anterior, o requerente ou comunicante é notificado para, no prazo de 15 dias, corrigir ou completar o pedido, ficando suspensos os termos ulteriores do procedimento, sob pena de rejeição liminar.

4 – No prazo de 10 dias a contar da apresentação do requerimento ou comunicação, o presidente da câmara municipal pode igualmente proferir despacho de rejeição liminar, oficiosamente ou por indicação do gestor do procedimento, quando da análise dos elementos instrutórios resultar que o pedido é manifestamente contrário às normas legais ou regulamentares aplicáveis.

5 – Não ocorrendo rejeição liminar ou convite para corrigir ou completar o pedido ou comunicação, no prazo previsto nos n.ºs 2 e 4, pre-

sume-se que o requerimento ou comunicação se encontram correctamente instruídos.

6 – Sem prejuízo do disposto nos números anteriores, o gestor do procedimento deve dar a conhecer ao presidente da câmara municipal, até à decisão final, qualquer questão que prejudique o desenvolvimento normal do procedimento ou impeça a tomada de decisão sobre o objecto do pedido, nomeadamente a ilegitimidade do requerente e a caducidade do direito que se pretende exercer.

7 – Salvo no que respeita às consultas a que se refere o artigo 13.º, se a decisão final depender da decisão de uma questão que seja da competência de outro órgão administrativo ou dos tribunais, deve o presidente da câmara municipal suspender o procedimento até que o órgão ou o tribunal competente se pronunciem, notificando o requerente desse acto, sem prejuízo do disposto no n.º 2 do artigo 31.º do Código do Procedimento Administrativo.

8 – Sem prejuízo do disposto no número anterior, o interessado pode requerer a continuação do procedimento em alternativa à suspensão, ficando a decisão final condicionada, na sua execução, à decisão que vier a ser proferida pelo órgão administrativo ou tribunal competente.

9 – Havendo rejeição do pedido ou comunicação, nos termos do presente artigo, o interessado que apresente novo pedido ou comunicação para o mesmo fim está dispensado de juntar os documentos utilizados anteriormente que se mantenham válidos e adequados.

10 – O presidente da câmara municipal pode delegar nos vereadores, com faculdade de subdelegação ou nos dirigentes dos serviços municipais, as competências referidas nos n.ºs 1 a 4 e no número seguinte.

11 – Quando se verifique que a operação urbanística a que respeita o pedido ou comunicação não se integra no tipo de procedimento indicado, o requerente ou comunicante é notificado, no prazo de 15 dias a contar da apresentação desse requerimento, para os efeitos seguintes:

a) No caso de o procedimento indicado ser mais simples do que o aplicável, para, em 30 dias, declarar se pretende que o procedimento prossiga na forma legalmente prevista, devendo, em caso afirmativo e no mesmo prazo, juntar os elementos que estiverem em falta, sob pena de indeferimento do pedido;

b) No caso de o procedimento indicado ser mais exigente do que o aplicável, tomar conhecimento da conversão oficiosa do procedimento para a forma legalmente prevista;

c) No caso de a operação urbanística em causa estar dispensada de licença ou comunicação prévia, tomar conhecimento da extinção do procedimento.

ARTIGO 12.º
Publicidade do pedido

O pedido de licenciamento ou a comunicação prévia de operação urbanística devem ser publicitados sob forma de o, segundo o modelo aprovado por portaria do membro do Governo responsável pelo ordenamento do território, a colocar no local de execução da operação de forma visível da via pública, no prazo de 10 dias a contar da apresentação do requerimento inicial ou comunicação.

ARTIGO 12.º-A
Suspensão do procedimento

Nas áreas a abranger por novas regras urbanísticas constantes de plano municipal ou especial de ordenamento do território ou sua revisão, os procedimentos de informação prévia, de licenciamento ou de autorização ficam suspensos a partir da data fixada para o início do período de discussão pública e até à data da entrada em vigor daquele instrumento, aplicando-se o disposto no artigo 117.º do Decreto-Lei n.º 380/99, de 22 de Setembro, que estabelece o regime jurídico dos instrumentos de gestão territorial.

ARTIGO 13.º
Consulta a entidades externas

1 – A consulta às entidades que, nos termos da lei, devam emitir parecer, autorização ou aprovação sobre o pedido é promovida pelo gestor do procedimento e é efectuada em simultâneo, através do sistema informático previsto no artigo 8.º-A.

2 – Nos casos previstos no artigo seguinte, o gestor do procedimento comunica o pedido, com a identificação das entidades a consultar, à CCDR.

3 – As entidades exteriores ao município pronunciam-se exclusivamente no âmbito das suas atribuições e competências.

4 – As entidades consultadas devem pronunciar-se no prazo de 20 dias a contar da data de disponibilização do processo.

5 – Considera-se haver concordância daquelas entidades com a pretensão formulada se os respectivos pareceres, autorizações ou aprovações não forem recebidos dentro do prazo fixado no número anterior.

6 – Os pareceres das entidades exteriores ao município só têm carácter vinculativo quando tal resulte da lei, desde que se fundamen-

tem em condicionamentos legais ou regulamentares e sejam recebidos dentro do prazo.

7 – São fixados em diploma próprio os projectos da engenharia de especialidades e as certificações técnicas que carecem de consulta, aprovação ou de parecer, interno ou externo, bem como os termos em que têm lugar.

ARTIGO 13.º-A
Parecer, aprovação ou autorização de localização

1 – A consulta de entidades da administração central, directa ou indirecta, que se devam pronunciar sobre a operação urbanística em razão da localização é efectuada através de uma única entidade coordenadora, a CCDR territorialmente competente, a qual emite uma decisão global e vinculativa de toda a administração central.

2 – A CCDR identifica, no prazo de cinco dias a contar da recepção dos elementos através do sistema previsto no artigo 8.º-A, as entidades que nos termos da lei devam emitir parecer, aprovação ou autorização de localização, promovendo dentro daquele prazo a respectiva consulta, a efectivar em simultâneo e com recurso ao referido sistema informático.

3 – As entidades consultadas devem pronunciar-se no prazo de 20 dias ou de 40 dias tratando-se de obra relativa a imóvel de interesse nacional ou de interesse público, sem possibilidade de suspensão do procedimento.

4 – Caso não existam posições divergentes entre as entidades consultadas, a CCDR toma a decisão final no prazo de cinco dias a contar do fim do prazo previsto no número anterior.

5 – Caso existam posições divergentes entre as entidades consultadas, a CCDR promove uma conferência decisória e toma decisão final favorável, favorável condicionada ou desfavorável no prazo de 20 dias.

6 – Na conferência decisória referida no número anterior, as entidades consultadas são representadas por pessoas com poderes para as vincular.

7 – Não sendo possível obter a posição de todas as entidades, por motivo de falta de comparência de algum representante ou por ter sido submetida a apreciação alguma questão nova, os trabalhos da conferência podem ser suspensos por um período máximo de cinco dias.

8 – Quando a CCDR não adopte posição favorável a uma operação urbanística por esta ser desconforme com instrumento de gestão territorial, pode a CCDR, quando a operação se revista de especial relevância

regional ou local, por sua iniciativa ou a solicitação do município, respectivamente, propor ao Governo a aprovação em resolução do Conselho de Ministros da alteração, suspensão ou ratificação, total ou parcial, de plano da sua competência relativamente ao qual a desconformidade se verifica.

9 – Quando a decisão seja proferida em conferência decisória, os pareceres emitidos têm natureza não vinculativa, independentemente da sua classificação em legislação especial.

10 – O procedimento de decisão da administração central previsto nos números anteriores é objecto de portaria dos membros do Governo responsáveis pelo ordenamento do território e pela administração local.

ARTIGO 13.°-B
Consultas prévias

1 – O interessado na consulta a entidades externas pode solicitar previamente os pareceres, autorizações ou aprovações legalmente exigidos junto das entidades competentes, entregando-os com o requerimento inicial ou com a comunicação prévia, caso em que não há lugar a nova consulta desde que, até à data da apresentação de tal pedido ou comunicação na câmara municipal, não haja decorrido mais de um ano desde a emissão dos pareceres, autorizações ou aprovações emitidos ou desde que, caso tenha sido esgotado este prazo, não se tenham verificado alterações dos pressupostos de facto ou de direito em que os mesmos se basearam.

2 – Para os efeitos do número anterior, caso qualquer das entidades consultadas não se haja pronunciado dentro do prazo, o requerimento inicial ou a comunicação prévia podem ser instruídos com prova da solicitação das consultas e declaração do requerente ou comunicante de que os mesmos não foram emitidos dentro daquele prazo.

3 – Não tendo o interessado promovido todas as consultas necessárias, o gestor do procedimento promove as consultas a que haja lugar ou, quando aplicável, comunica o pedido à CCDR, no prazo de cinco dias a contar da data do requerimento ou da data da entrega dos elementos solicitados nos termos do n.° 3 do artigo 11.°

4 – No termo do prazo fixado para a promoção das consultas, o interessado pode solicitar a passagem de certidão dessa promoção, a qual será emitida pela câmara municipal ou pela CCDR no prazo de oito dias.

5 – Se a certidão for negativa, o interessado pode promover directamente as consultas que não hajam sido realizadas ou pedir ao tribunal administrativo que intime a câmara municipal ou a CCDR a fazê-lo, nos termos do artigo 112.° do presente diploma.

SUBSECÇÃO II
Informação prévia

ARTIGO 14.º
Pedido de informação prévia

1 – Qualquer interessado pode pedir à câmara municipal, a título prévio, informação sobre a viabilidade de realizar determinada operação urbanística[29] ou conjunto de operações urbanísticas directamente relacionadas, bem como sobre os respectivos condicionamentos legais ou regulamentares, nomeadamente relativos a infra-estruturas, servidões administrativas e restrições de utilidade pública, índices urbanísticos, cérceas, afastamentos e demais condicionantes aplicáveis à pretensão.

2 – Quando o pedido respeite a operação de loteamento, em área não abrangida por plano de pormenor, ou a obra de construção, ampliação ou alteração em área não abrangida por plano de pormenor ou operação de loteamento, o interessado pode requerer que a informação prévia contemple especificamente os seguintes aspectos, em função da informação pretendida e dos elementos apresentados:

a) A volumetria, alinhamento, cércea e implantação da edificação e dos muros de vedação;

b) Condicionantes para um adequado relacionamento formal e funcional com a envolvente;

c) Programa de utilização das edificações, incluindo a área bruta de construção a afectar aos diversos usos e o número de fogos e outras unidades de utilização;

d) Infra-estruturas locais e ligação às infra-estruturas gerais;

e) Estimativa de encargos urbanísticos devidos;

f) Áreas de cedência destinadas à implantação de espaços verdes, equipamentos de utilização colectiva e infra-estruturas viárias.

3 – Quando o interessado não seja o proprietário do prédio, o pedido de informação prévia inclui a identificação daquele bem como dos titulares de qualquer outro direito real sobre o prédio, através de certidão emitida pela conservatória do registo predial.

4 – No caso previsto no número anterior, a câmara municipal deve notificar o proprietário e os demais titulares de qualquer outro direito real sobre o prédio da abertura do procedimento.

---

[29] V. art. 6.º, da Portaria n.º 232/2008, de 11 de Março.

ARTIGO 15.º
Consultas no âmbito do procedimento de informação prévia

No âmbito do procedimento de informação prévia há lugar a consultas externas nos termos dos artigos 13.º, 13.º-A e 13.º-B, às entidades cujos pareceres, autorizações ou aprovações condicionem, nos termos da lei, a informação a prestar, sempre que tal consulta deva ser promovida num eventual pedido de licenciamento ou apresentação de comunicação prévia.

ARTIGO 16.º
Deliberação

1 - A câmara municipal delibera sobre o pedido de informação prévia no prazo de 20 dias ou, no caso previsto no n.º 2 do artigo 14.º, no prazo de 30 dias contados a partir:

a) Da data da recepção do pedido ou dos elementos solicitados nos termos do n.º 3 do artigo 11.º; ou

b) Da data da recepção do último dos pareceres, autorizações ou aprovações emitidos pelas entidades exteriores ao município, quando tenha havido lugar a consultas; ou ainda

c) Do termo do prazo para a recepção dos pareceres, autorizações ou aprovações, sempre que alguma das entidades consultadas não se pronuncie até essa data.

2 - Os pareceres, autorizações ou aprovações emitidos pelas entidades exteriores ao município são obrigatoriamente notificados ao requerente juntamente com a informação prévia aprovada pela câmara municipal, dela fazendo parte integrante.

3 - A câmara municipal indica sempre, na informação favorável, o procedimento de controlo prévio a que se encontra sujeita a realização da operação urbanística projectada, de acordo com o disposto na secção I do capítulo II do presente diploma.

4 - No caso de a informação ser desfavorável, dela deve constar a indicação dos termos em que a mesma, sempre que possível, pode ser revista por forma a serem cumpridas as prescrições urbanísticas aplicáveis, designadamente as constantes de plano municipal de ordenamento do território ou de operação de loteamento.

ARTIGO 17.º
Efeitos

1 – A informação prévia favorável vincula as entidades competentes na decisão sobre um eventual pedido de licenciamento ou apresentação de comunicação prévia da operação urbanística a que respeita e, quando proferida nos termos do n.º 2 do artigo 14.º, tem por efeito a sujeição da operação urbanística em causa, a efectuar nos exactos termos em que foi apreciada, ao regime de comunicação prévia e dispensa a realização de novas consultas externas.

2 – O eventual pedido de licenciamento ou apresentação de comunicação prévia prevista no artigo anterior deve ser efectuado no prazo de um ano após a decisão favorável do pedido de informação prévia e, no caso do previsto na parte final do n.º 1, é acompanhado de declaração dos autores e coordenador dos projectos de que a operação urbanística respeita os limites constantes da decisão da informação.

3 – Decorrido o prazo fixado no número anterior, o particular pode requerer ao presidente da câmara a declaração de que se mantêm os pressupostos de facto e de direito que levaram à anterior decisão favorável, devendo o mesmo decidir no prazo de 20 dias e correndo novo prazo de um ano para efectuar a apresentação dos pedidos de licenciamento ou de comunicação prévia se os pressupostos se mantiverem ou se o presidente da câmara municipal não tiver respondido no prazo legalmente previsto.

4 – Não se suspendem os procedimentos de licenciamento ou comunicação prévia requeridos ou apresentados com suporte em informação prévia nas áreas a abranger por novas regras urbanísticas, constantes de plano municipal ou especial de ordenamento do território ou sua revisão, a partir da data fixada para o início da discussão pública e até à data da entrada em vigor daquele instrumento.

SUBSECÇÃO III
Licença

ARTIGO 18.º
Âmbito

1 – Obedece ao procedimento regulado na presente subsecção a apreciação dos pedidos relativos às operações urbanísticas previstas no n.º 2 do artigo 4.º

2 – *(Revogado.)*

ARTIGO 19.º
(Revogado.)

ARTIGO 20.º
Apreciação dos projectos de obras de edificação[30]

1 – A apreciação do projecto de arquitectura, no caso de pedido de licenciamento relativo a obras previstas nas alíneas *c)*, *d)*, *e)*, *f)* e *g)* do n.º 2 do artigo 4.º, incide sobre a sua conformidade com planos municipais de ordenamento no território, planos especiais de ordenamento do território, medidas preventivas, área de desenvolvimento urbano prioritário, área de construção prioritária, servidões administrativas, restrições de utilidade pública e quaisquer outras normas legais e regulamentares relativas ao aspecto exterior e a inserção urbana e paisagística das edificações, bem como sobre o uso proposto.

2 – Para os efeitos do número anterior, a apreciação da inserção urbana das edificações é efectuada na perspectiva formal e funcional, tendo em atenção o edificado existente, bem como o espaço público envolvente e as infra-estruturas existentes e previstas.

3 – A câmara municipal delibera sobre o projecto de arquitectura no prazo de 30 dias contado a partir:

a) Da data da recepção do pedido ou dos elementos solicitados nos termos do n.º 3 do artigo 11.º; ou

b) Da data da recepção do último dos pareceres, autorizações ou aprovações emitidos pelas entidades exteriores ao município, quando tenha havido lugar a consultas; ou ainda

c) Do termo do prazo para a recepção dos pareceres, autorizações ou aprovações, sempre que alguma das entidades consultadas não se pronuncie até essa data.

4 – O interessado deve apresentar os projectos de engenharia das especialidades necessários à execução da obra no prazo de seis meses a contar da notificação do acto que aprovou o projecto de arquitectura caso não tenha apresentado tais projectos com o requerimento inicial.

5 – O presidente da câmara pode prorrogar o prazo referido no número anterior por uma só vez e por período não superior a três meses, mediante requerimento fundamentado apresentado antes do respectivo termo.

---

[30] *V.* art. 11.º, da Portaria n.º 232/2008, de 11 de Março.

6 - A falta de apresentação dos projectos da engenharia de especialidades no prazo estabelecido no n.º 4 ou naquele que resultar da prorrogação concedida nos termos do número anterior implica a suspensão do processo de licenciamento pelo período máximo de seis meses, findo o qual é declarada a caducidade após audiência prévia do interessado.

7 - *(Revogado.)*

8 - As declarações de responsabilidade dos autores dos projectos da engenharia de especialidades que estejam inscritos em associação pública constituem garantia bastante do cumprimento das normas legais e regulamentares aplicáveis aos projectos, excluindo a sua apreciação prévia, salvo quando as declarações sejam formuladas nos termos do n.º 5 do artigo 10.º

ARTIGO 21.º
Apreciação dos projectos de loteamento, de obras de urbanização e trabalhos de remodelação de terrenos[31]

A apreciação dos projectos de loteamento, obras de urbanização e dos trabalhos de remodelação de terrenos pela câmara municipal incide sobre a sua conformidade com planos municipais de ordenamento do território, planos especiais de ordenamento do território, medidas preventivas, área de desenvolvimento urbano prioritário, área de construção prioritária, servidões administrativas, restrições de utilidade pública e quaisquer outras normas legais e regulamentares aplicáveis, bem como sobre o uso e a integração urbana e paisagística.

ARTIGO 22.º
Consulta pública

1 - Os municípios podem determinar, através de regulamento municipal, a prévia sujeição a discussão pública o licenciamento de operações de loteamento com significativa relevância urbanística.

2 - A consulta prevista no número anterior tem sempre lugar quando a operação de loteamento exceda algum dos seguintes limites:
 a) 4 ha;
 b) 100 fogos;
 c) 10 % da população do aglomerado urbano em que se insere a pretensão.

---

[31] V. art. 7.º, da Portaria n.º 232/2008, de 11 de Março.

ARTIGO 23.º
Deliberação final

1 - A câmara municipal delibera sobre o pedido de licenciamento:
 a) No prazo de 45 dias, no caso de operação de loteamento;
 b) No prazo de 30 dias, no caso de obras de urbanização;
 c) No prazo de 45 dias, no caso de obras previstas nas alíneas c) e d), e), f) e g) do n.º 2 do artigo 4.º;
 d) *(Revogada.)*
2 - *(Revogado.)*
3 - Os prazos previstos nas alíneas a) e b) do n.º 1 contam-se a partir:
 a) Da data da recepção do pedido ou dos elementos solicitados nos termos do n.º 3 do artigo 11.º;
 b) Da data da recepção do último dos pareceres, autorizações ou aprovações emitidos pelas entidades exteriores ao município, quando tenha havido lugar a consultas; ou ainda
 c) Do termo do prazo para a recepção dos pareceres, autorizações ou aprovações, sempre que alguma das entidades consultadas não se pronuncie até essa data.
4 - O prazo previsto na alínea c) do n.º 1 conta-se:
 a) Da data da apresentação dos projectos da engenharia de especialidades ou da data da aprovação do projecto de arquitectura se o interessado os tiver apresentado juntamente com o requerimento inicial; ou
 b) Quando haja lugar a consulta de entidades externas, a partir da data da recepção do último dos pareceres, autorizações ou aprovações; ou ainda
 c) Do termo do prazo para a recepção dos pareceres, autorizações ou aprovações, sempre que alguma das entidades consultadas não se pronuncie até essa data.
5 - Quando o pedido de licenciamento de obras de urbanização seja apresentado em simultâneo com o pedido de licenciamento de operação de loteamento, o prazo previsto na alínea b) do n.º 1 conta-se a partir da deliberação que aprove o pedido de loteamento.
6 - No caso das obras previstas nas alíneas c), d) e e) do n.º 2 do artigo 4.º, a câmara municipal pode, a requerimento do interessado, aprovar uma licença parcial para construção da estrutura, imediatamente após a entrega de todos os projectos da engenharia de especialidades e desde que se mostrem aprovado o projecto de arquitectura e prestada caução para demolição da estrutura até ao piso de menor cota em caso de indeferimento.
7 - Nos casos referidos no número anterior, o deferimento do pedido de licença parcial dá lugar à emissão de alvará.

ARTIGO 24.º
Indeferimento do pedido de licenciamento

1 – O pedido de licenciamento é indeferido quando:
 a) Violar plano municipal de ordenamento do território, plano especial de ordenamento do território, medidas preventivas, área de desenvolvimento urbano prioritário, área de construção prioritária, servidão administrativa, restrição de utilidade pública ou quaisquer outras normas legais e regulamentares aplicáveis;
 b) Existir declaração de utilidade pública para efeitos de expropriação que abranja o prédio objecto do pedido de licenciamento, salvo se tal declaração tiver por fim a realização da própria operação urbanística;
 c) Tiver sido objecto de parecer negativo ou recusa de aprovação ou autorização de qualquer entidade consultada nos termos do presente diploma cuja decisão seja vinculativa para os órgãos municipais.

2 – Quando o pedido de licenciamento tiver por objecto a realização das operações urbanísticas referidas nas alíneas a) a c), d), e) e g) do n.º 2 do artigo 4.º, o indeferimento pode ainda ter lugar com fundamento em:
 a) A operação urbanística afectar negativamente o património arqueológico, histórico, cultural ou paisagístico, natural ou edificado;
 b) A operação urbanística constituir, comprovadamente, uma sobrecarga incomportável para as infra-estruturas ou serviços gerais existentes ou implicar, para o município, a construção ou manutenção de equipamentos, a realização de trabalhos ou a prestação de serviços por este não previstos, designadamente quanto a arruamentos e redes de abastecimento de água, de energia eléctrica ou de saneamento.

3 – *(Revogado.)*

4 – Quando o pedido de licenciamento tiver por objecto a realização das obras referidas nas alíneas c) e d) do n.º 2 do artigo 4.º, pode ainda ser indeferido quando a obra seja susceptível de manifestamente afectar o acesso e a utilização de imóveis classificados de interesse nacional ou interesse público, a estética das povoações, a sua adequada inserção no ambiente urbano ou a beleza das paisagens, designadamente em resultado da desconformidade com as cérceas dominantes, a volumetria das edificações e outras prescrições expressamente previstas em regulamento.

5 – O pedido de licenciamento das obras referidas na alínea c) do n.º 2 do artigo 4.º deve ser indeferido na ausência de arruamentos ou de infra-estruturas de abastecimento de água e saneamento ou se a obra projectada constituir, comprovadamente, uma sobrecarga incomportável para as infra-estruturas existentes.

6 – *(Revogado.)*

ARTIGO 25.º
Reapreciação do pedido

1 - Quando exista projecto de decisão de indeferimento com os fundamentos referidos na alínea b) do n.º 2 e no n.º 5 do artigo anterior, pode haver deferimento do pedido desde que o requerente, na audiência prévia, se comprometa a realizar os trabalhos necessários ou a assumir os encargos inerentes à sua execução, bem como os encargos de funcionamento das infra-estruturas por um período mínimo de 10 anos.

2 - *(Revogado.)*

3 - Em caso de deferimento nos termos do n.º 1, o requerente deve, antes da emissão do alvará, celebrar com a câmara municipal contrato relativo ao cumprimento das obrigações assumidas e prestar caução adequada, beneficiando de redução proporcional ou isenção das taxas por realização de infra-estruturas urbanísticas, nos termos a fixar em regulamento municipal.

4 - A prestação da caução referida no número anterior bem como a execução ou manutenção das obras de urbanização que o interessado se compromete a realizar ou a câmara municipal entenda indispensáveis devem ser mencionadas expressamente como condição do deferimento do pedido.

5 - À prestação da caução referida no n.º 3 aplica-se, com as necessárias adaptações, o disposto no artigo 54.º

6 - Os encargos a suportar pelo requerente ao abrigo do contrato referido no n.º 3 devem ser proporcionais à sobrecarga para as infra-estruturas existentes resultante da operação urbanística.

ARTIGO 26.º
Licença

A deliberação final de deferimento do pedido de licenciamento consubstancia a licença para a realização da operação urbanística.

ARTIGO 27.º
Alterações à licença

1 - A requerimento do interessado, podem ser alterados os termos e condições da licença.

2 - A alteração da licença de operação de loteamento é precedida de consulta pública quando a mesma esteja prevista em regulamento muni-

cipal ou quando sejam ultrapassados alguns dos limites previstos no n.º 2 do artigo 22.º

3 - Sem prejuízo do disposto no artigo 48.º, a alteração da licença de operação de loteamento não pode ser aprovada se ocorrer oposição escrita da maioria dos proprietários dos lotes constantes do alvará, devendo, para o efeito, o gestor de procedimento proceder à sua notificação para pronúncia no prazo de 10 dias.

4 - A alteração à licença obedece ao procedimento estabelecido na presente subsecção, com as especialidades constantes dos números seguintes.

5 - É dispensada a consulta às entidades exteriores ao município desde que o pedido de alteração se conforme com os pressupostos de facto e de direito dos pareceres, autorizações ou aprovações que hajam sido emitidos no procedimento.

6 - No procedimento de alteração são utilizados os documentos constantes do processo que se mantenham válidos e adequados, promovendo a câmara municipal, quando necessário, a actualização dos mesmos.

7 - A alteração da licença dá lugar a aditamento ao alvará, que, no caso de operação de loteamento, deve ser comunicado oficiosamente à conservatória do registo predial competente para efeitos de averbamento, contendo a comunicação os elementos em que se traduz a alteração.

8 - As alterações à licença de loteamento, com ou sem variação do número de lotes, que se traduzam na variação das áreas de implantação ou de construção até 3 %, desde que não impliquem aumento do número de fogos, alteração de parâmetros urbanísticos ou utilizações constantes de plano municipal de ordenamento do território, são aprovadas por simples deliberação da câmara municipal, com dispensa de quaisquer outras formalidades, sem prejuízo das demais disposições legais e regulamentares aplicáveis.

9 - Exceptuam-se do disposto nos n.ᵒˢ 3 a 6 as alterações às condições da licença que se refiram ao prazo de conclusão das operações urbanísticas licenciadas ou ao montante da caução para garantia das obras de urbanização, que se regem pelos artigos 53.º, 54.º e 58.º

SUBSECÇÃO IV
Autorização

ARTIGO 28.º
(Revogado.)

ARTIGO 29.º
(Revogado.)

ARTIGO 30.º
(Revogado.)

ARTIGO 31.º
(Revogado.)

ARTIGO 32.º
(Revogado.)

ARTIGO 33.º
(Revogado.)

SUBSECÇÃO V
Comunicação prévia

ARTIGO 34.º
Âmbito

Obedece ao procedimento regulado na presente subsecção a realização das operações urbanísticas referidas no n.º 3 do artigo 6.º

ARTIGO 35.º
Comunicação à câmara municipal

1 - A comunicação prévia é dirigida ao presidente da câmara municipal, acompanhada pelos elementos instrutórios fixados pela portaria a que se refere o n.º 4 do artigo 9.º, de termo de responsabilidade nos termos do artigo 10.º e das especificações a que se refere o n.º 1 do artigo 77.º, com os efeitos previstos no seu n.º 3.

2 - As operações urbanísticas realizadas ao abrigo de comunicação prévia devem observar as normas legais e regulamentares que lhes forem aplicáveis, designadamente as constantes de instrumento de gestão territorial e as normas técnicas de construção.

3 - A comunicação prévia é acompanhada pelos elementos instrutórios fixados pela portaria a que se refere o n.º 4 do artigo 9.º, de termo de responsabilidade nos termos do artigo 10.º e das especificações a que se refere o artigo 77.º

ARTIGO 36.º
Rejeição da comunicação prévia

1 - Sem prejuízo do disposto no artigo 11.º, no prazo de 20 dias a contar da entrega da comunicação e demais elementos a que se refere o artigo anterior, o presidente da câmara municipal, com faculdade de delegação nos vereadores, deve rejeitar a comunicação quando verifique que a obra viola as normas legais e regulamentares aplicáveis, designadamente as constantes de plano municipal de ordenamento do território, ou as normas técnicas de construção em vigor, ou viola os termos de informação prévia existente.

2 - O prazo previsto no número anterior é de 60 dias quando haja lugar a consulta a entidades externas.

ARTIGO 36.º-A
Acto administrativo

1 - Decorrido o prazo previsto no artigo anterior sem que a comunicação prévia tenha sido rejeitada, é disponibilizada no sistema informático previsto no artigo 8.º-A a informação de que a comunicação não foi rejeitada, o que equivale à sua admissão.

2 - Na falta de rejeição da comunicação prévia, o interessado pode dar início às obras, efectuando previamente o pagamento das taxas devidas através de autoliquidação.

SUBSECÇÃO VI
Procedimentos especiais

ARTIGO 37.º
Operações urbanísticas cujo projecto carece de aprovação da administração central

1 - As operações urbanísticas referidas nos artigos 4.º e 6.º cujo projecto, nos termos da legislação especial aplicável, careça de aprovação da

administração central, nomeadamente as relativas a empreendimentos industriais, estabelecimentos comerciais, recintos de espectáculos e divertimentos públicos e as que tenham lugar em imóveis classificados ou em vias de classificação e respectivas zonas de protecção estão também sujeitas a licença ou comunicação prévia, nos termos do disposto no presente diploma.

2 – Salvo o disposto em lei especial, os órgãos municipais não podem aprovar informação prévia favorável nem deferir pedidos de licença ou comunicações prévias relativos a operações urbanísticas previstas no n.º 1 sem que o requerente apresente documento comprovativo da aprovação da administração central.

3 – Os prazos para a câmara municipal decidir sobre os pedidos de informação prévia, de licença ou comunicação prévia a operações urbanísticas previstas no n.º 1 contam-se a partir da data da entrega pelo requerente do documento referido no número anterior.

ARTIGO 38.º
Empreendimentos turísticos

1 – Os empreendimentos turísticos estão sujeitos ao regime jurídico das operações de loteamento nos casos em que se pretenda efectuar a divisão jurídica do terreno em lotes.

2 – Nas situações referidas no número anterior não é aplicável o disposto no artigo 41.º, podendo a operação de loteamento realizar-se em áreas em que o uso turístico seja compatível com o disposto nos instrumentos de gestão territorial válidos e eficazes.

ARTIGO 39.º
Autorização prévia de localização

Sempre que as obras se situem em área que nos termos de plano de urbanização, plano de pormenor ou licença ou comunicação prévia de loteamento em vigor esteja expressamente afecta ao uso proposto, é dispensada a autorização prévia de localização que, nos termos da lei, devesse ser emitida por parte de órgãos da administração central, sem prejuízo das demais autorizações ou aprovações exigidas por lei relativas a servidões administrativas ou restrições de utilidade pública.

ARTIGO 40.º
(Revogado.)

SECÇÃO III
Condições especiais de licenciamento ou comunicação prévia

SUBSECÇÃO I
Operações de loteamento

ARTIGO 41.º
Localização

As operações de loteamento só podem realizar-se em áreas situadas dentro do perímetro urbano e em terrenos já urbanizados ou cuja urbanização se encontre programada em plano municipal de ordenamento do território.

ARTIGO 42.º
Parecer da CCDR

1 – O licenciamento de operação de loteamento que se realize em área não abrangida por qualquer plano municipal de ordenamento do território está sujeito a parecer prévio favorável da CCDR ao qual se aplica, com as necessárias adaptações, o disposto nos n.ºs 4 e 5 do artigo 13.º

2 – O parecer da CCDR destina-se a avaliar a operação de loteamento do ponto de vista do ordenamento do território e a verificar a sua articulação com os instrumentos de desenvolvimento territorial previstos na lei.

3 – O parecer da CCDR caduca no prazo de dois anos, salvo se, dentro desse prazo, for licenciada a operação de loteamento ou, uma vez esgotado, não existirem alterações nos pressupostos de facto e de direito em que se fundamentou o parecer.

4 – A apresentação de requerimento nos termos referidos no artigo 112.º suspende a contagem do prazo referido no número anterior.

ARTIGO 43.º
Áreas para espaços verdes e de utilização colectiva, infra-estruturas e equipamentos

1 – Os projectos de loteamento devem prever áreas destinadas à implantação de espaços verdes e de utilização colectiva, infra-estruturas viárias e equipamentos.

2 – Os parâmetros para o dimensionamento das áreas referidas no número anterior são os que estiverem definidos em plano municipal de ordenamento do território.

3 – Para aferir se o projecto de loteamento respeita os parâmetros a que alude o número anterior consideram-se quer as parcelas de natureza privada a afectar àqueles fins quer as parcelas a ceder à câmara municipal nos termos do artigo seguinte.

4 – Os espaços verdes e de utilização colectiva, infra-estruturas viárias e equipamentos de natureza privada constituem partes comuns dos lotes resultantes da operação de loteamento e dos edifícios que neles venham a ser construídos e regem-se pelo disposto nos artigos 1420.° a 1438.°-A do Código Civil.

ARTIGO 44.°
Cedências

1 – O proprietário e os demais titulares de direitos reais sobre o prédio a lotear cedem gratuitamente ao município as parcelas para implantação de espaços verdes públicos e equipamentos de utilização colectiva e as infra-estruturas que, de acordo com a lei e a licença ou comunicação prévia, devam integrar o domínio municipal.

2 – Para os efeitos do número anterior, o requerente deve assinalar as áreas de cedência ao município em planta a entregar com o pedido de licenciamento ou comunicação prévia.

3 – As parcelas de terreno cedidas ao município integram-se no domínio municipal com a emissão do alvará ou, nas situações previstas no artigo 34.°, através de instrumento próprio a realizar pelo notário privativo da câmara municipal no prazo previsto no n.° 1 do artigo 36.°, devendo a câmara municipal definir no momento da recepção as parcelas afectas aos domínios público e privado do município.

4 – Se o prédio a lotear já estiver servido pelas infra-estruturas a que se refere a alínea *h*) do artigo 2.° ou não se justificar a localização de qualquer equipamento ou espaço verde públicos no referido prédio ou ainda nos casos referidos no n.° 4 do artigo anterior, não há lugar a qualquer cedência para esses fins, ficando, no entanto, o proprietário obrigado ao pagamento de uma compensação ao município, em numerário ou em espécie, nos termos definidos em regulamento municipal.

5 – O proprietário e demais titulares de direitos reais sobre prédio a sujeitar a qualquer operação urbanística que nos termos de regulamento municipal seja considerada como de impacte relevante ficam tam-

bém sujeitos às cedências e compensações previstas para as operações de loteamento.

ARTIGO 45.º
Reversão

1 – O cedente tem o direito de reversão sobre as parcelas cedidas nos termos do artigo anterior sempre que estas sejam afectas a fins diversos daqueles para que hajam sido cedidas.

2 – Ao exercício do direito de reversão previsto no número anterior aplica-se, com as necessárias adaptações, o disposto no Código das Expropriações.

3 – Em alternativa ao exercício do direito referido no n.º 1 ou no caso do n.º 9, o cedente pode exigir ao município uma indemnização, a determinar nos termos estabelecidos no Código das Expropriações com referência ao fim a que se encontre afecta a parcela, calculada à data em que pudesse haver lugar à reversão.

4 – As parcelas que, nos termos do n.º 1, tenham revertido para o cedente ficam sujeitas às mesmas finalidades a que deveriam estar afectas aquando da cedência, salvo quando se trate de parcela a afectar a equipamento de utilização colectiva, devendo nesse caso ser afecta a espaço verde, procedendo-se ainda ao averbamento desse facto no respectivo alvará e integração na admissão da comunicação prévia.

5 – Os direitos referidos nos n.ºs 1 a 3 podem ser exercidos pelos proprietários de, pelo menos, um terço dos lotes constituídos em consequência da operação de loteamento.

6 – Havendo imóveis construídos na parcela revertida, o tribunal pode ordenar a sua demolição, a requerimento do cedente, nos termos estabelecidos nos artigos 37.º e seguintes da Lei n.º 15/2002, de 22 de Fevereiro.

7 – O município é responsável pelos prejuízos causados aos proprietários dos imóveis referidos no número anterior, nos termos estabelecidos no Decreto-Lei n.º 48 051, de 21 de Novembro de 1967, em matéria de actos ilícitos.

8 – À demolição prevista no n.º 6 é aplicável o disposto nos artigos 52.º e seguintes do Decreto-Lei n.º 794/76, de 5 de Novembro.

9 – O direito de reversão previsto no n.º 1 não pode ser exercido quando os fins das parcelas cedidas sejam alterados ao abrigo do disposto no n.º 1 do artigo 48.º

ARTIGO 46.º
Gestão das infra-estruturas e dos espaços verdes e de utilização colectiva

1 - A gestão das infra-estruturas e dos espaços verdes e de utilização colectiva pode ser confiada a moradores ou a grupos de moradores das zonas loteadas e urbanizadas, mediante a celebração com o município de acordos de cooperação ou de contratos de concessão do domínio municipal.

2 - Os acordos de cooperação podem incidir, nomeadamente, sobre os seguintes aspectos:
   a) Limpeza e higiene;
   b) Conservação de espaços verdes existentes;
   c) Manutenção dos equipamentos de recreio e lazer;
   d) Vigilância da área, por forma a evitar a sua degradação.

3 - Os contratos de concessão devem ser celebrados sempre que se pretenda realizar investimentos em equipamentos de utilização colectiva ou em instalações fixas e não desmontáveis em espaços verdes ou a manutenção de infra-estruturas.

ARTIGO 47.º
Contrato de concessão

1 - Os princípios a que devem subordinar-se os contratos administrativos de concessão do domínio municipal a que se refere o artigo anterior são estabelecidos em diploma próprio, no qual se fixam as regras a observar em matéria de prazo de vigência, conteúdo do direito de uso privativo, obrigações do concessionário e do município em matéria de realização de obras, prestação de serviços e manutenção de infra-estruturas, garantias a prestar e modos e termos do sequestro e rescisão.

2 - A utilização das áreas concedidas nos termos do número anterior e a execução dos contratos respectivos estão sujeitas a fiscalização da câmara municipal, nos termos a estabelecer no diploma aí referido.

3 - Os contratos referidos no número anterior não podem, sob pena de nulidade das cláusulas respectivas, proibir o acesso e utilização do espaço concessionado por parte do público, sem prejuízo das limitações a tais acesso e utilização que sejam admitidas no diploma referido no n.º 1.

ARTIGO 48.º
Execução de instrumentos de planeamento territorial e outros instrumentos urbanísticos

1 – As condições da licença ou comunicação prévia de operação de loteamento podem ser alteradas por iniciativa da câmara municipal desde que tal alteração se mostre necessária à execução de plano municipal de ordenamento do território, plano especial de ordenamento do território, área de desenvolvimento urbano prioritário, área de construção prioritária ou área crítica de recuperação e conversão urbanística.

2 – A deliberação da câmara municipal que determine as alterações referidas no número anterior é devidamente fundamentada e implica a emissão de novo alvará e a publicação e submissão a registo deste, a expensas do município.

3 – A deliberação referida no número anterior é precedida da audiência prévia do titular do alvará ou comunicação e demais interessados, que dispõem do prazo de 30 dias para se pronunciarem sobre o projecto de decisão.

4 – A pessoa colectiva que aprovar os instrumentos referidos no n.º 1 que determinem directa ou indirectamente os danos causados ao titular do alvará e demais interessados em virtude do exercício da faculdade prevista no n.º 1 é responsável pelos mesmos nos termos estabelecidos no Decreto-Lei n.º 48 051, de 21 de Novembro de 1967, em matéria de responsabilidade por actos lícitos.

ARTIGO 48.º-A
Alterações à operação de loteamento objecto de comunicação prévia

Sem prejuízo do disposto no artigo anterior, a alteração de operação de loteamento admitida objecto de comunicação prévia só pode ser apresentada se for demonstrada a não oposição da maioria dos proprietários dos lotes constantes da comunicação.

ARTIGO 49.º
Negócios jurídicos

1 – Nos títulos de arrematação ou outros documentos judiciais, bem como nos instrumentos relativos a actos ou negócios jurídicos de que resulte, directa ou indirectamente, a constituição de lotes nos termos da alínea *i*) do artigo 2.º, sem prejuízo do disposto nos artigos 6.º e 7.º, ou a

transmissão de lotes legalmente constituídos, devem constar o número do alvará ou da comunicação prévia, a data da sua emissão ou admissão pela câmara municipal, a data de caducidade e a certidão do registo predial.

2 – Não podem ser celebradas escrituras públicas de primeira transmissão de imóveis construídos nos lotes ou de fracções autónomas desses imóveis sem que seja exibida, perante o notário, certidão emitida pela câmara municipal, comprovativa da recepção provisória das obras de urbanização ou certidão, emitida pela câmara municipal, comprovativa de que a caução a que se refere o artigo 54.º é suficiente para garantir a boa execução das obras de urbanização.

3 – Caso as obras de urbanização sejam realizadas nos termos dos artigos 84.º e 85.º, as escrituras referidas no número anterior podem ser celebradas mediante a exibição de certidão, emitida pela câmara municipal, comprovativa da conclusão de tais obras, devidamente executadas em conformidade com os projectos aprovados.

4 – A exibição das certidões referidas nos n.ºs 2 e 3 é dispensada sempre que o alvará de loteamento tenha sido emitido ao abrigo dos Decretos-Leis n.ºs 289/73, de 6 de Junho, e 400/84, de 31 de Dezembro.

ARTIGO 50.º
Fraccionamento de prédios rústicos

1 – Ao fraccionamento de prédios rústicos aplica-se o disposto nos Decretos-Leis n.ºs 384/88, de 25 de Outubro, e 103/90, de 22 de Março.

2 – Os negócios jurídicos de que resulte o fraccionamento ou divisão de prédios rústicos são comunicados pelas partes intervenientes à câmara municipal do local da situação dos prédios, a qual promove a comunicação dos mesmos ao Instituto Geográfico Português.

3 – A comunicação a que se refere o número anterior é efectuada no prazo de 20 dias a contar da celebração do negócio.

ARTIGO 51.º
Informação registral

1 – O conservador do registo predial remete mensalmente à CCDR, até ao dia 15 de cada mês, cópia dos elementos respeitantes a operações de loteamento e respectivos anexos cujos registos tenham sido requeridos no mês anterior.

2 – *(Revogado.)*

ARTIGO 52.º
Publicidade à alienação

Na publicidade à alienação de lotes de terreno, de edifícios ou fracções autónomas neles construídos, em construção ou a construir, é obrigatório mencionar o número do alvará de loteamento ou da comunicação prévia e a data da sua emissão ou admissão pela câmara municipal, bem como o respectivo prazo de validade.

SUBSECÇÃO II
Obras de urbanização

ARTIGO 53.º
Condições e prazo de execução

1 – Com a deliberação prevista no artigo 26.º ou através de regulamento municipal nas situações previstas no artigo 34.º, o órgão competente para o licenciamento das obras de urbanização estabelece:

a) As condições a observar na execução das mesmas, onde se inclui o cumprimento do disposto no regime da gestão de resíduos de construção e demolição nelas produzidos, e o prazo para a sua conclusão;

b) O montante da caução destinada a assegurar a boa e regular execução das obras;

c) As condições gerais do contrato de urbanização a que se refere o artigo 55.º, se for caso disso.

2 – Nas situações previstas no artigo 34.º, o prazo de execução é o fixado pelo interessado, não podendo, no entanto, ultrapassar os limites fixados mediante regulamento municipal.

3 – O prazo estabelecido nos termos da alínea *a*) do n.º 1 e do n.º 2 pode ser prorrogado a requerimento fundamentado do interessado, por uma única vez e por período não superior a metade do prazo inicial, quando não seja possível concluir as obras dentro do prazo para o efeito estabelecido.

4 – Quando a obra se encontre em fase de acabamentos, pode ainda o presidente da câmara municipal, a requerimento fundamentado do interessado, conceder nova prorrogação, mediante o pagamento de um adicional à taxa referida no n.º 2 do artigo 116.º, de montante a fixar em regulamento municipal.

5 - O prazo referido no n.º 2 pode ainda ser prorrogado em consequência de alteração da licença ou comunicação prévia admitida.

6 - A prorrogação do prazo nos termos referidos nos números anteriores não dá lugar à emissão de novo alvará nem à apresentação e admissão de nova comunicação prévia, devendo ser averbada no alvará ou comunicação existentes.

7 - As condições da licença ou comunicação prévia de obras de urbanização podem ser alteradas por iniciativa da câmara municipal, nos termos e com os fundamentos estabelecidos no artigo 48.º

ARTIGO 54.º
Caução

1 - O requerente ou comunicante presta caução destinada a garantir a boa e regular execução das obras de urbanização.

2 - A caução referida no número anterior é prestada a favor da câmara municipal, mediante garantia bancária autónoma à primeira solicitação, hipoteca sobre bens imóveis propriedade do requerente, depósito em dinheiro ou seguro-caução, devendo constar do próprio título que a mesma está sujeita a actualização nos termos do n.º 4 e se mantém válida até à recepção definitiva das obras de urbanização.

3 - O montante da caução é igual ao valor constante dos orçamentos para execução dos projectos das obras a executar, eventualmente corrigido pela câmara municipal com a emissão da licença, a que pode ser acrescido um montante, não superior a 5 % daquele valor, destinado a remunerar encargos de administração caso se mostre necessário aplicar o disposto nos artigos 84.º e 85.º

4 - O montante da caução deve ser:

a) Reforçado, precedendo deliberação fundamentada da câmara municipal, tendo em atenção a correcção do valor dos trabalhos por aplicação das regras legais e regulamentares relativas a revisões de preços dos contratos de empreitada de obras públicas, quando se mostre insuficiente para garantir a conclusão dos trabalhos, em caso de prorrogação do prazo de conclusão ou em consequência de acentuada subida no custo dos materiais ou de salários;

b) Reduzido, nos mesmos termos, em conformidade com o andamento dos trabalhos a requerimento do interessado, que deve ser decidido no prazo de 15 dias.

5 - O conjunto das reduções efectuadas ao abrigo do disposto na alínea *b*) do número anterior não pode ultrapassar 90 % do montante inicial

da caução, sendo o remanescente libertado com a recepção definitiva das obras de urbanização.

6 - O reforço ou a redução da caução, nos termos do n.º 4, não dá lugar à emissão de novo alvará ou à apresentação e admissão de nova comunicação.

ARTIGO 55.º
Contrato de urbanização

1 - Quando a execução de obras de urbanização envolva, em virtude de disposição legal ou regulamentar ou por força de convenção, mais de um responsável, a realização das mesmas pode ser objecto de contrato de urbanização.

2 - São partes no contrato de urbanização, obrigatoriamente, o município e o proprietário e outros titulares de direitos reais sobre o prédio e, facultativamente, as empresas que prestem serviços públicos, bem como outras entidades envolvidas na operação de loteamento ou na urbanização dela resultante, designadamente interessadas na aquisição dos lotes.

3 - O contrato de urbanização estabelece as obrigações das partes contratantes relativamente à execução das obras de urbanização e as responsabilidades a que ficam sujeitas, bem como o prazo para cumprimento daquelas.

4 - Quando haja lugar à celebração de contrato de urbanização, a ele se fará menção no alvará ou comunicação.

5 - Juntamente com o requerimento inicial, comunicação e a qualquer momento do procedimento até à aprovação das obras de urbanização, o interessado pode apresentar proposta de contrato de urbanização.

ARTIGO 56.º
Execução por fases

1 - O interessado pode requerer a execução por fases das obras de urbanização, identificando as obras incluídas em cada fase, o orçamento correspondente e os prazos dentro dos quais se propõe requerer a respectiva licença.

2 - O requerimento referido no número anterior deve ser apresentado com o pedido de licenciamento de loteamento ou, quando as obras de urbanização não se integrem em operação de loteamento, com o pedido de licenciamento das mesmas.

3 – Cada fase deve ter coerência interna e corresponder a uma zona da área a lotear ou a urbanizar que possa funcionar autonomamente.

4 – O requerimento é decidido no prazo de 30 dias a contar da data da sua apresentação.

5 – Admitida a execução por fases, o alvará abrange apenas a primeira fase das obras de urbanização, implicando cada fase subsequente um aditamento ao alvará.

6 – Quando se trate de operação efectuada ao abrigo de comunicação prévia, o interessado identifica na comunicação as fases em que pretende proceder à execução das obras de urbanização, aplicando-se, com as necessárias adaptações, o disposto nos n.ºs 1, 2 e 3.

SUBSECÇÃO III
Obras de edificação

ARTIGO 57.º
Condições de execução

1 – A câmara municipal fixa as condições a observar na execução da obra com o deferimento do pedido de licenciamento das obras referidas nas alíneas c), d) e e) do n.º 2 do artigo 4.º e através de regulamento municipal para as obras previstas nas alíneas c) a h) do n.º 1 do artigo 6.º, devendo salvaguardar o cumprimento do disposto no regime da gestão de resíduos de construção e demolição.

2 – As condições relativas à ocupação da via pública ou à colocação de tapumes e vedações são estabelecidas mediante proposta do requerente, a qual, nas situações previstas nas alíneas c) a h) do n.º 1 do artigo 6.º, deve acompanhar a comunicação prévia, não podendo a câmara municipal alterá-las senão com fundamento na violação de normas legais ou regulamentares aplicáveis ou na necessidade de articulação com outras ocupações previstas ou existentes.

3 – No caso previsto no artigo 113.º, as condições a observar na execução das obras são aquelas que forem propostas pelo requerente.

4 – A comunicação prévia para obras em área abrangida por operação de loteamento não pode ter lugar antes da recepção provisória das respectivas obras de urbanização ou da prestação de caução a que se refere o artigo 54.º

5 – O disposto no artigo 43.º é aplicável aos procedimentos de licenciamento ou de comunicação prévia das obras referidas nas alíneas c), d) e

e) do n.º 2 do artigo 4.º, bem como às previstas nas alíneas *c*), *d*), *e*) e *f*) do n.º 1 do artigo 6.º, quando respeitem a edifícios contíguos e funcionalmente ligados entre si, que determinem, em termos urbanísticos, impactes semelhantes a uma operação de loteamento, nos termos a definir por regulamento municipal.

6 – O disposto no n.º 4 do artigo 44.º é aplicável aos procedimentos de licenciamento ou de comunicação prévia das obras referidas nas alíneas *c*), *d*) e *e*) do n.º 2 do artigo 4.º, bem como às previstas nas alíneas *c*), *d*), *e*) e *f*) do n.º 1 do artigo 6.º, quando a operação contemple a criação de áreas de circulação viária e pedonal, espaços verdes e equipamento de uso privativo.

7 – O disposto no número anterior é igualmente aplicável aos procedimentos de comunicação prévia das operações urbanísticas previstas nas alíneas *d*) e *e*) do n.º 1 do artigo 6.º desde que esteja prevista a sua realização em área não abrangida por operação de loteamento.

ARTIGO 58.º
Prazo de execução

1 – A câmara municipal fixa, com o deferimento do pedido de licenciamento das obras referidas nas alíneas *c*) a *g*) do n.º 2 do artigo 4.º, o prazo de execução da obra, em conformidade com a programação proposta pelo requerente.

2 – Nas situações previstas nas alíneas *c*) a *h*) do n.º 1 do artigo 6.º, o prazo de execução é o fixado pelo interessado, não podendo, no entanto, ultrapassar os limites fixados mediante regulamento municipal.

3 – Os prazos referidos nos números anteriores começam a contar da data de emissão do respectivo alvará, da data do pagamento ou do depósito das taxas ou da caução nas situações previstas no artigo 113.º ou do fim do prazo a que se refere o n.º 1 do artigo 36.º, na hipótese de comunicação prévia.

4 – O prazo para a conclusão da obra pode ser alterado por motivo de interesse público, devidamente fundamentado, no acto de deferimento a que se refere o n.º 1 ou, na situação prevista no n.º 2, até ao fim do prazo previsto no n.º 1 do artigo 36.º

5 – Quando não seja possível concluir as obras no prazo previsto, este pode ser prorrogado, a requerimento fundamentado do interessado, por uma única vez e por período não superior a metade do prazo inicial, salvo o disposto nos números seguintes.

6 – Quando a obra se encontre em fase de acabamentos, pode o presidente da câmara municipal, a requerimento fundamentado do interes-

sado, conceder nova prorrogação, mediante o pagamento de um adicional à taxa referida no n.º 1 do artigo 116.º, de montante a fixar em regulamento municipal.

7 - O prazo estabelecido nos termos dos números anteriores pode ainda ser prorrogado em consequência da alteração da licença, bem como da apresentação de alteração aos projectos apresentados com a comunicação prévia admitida.

8 - A prorrogação do prazo nos termos referidos nos números anteriores não dá lugar à emissão de novo alvará nem à apresentação e admissão de nova comunicação prévia, devendo apenas ser nestes averbada.

9 - No caso previsto no artigo 113.º, o prazo para a conclusão da obra é aquele que for proposto pelo requerente.

ARTIGO 59.º
Execução por fases

1 - O requerente pode optar pela execução faseada da obra, devendo para o efeito, em caso de operação urbanística sujeita a licenciamento, identificar no projecto de arquitectura os trabalhos incluídos em cada uma das fases e indicar os prazos, a contar da data de aprovação daquele projecto, em que se propõe requerer a aprovação dos projectos da engenharia de especialidades relativos a cada uma dessas fases, podendo a câmara municipal fixar diferentes prazos por motivo de interesse público devidamente fundamentado.

2 - Cada fase deve corresponder a uma parte da edificação passível de utilização autónoma.

3 - Nos casos referidos no n.º 1, o requerimento referido no n.º 4 do artigo 20.º deverá identificar a fase da obra a que se reporta.

4 - A falta de apresentação do requerimento referido no número anterior dentro dos prazos previstos no n.º 1 implica a caducidade do acto de aprovação do projecto de arquitectura e o arquivamento oficioso do processo.

5 - *(Revogado.)*

6 - Admitida a execução por fases, o alvará abrange apenas a primeira fase das obras, implicando cada fase subsequente um aditamento ao alvará.

7 - Quando se trate de operação urbanística sujeita a comunicação prévia, o interessado identifica na comunicação as fases em que pretende proceder à execução da obra, aplicando-se, com as necessárias adaptações, o disposto nos n.ºs 1 e 2.

ARTIGO 60.º
Edificações existentes

1 - As edificações construídas ao abrigo do direito anterior e as utilizações respectivas não são afectadas por normas legais e regulamentares supervenientes.

2 - A licença ou admissão de comunicação prévia de obras de reconstrução ou de alteração das edificações não pode ser recusada com fundamento em normas legais ou regulamentares supervenientes à construção originária desde que tais obras não originem ou agravem desconformidade com as normas em vigor ou tenham como resultado a melhoria das condições de segurança e de salubridade da edificação.

3 - Sem prejuízo do disposto nos números anteriores, a lei pode impor condições específicas para o exercício de certas actividades em edificações já afectas a tais actividades ao abrigo do direito anterior, bem como condicionar a execução das obras referidas no número anterior à realização dos trabalhos acessórios que se mostrem necessários para a melhoria das condições de segurança e salubridade da edificação.

ARTIGO 61.º
Identificação do director técnico da obra

O titular da licença de construção e o apresentante da comunicação prévia ficam obrigados a afixar numa placa em material imperecível no exterior da edificação ou a gravar num dos seus elementos exteriores a identificação do director técnico da obra e do autor do projecto de arquitectura.

SUBSECÇÃO IV
Utilização de edifícios ou suas fracções

ARTIGO 62.º
Âmbito

1 - A autorização de utilização de edifícios ou suas fracções autónomas destina-se a verificar a conformidade da obra concluída com o projecto aprovado e com as condições do licenciamento ou da comunicação prévia.

2 - A autorização, quando não haja lugar à realização de obras ou quando se trate de alteração da utilização ou de autorização de arrendamento para fins não habitacionais de prédios ou fracções não licenciados, nos termos do n.º 4 do artigo 5.º do Decreto-Lei n.º 160/2006, de 8 de Agosto, destina-se a verificar a conformidade do uso previsto com as normas legais e regulamentares aplicáveis e a idoneidade do edifício ou sua fracção autónoma para o fim pretendido.

ARTIGO 63.º
Instrução do pedido

1 - O pedido de autorização de utilização deve ser instruído com termo de responsabilidade subscrito pelos autores de projecto de obra e do director de fiscalização de obra, na qual aqueles devem declarar que a obra foi executada de acordo com o projecto aprovado e com as condições da licença ou da comunicação prévia e, se for caso disso, que as alterações efectuadas ao projecto estão em conformidade com as normas legais e regulamentares que lhe são aplicáveis.

2 - O pedido de autorização nos termos previstos no n.º 2 do artigo anterior deve ser instruído com termo de responsabilidade subscrito por pessoa habilitada a ser autor de projecto segundo o regime da qualificação profissional dos técnicos responsáveis pela elaboração e subscrição de projectos.

ARTIGO 64.º
Concessão da autorização de utilização

1 - A autorização de utilização é concedida, no prazo de 10 dias a contar do recebimento do requerimento, com base nos termos de responsabilidade referidos no artigo anterior, salvo na situação prevista no número seguinte.

2 - O presidente da câmara municipal, oficiosamente ou a requerimento do gestor do procedimento e no prazo previsto no número anterior, determina a realização de vistoria, a efectuar nos termos do artigo seguinte, quando se verifique alguma das seguintes situações:

a) O pedido de autorização de utilização não estar instruído com os termos de responsabilidade previstos no artigo anterior;

b) Existirem indícios sérios, nomeadamente com base nos elementos constantes do processo ou do livro de obra, a concretizar no despacho que determina a vistoria, de que a obra se encontra em desconformidade com o respectivo projecto ou condições estabelecidas;

c) Tratando-se da autorização prevista no n.º 2 do artigo 62.º, existam indícios sérios de que o edifício, ou sua fracção autónoma, não é idóneo para o fim pretendido.

ARTIGO 65.º
Realização da vistoria

1 – A vistoria realiza-se no prazo de 15 dias a contar da decisão do presidente da câmara referida no n.º 2 do artigo anterior, decorrendo sempre que possível em data a acordar com o requerente.

2 – A vistoria é efectuada por uma comissão composta, no mínimo, por três técnicos, a designar pela câmara municipal, dos quais pelo menos dois devem ter habilitação legal para ser autor de projecto, correspondente à obra objecto de vistoria, segundo o regime da qualificação profissional dos técnicos responsáveis pela elaboração e subscrição de projectos.

3 – A data da realização da vistoria é notificada pela câmara municipal ao requerente da autorização de utilização, o qual pode fazer-se acompanhar dos autores dos projectos e do técnico responsável pela direcção técnica da obra, que participam, sem direito a voto, na vistoria.

4 – As conclusões da vistoria são obrigatoriamente seguidas na decisão sobre o pedido de autorização.

5 – No caso da imposição de obras de alteração decorrentes da vistoria, a emissão da autorização requerida depende da verificação da adequada realização dessas obras, mediante nova vistoria a requerer pelo interessado, a qual deve decorrer no prazo de 15 dias a contar do respectivo requerimento.

6 – Não sendo a vistoria realizada nos prazos referidos nos n.ºs 1 ou 5, o requerente pode solicitar a emissão do título de autorização de utilização, mediante a apresentação do comprovativo do requerimento da mesma nos termos do artigo 63.º ou do número anterior, o qual é emitido no prazo de cinco dias e sem a prévia realização de vistoria.

ARTIGO 66.º
Propriedade horizontal

1 – No caso de edifícios constituídos em regime de propriedade horizontal, a autorização pode ter por objecto o edifício na sua totalidade ou cada uma das suas fracções autónomas.

2 – A autorização de utilização só pode ser concedida autonomamente para uma ou mais fracções autónomas quando as partes comuns dos edifícios em que se integram estejam também em condições de serem utilizadas.

3 – Caso o interessado não tenha ainda requerido a certificação pela câmara municipal de que o edifício satisfaz os requisitos legais para a sua constituição em regime de propriedade horizontal, tal pedido pode integrar o requerimento de autorização de utilização.

4 – O disposto nos n.ᵒˢ 2 e 3 é aplicável, com as necessárias adaptações, aos edifícios compostos por unidades susceptíveis de utilização independente que não estejam sujeitos ao regime da propriedade horizontal.

SECÇÃO IV
Validade e eficácia dos actos de licenciamento, admissão da comunicação prévia ou autorização de utilização

SUBSECÇÃO I
Validade

ARTIGO 67.º
Requisitos

A validade das licenças, admissão das comunicações prévias ou autorizações de utilização das operações urbanísticas depende da sua conformidade com as normas legais e regulamentares aplicáveis em vigor à data da sua prática, sem prejuízo do disposto no artigo 60.º

Artigo 68.º
Nulidades

São nulas as licenças, a admissão de comunicações prévias ou as autorizações de utilização previstas no presente diploma que:

a) Violem o disposto em plano municipal de ordenamento do território, plano especial de ordenamento do território, medidas preventivas ou licença de loteamento em vigor;

b) Violem o disposto no n.º 2 do artigo 37.º;

c) Não tenham sido precedidas de consulta das entidades cujos pareceres, autorizações ou aprovações sejam legalmente exigíveis, bem como quando não estejam em conformidade com esses pareceres, autorizações ou aprovações.

ARTIGO 69.º
Participação, acção administrativa especial e declaração de nulidade

1 – Os factos geradores das nulidades previstas no artigo anterior e quaisquer outros factos de que possa resultar a invalidade dos actos administrativos previstos no presente diploma devem ser participados, por quem deles tenha conhecimento, ao Ministério Público, para efeitos de propositura da competente acção administrativa especial e respectivos meios processuais acessórios.

2 – Quando tenha por objecto actos de licenciamento, de admissão da comunicação prévia ou autorizações de utilização com fundamento em qualquer das invalidades previstas no artigo anterior, a citação ao titular da licença, comunicação prévia ou autorizações de utilização para contestar a acção referida no n.º 1 tem os efeitos previstos no artigo 103.º para o embargo, sem prejuízo do disposto no número seguinte.

3 – O tribunal pode, oficiosamente ou a requerimento dos interessados, autorizar o prosseguimento dos trabalhos caso do recurso resultem indícios de ilegalidade da sua interposição ou da sua improcedência, devendo o juiz decidir esta questão, quando a ela houver lugar, no prazo de 10 dias.

4 – A possibilidade de o órgão que emitiu o acto ou deliberação declarar a nulidade caduca no prazo de 10 anos, caducando também o direito de propor a acção prevista no n.º 1 se os factos que determinaram a nulidade não forem participados ao Ministério Público nesse prazo, excepto relativamente a monumentos nacionais e respectiva zona de protecção.

ARTIGO 70.º
Responsabilidade civil da Administração

1 – O município responde civilmente pelos prejuízos causados em caso de revogação, anulação ou declaração de licenças, comunicações prévias ou autorização de utilização, sempre que a causa da revogação, anulação ou declaração de nulidade resulte de uma conduta ilícita dos titulares dos seus órgãos ou dos seus funcionários e agentes.

2 - Os titulares dos órgãos do município e os seus funcionários e agentes respondem solidariamente com aquele quando tenham dolosamente dado causa à ilegalidade que fundamenta a revogação, anulação ou declaração de nulidade.

3 - Quando a ilegalidade que fundamenta a revogação, anulação ou declaração de nulidade resulte de parecer vinculativo, autorização ou aprovação legalmente exigível, a entidade que o emitiu responde solidariamente com o município, que tem sobre aquela direito de regresso.

4 - O disposto no presente artigo em matéria de responsabilidade solidária não prejudica o direito de regresso que ao caso couber, nos termos gerais de direito.

SUBSECÇÃO II
Caducidade e revogação da licença, admissão da comunicação prévia e autorização de utilização

ARTIGO 71.º
Caducidade

1 - A licença ou admissão de comunicação prévia para a realização de operação de loteamento caduca se:

a) Não for requerida a autorização para a realização das respectivas obras de urbanização no prazo de um ano a contar da notificação do acto de licenciamento ou, na hipótese de comunicação prévia, não for apresentada comunicação prévia para a realização de obras de urbanização no prazo de um ano a contar da admissão daquela; ou se

b) Não for requerido o alvará único a que se refere o n.º 3 do artigo 76.º no prazo de um ano a contar da notificação do acto de autorização das respectivas obras de urbanização.

2 - A licença ou a admissão de comunicação prévia para a realização de operação de loteamento que não exija a realização de obras de urbanização, bem como a licença para a realização das operações urbanísticas previstas nas alíneas *b)* a *e)* e *g)* do n.º 2 do artigo 4.º caduca se, no prazo de um ano a contar da notificação do acto de licenciamento ou da admissão da comunicação prévia, não for requerida a emissão do respectivo alvará ou iniciadas as obras no caso de comunicação prévia.

3 - Para além das situações previstas no número anterior, a licença ou a admissão de comunicação prévia para a realização das operações urbanísticas referidas no número anterior, bem como a licença ou a admis-

são de comunicação prévia para a realização de operação de loteamento que exija a realização de obras de urbanização, caduca ainda:

a) Se as obras não forem iniciadas no prazo de nove meses a contar da data de emissão do alvará, do prazo previsto no artigo 36.º, ou, nos casos previstos no artigo 113.º, da data do pagamento das taxas, do seu depósito ou da garantia do seu pagamento;

b) Se as obras estiverem suspensas por período superior a seis meses, salvo se a suspensão decorrer de facto não imputável ao titular da licença ou da admissão de comunicação prévia;

c) Se as obras estiverem abandonadas por período superior a seis meses;

d) Se as obras não forem concluídas no prazo fixado na licença ou comunicação prévia ou suas prorrogações, contado a partir da data de emissão do alvará ou do prazo previsto no n.º 1 do artigo 36.º;

e) *(Revogada.)*

4 – Para os efeitos do disposto na alínea *c)* do número anterior, presumem-se abandonadas as obras ou trabalhos sempre que:

a) Se encontrem suspensos sem motivo justificativo registado no respectivo livro de obra;

b) Decorram na ausência do técnico responsável pela respectiva execução;

c) Se desconheça o paradeiro do titular da respectiva licença ou comunicação prévia sem que este haja indicado à câmara municipal procurador bastante que o represente.

5 – As caducidades previstas no presente artigo são declaradas pela câmara municipal, com audiência prévia do interessado.

6 – Os prazos a que se referem os números anteriores contam-se de acordo com o disposto no artigo 279.º do Código Civil.

7 – Tratando-se de licença para a realização de operação de loteamento ou de obras de urbanização, a caducidade pelos motivos previstos nos n.ºs 3 e 4 não produz efeitos relativamente aos lotes para os quais já haja sido aprovado pedido de licenciamento para obras de edificação ou já tenha sido apresentada comunicação prévia da realização dessas obras.

ARTIGO 72.º
Renovação

1 – O titular de licença ou comunicação prévia que haja caducado pode requerer nova licença ou apresentar nova comunicação prévia.

2 – No caso referido no número anterior, serão utilizados no novo processo os elementos que instruíram o processo anterior desde que o novo requerimento seja apresentado no prazo de 18 meses a contar da data da caducidade ou, se este prazo estiver esgotado, não existirem alterações de facto e de direito que justifiquem nova apresentação.
3 – *(Revogado.)*

ARTIGO 73.º
Revogação

1 – Sem prejuízo do que se dispõe no número seguinte, a licença, a admissão de comunicação prévia ou as autorizações de utilização só podem ser revogadas nos termos estabelecidos na lei para os actos constitutivos de direitos.
2 – Nos casos a que se refere o n.º 2 do artigo 105.º, a licença ou a admissão de comunicação prévia podem ser revogadas pela câmara municipal decorrido o prazo de seis meses a contar do termo do prazo estabelecido de acordo com o n.º 1 do mesmo artigo.

SUBSECÇÃO III
Títulos das operações urbanísticas

ARTIGO 74.º
Título da licença, da admissão de comunicação prévia e da autorização de utilização

1 – As operações urbanísticas objecto de licenciamento são tituladas por alvará, cuja emissão é condição de eficácia da licença.
2 – A admissão de comunicação prévia das operações urbanísticas é titulada pelo recibo da sua apresentação acompanhado do comprovativo da admissão nos termos do artigo 36.º-A.
3 – A autorização de utilização dos edifícios é titulada por alvará.

ARTIGO 75.º
Competência

Compete ao presidente da câmara municipal emitir o alvará de licença para a realização das operações urbanísticas, podendo delegar esta competência nos vereadores, com faculdade de subdelegação, ou nos dirigentes dos serviços municipais.

ARTIGO 76.º
Requerimento

1 – O interessado deve, no prazo de um ano a contar da data da notificação do acto de licenciamento ou da autorização de utilização, requerer a emissão do respectivo alvará, apresentando para o efeito os elementos previstos em portaria aprovada pelo membro do Governo responsável pelo ordenamento do território.

2 – Pode ainda o presidente da câmara municipal, a requerimento fundamentado do interessado, conceder prorrogação, por uma única vez, do prazo previsto no número anterior.

3 – No caso de operação de loteamento que exija a realização de obras de urbanização, é emitido um único alvará, que deve ser requerido no prazo de um ano a contar da notificação do acto de autorização das obras de urbanização.

4 – Sem prejuízo do disposto nos artigos 64.º e 65.º, o alvará é emitido no prazo de 30 dias a contar da apresentação do requerimento previsto nos números anteriores ou da recepção dos elementos a que se refere o n.º 3 do artigo 11.º desde que se mostrem pagas as taxas devidas.

5 – O requerimento de emissão de alvará só pode ser indeferido com fundamento na caducidade, suspensão, revogação, anulação ou declaração de nulidade da licença ou da admissão de comunicação prévia ou na falta de pagamento das taxas referidas no número anterior.

6 – O alvará obedece a um modelo tipo a estabelecer por portaria aprovada pelo membro do Governo responsável pelo ordenamento do território.

ARTIGO 77.º
Especificações

1 – O alvará de licença de operação de loteamento ou de obras de urbanização deve conter, nos termos da licença, a especificação dos seguintes elementos, consoante forem aplicáveis:

a) Identificação do titular do alvará;

b) Identificação do prédio objecto da operação de loteamento ou das obras de urbanização;

c) Identificação dos actos dos órgãos municipais relativos ao licenciamento da operação de loteamento e das obras de urbanização;

d) Enquadramento da operação urbanística em plano municipal de ordenamento do território em vigor, bem como na respectiva unidade de execução, se a houver;

e) Número de lotes e indicação da área, localização, finalidade, área de implantação, área de construção, número de pisos e número de fogos de cada um dos lotes, com especificação dos fogos destinados a habitações a custos controlados, quando previstos;

f) Cedências obrigatórias, sua finalidade e especificação das parcelas a integrar no domínio municipal;

g) Prazo para a conclusão das obras de urbanização;

h) Montante da caução prestada e identificação do respectivo título.

2 – O alvará a que se refere o número anterior deve conter, em anexo, as plantas representativas dos elementos referidos nas alíneas *e)* e *f)*.

3 – As especificações do alvará a que se refere o n.º 1 vinculam a câmara municipal, o proprietário do prédio, bem como os adquirentes dos lotes.

4 – O alvará de licença para a realização das operações urbanísticas a que se referem as alíneas *b)* a *g)* e *l)* do artigo 2.º deve conter, nos termos da licença, os seguintes elementos, consoante sejam aplicáveis:

a) Identificação do titular da licença;

b) Identificação do lote ou do prédio onde se realizam as obras ou trabalhos;

c) Identificação dos actos dos órgãos municipais relativos ao licenciamento das obras ou trabalhos;

d) Enquadramento das obras em operação de loteamento ou plano municipal de ordenamento do território em vigor, no caso das obras previstas nas alíneas *b)*, *c)* e do artigo 2.º;

e) Os condicionamentos a que fica sujeita a licença;

f) As cérceas e o número de pisos acima e abaixo da cota de soleira;

g) A área de construção e a volumetria dos edifícios;

h) O uso a que se destinam as edificações;

i) O prazo de validade da licença, o qual corresponde ao prazo para a conclusão das obras ou trabalhos.

5 – O alvará de autorização de utilização relativo à utilização de edifício ou de sua fracção deve conter a especificação dos seguintes elementos:

a) Identificação do titular da licença;

b) Identificação do edifício ou fracção autónoma;

c) O uso a que se destina o edifício ou fracção autónoma.

6 - O alvará a que se refere o número anterior deve ainda mencionar, quando for caso disso, que o edifício a que respeita preenche os requisitos legais para a constituição da propriedade horizontal.

7 - No caso de substituição do titular de alvará de licença, o substituto deve disso fazer prova junto do presidente da câmara para que este proceda ao respectivo averbamento no prazo de 15 dias a contar da data da substituição.

ARTIGO 78.º
Publicidade

1 - O titular do alvará deve promover, no prazo de 10 dias após a emissão do alvará, a afixação no prédio objecto de qualquer operação urbanística de um aviso, visível do exterior, que deve permanecer até à conclusão das obras.

2 - A emissão do alvará de licença de loteamento deve ainda ser publicitada pela câmara municipal, no prazo estabelecido no n.º 1, através de:

a) Publicação de aviso em boletim municipal e na página da Internet do município ou, quando estes não existam, através de edital a afixar nos paços do concelho e nas sedes das juntas de freguesia abrangidas;

b) Publicação de aviso num jornal de âmbito local, quando o número de lotes seja inferior a 20, ou num jornal de âmbito nacional, nos restantes casos.

3 - Compete ao membro do Governo responsável pelo ordenamento do território aprovar, por portaria, o modelo do aviso referido no n.º 1.

4 - O aviso previsto no número anterior deve mencionar, consoante os casos, as especificações previstas nas alíneas *a)* a *g)* do n.º 1 e *a)* a *c)* e *f)* a *i)* do n.º 4 do artigo 77.º

5 - O disposto nos números anteriores aplica-se, com as necessárias adaptações, às situações objecto de comunicação prévia.

ARTIGO 79.º
Cassação

1 - O alvará ou a admissão de comunicação prévia é cassado pelo presidente da câmara municipal quando caduque a licença ou a admissão de comunicação prévia ou quando estas sejam revogadas, anuladas ou declaradas nulas.

2 - A cassação do alvará ou da admissão de comunicação prévia de loteamento é comunicada pelo presidente da câmara municipal à conservatória do registo predial competente, para efeitos de anotação à descrição e de cancelamento do registo do alvará e comunicação prévia.

3 - Com a comunicação referida no número anterior, o presidente da câmara municipal dá igualmente conhecimento à conservatória dos lotes que se encontrem na situação referida no n.º 7 do artigo 71.º, requerendo a esta o cancelamento parcial do alvará ou da admissão de comunicação prévia nos termos da alínea f) do n.º 2 do artigo 101.º do Código do Registo Predial e indicando as descrições a manter.

4 - O alvará cassado é apreendido pela câmara municipal, na sequência de notificação ao respectivo titular.

5 - A admissão da comunicação prévia é cassada através do averbamento da cassação à informação prevista no n.º 1 do artigo 36.º-A.

CAPÍTULO III

Execução e fiscalização

SECÇÃO I
Início dos trabalhos

ARTIGO 80.º
Início dos trabalhos

1 - A execução das obras e trabalhos sujeitos a licença nos termos do presente diploma só pode iniciar-se depois de emitido o respectivo alvará, com excepção das situações referidas no artigo seguinte e salvo o disposto no artigo 113.º

2 - As obras e os trabalhos sujeitos ao regime de comunicação prévia podem iniciar-se nos termos do n.º 3 do artigo 36.º-A.

3 - As obras e trabalhos referidos no artigo 7.º só podem iniciar-se depois de emitidos os pareceres ou autorizações aí referidos ou após o decurso dos prazos fixados para a respectiva emissão.

4 - No prazo de 60 dias a contar do início dos trabalhos relativos às operações urbanísticas referidas nas alíneas c) a e) do n.º 2 do artigo 4.º deve o promotor da obra apresentar na câmara municipal cópia do projecto de execução de arquitectura e de engenharia das especialidades.

ARTIGO 80.°-A
Informação sobre o início dos trabalhos e o responsável pelos mesmos

1 – Até cinco dias antes do início dos trabalhos, o promotor informa a câmara municipal dessa intenção, comunicando também a identidade da pessoa, singular ou colectiva, encarregada da execução dos mesmos.

2 – A pessoa encarregada da execução dos trabalhos está obrigada à execução exacta dos projectos e ao respeito pelas condições do licenciamento ou comunicação prévia.

ARTIGO 81.°
Demolição, escavação e contenção periférica

1 – Quando o procedimento de licenciamento haja sido precedido de informação prévia favorável que vincule a câmara municipal, pode o presidente da câmara municipal, a pedido do interessado, permitir a execução de trabalhos de demolição ou de escavação e contenção periférica até à profundidade do piso de menor cota, logo após o saneamento referido no artigo 11.°, desde que seja prestada caução para reposição do terreno nas condições em que se encontrava antes do início dos trabalhos.

2 – Nas obras sujeitas a licença nos termos do presente diploma, a decisão referida no número anterior pode ser proferida em qualquer momento após a aprovação do projecto de arquitectura.

3 – Para os efeitos dos números anteriores, o requerente deve apresentar, consoante os casos, o plano de demolições, o projecto de estabilidade ou o projecto de escavação e contenção periférica até à data da apresentação do pedido referido no mesmo número.

4 – O presidente da câmara decide sobre o pedido previsto no n.° 1 no prazo de 15 dias a contar da data da sua apresentação.

5 – É título bastante para a execução dos trabalhos de demolição, escavação ou contenção periférica a notificação do deferimento do respectivo pedido, que o requerente, a partir do início da execução dos trabalhos por ela abrangidos, deverá guardar no local da obra.

ARTIGO 82.°
Ligação às redes públicas

1 – Os alvarás a que se referem os n.os 1 e 4 do artigo 77.°, a admissão de comunicação prévia do artigo 36.°-A, bem como a notificação refe-

rida no n.° 5 do artigo anterior, constituem título bastante para instruir os pedidos de ligação das redes de água, de saneamento, de gás, de electricidade e de telecomunicações, podendo os requerentes optar, mediante autorização das entidades fornecedoras, pela realização das obras indispensáveis à sua concretização nas condições regulamentares e técnicas definidas por aquelas entidades.

2 – Até à apresentação do alvará de autorização de utilização, as ligações referidas no número anterior são efectuadas pelo prazo fixado no alvará respectivo ou na admissão de comunicação prévia e apenas podem ser prorrogadas pelo período correspondente à prorrogação daquele prazo, salvo nos casos em que aquele alvará não haja sido emitido por razões exclusivamente imputáveis à câmara municipal.

3 – Na situação prevista no artigo 113.°, os pedidos de ligação referidos no n.° 1 podem ser instruídos com o recibo do pagamento ou do depósito das taxas ou da caução.

4 – Nos casos referidos no n.° 3 do artigo 6.°, os pedidos de ligação são instruídos com cópia do recibo da apresentação de comunicação prévia e da sua admissão e se for necessária a compatibilização de projectos com as infra-estruturas existentes ou a sua realização no caso de inexistência, estas serão promovidas pela entidade prestadora ou pelo requerente, nos termos da parte final do n.° 1.

SECÇÃO II
Execução dos trabalhos

ARTIGO 83.°
Alterações durante a execução da obra

1 – Podem ser realizadas em obra alterações ao projecto, mediante comunicação prévia nos termos previstos no artigo 35.°, desde que essa comunicação seja efectuada com a antecedência necessária para que as obras estejam concluídas antes da apresentação do requerimento a que se refere o n.° 1 do artigo 63.°

2 – Podem ser efectuadas sem dependência de comunicação prévia à câmara municipal as alterações em obras que não correspondam a obras que estivessem sujeitas a prévio licenciamento.

3 – As alterações em obra ao projecto inicialmente aprovado ou apresentado que envolvam a realização de obras de ampliação ou de alterações à implantação das edificações estão sujeitas ao procedimento previsto nos artigos 27.° ou 35.°, consoante os casos.

4 – Nas situações previstas nos números anteriores apenas são apresentados os elementos instrutórios que sofreram alterações.

ARTIGO 84.º
Execução das obras pela câmara municipal

1 – Sem prejuízo do disposto no presente diploma em matéria de suspensão, caducidade das licenças, autorizações ou admissão de comunicação prévia ou de cassação dos respectivos alvarás, a câmara municipal, para salvaguarda do património cultural, da qualidade do meio urbano e do meio ambiente, da segurança das edificações e do público em geral ou, no caso de obras de urbanização, também para protecção de interesses de terceiros adquirentes de lotes, pode promover a realização das obras por conta do titular do alvará ou do apresentante da comunicação prévia quando, por causa que seja imputável a este último:

a) Não tiverem sido iniciadas no prazo de um ano a contar da data da emissão do alvará ou do prazo previsto no n.º 1 do artigo 36.º;

b) Permanecerem interrompidas por mais de um ano;

c) Não tiverem sido concluídas no prazo fixado ou suas prorrogações, nos casos em que a câmara municipal tenha declarado a caducidade;

d) Não hajam sido efectuadas as correcções ou alterações que hajam sido intimadas nos termos do artigo 105.º

2 – A execução das obras referidas no número anterior e o pagamento das despesas suportadas com as mesmas efectuam-se nos termos dos artigos 107.º e 108.º

3 – A câmara municipal pode ainda accionar as cauções referidas nos artigos 25.º e 54.º

4 – Logo que se mostre reembolsada das despesas efectuadas nos termos do presente artigo, a câmara municipal procede ao levantamento do embargo que possa ter sido decretado ou, quando se trate de obras de urbanização, emite oficiosamente alvará, competindo ao presidente da câmara dar conhecimento das respectivas deliberações, quando seja caso disso, à direcção regional do ambiente e do ordenamento do território e ao conservador do registo predial.

ARTIGO 85.º
Execução das obras de urbanização por terceiro

1 – Qualquer adquirente dos lotes, de edifícios construídos nos lotes ou de fracções autónomas dos mesmos tem legitimidade para reque-

rer a autorização judicial para promover directamente a execução das obras de urbanização quando, verificando-se as situações previstas no n.º 1 do artigo anterior, a câmara municipal não tenha promovido a sua execução.

2 - O requerimento é instruído com os seguintes elementos:

a) Cópia do alvará ou comunicação prévia e da sua admissão;

b) Orçamento, a preços correntes do mercado, relativo à execução das obras de urbanização em conformidade com os projectos aprovados e condições fixadas no licenciamento;

c) Quaisquer outros elementos que o requerente entenda necessários para o conhecimento do pedido.

3 - Antes de decidir, o tribunal notifica a câmara municipal, o titular do alvará ou o apresentante da comunicação prévia para responderem no prazo de 30 dias e ordena a realização das diligências que entenda úteis para o conhecimento do pedido, nomeadamente a inspecção judicial do local.

4 - Se deferir o pedido, o tribunal fixa especificadamente as obras a realizar e o respectivo orçamento e determina que a caução a que se refere o artigo 54.º fique à sua ordem a fim de responder pelas despesas com as obras até ao limite do orçamento.

5 - Na falta ou insuficiência da caução, o tribunal determina que os custos sejam suportados pelo município, sem prejuízo do direito de regresso deste sobre o titular do alvará ou o apresentante da comunicação prévia.

6 - O processo a que se referem os números anteriores é urgente e isento de custas.

7 - Da sentença cabe recurso nos termos gerais.

8 - Compete ao tribunal judicial da comarca onde se localiza o prédio no qual se devem realizar as obras de urbanização conhecer dos pedidos previstos no presente artigo.

9 - A câmara municipal emite oficiosamente alvará para execução de obras por terceiro, competindo ao seu presidente dar conhecimento das respectivas deliberações à direcção regional do ambiente e do ordenamento do território e ao conservador do registo predial, quando:

a) Tenha havido recepção provisória das obras; ou

b) Seja integralmente reembolsada das despesas efectuadas, caso se verifique a situação prevista no n.º 5.

SECÇÃO III
Conclusão e recepção dos trabalhos

ARTIGO 86.º
Limpeza da área e reparação de estragos

1 – Concluída a obra, o dono da mesma é obrigado a proceder ao levantamento do estaleiro, à limpeza da área, de acordo com o regime da gestão de resíduos de construção e demolição nela produzidos, e à reparação de quaisquer estragos ou deteriorações que tenha causado em infra--estruturas públicas.

2 – O cumprimento do disposto no número anterior é condição da emissão do alvará de autorização de utilização ou da recepção provisória das obras de urbanização, salvo quando tenha sido prestada, em prazo a fixar pela câmara municipal, caução para garantia da execução das operações referidas no mesmo número.

ARTIGO 87.º
Recepção provisória e definitiva das obras de urbanização

1 – É da competência da câmara municipal deliberar sobre a recepção provisória e definitiva das obras de urbanização após a sua conclusão e o decurso do prazo de garantia, respectivamente, mediante requerimento do interessado.

2 – A recepção é precedida de vistoria, a realizar por uma comissão, da qual fazem parte o interessado ou um seu representante e, pelo menos, dois representantes da câmara municipal.

3 – À recepção provisória e definitiva, bem como às respectivas vistorias, é aplicável, com as necessárias adaptações, o regime aplicável à recepção provisória e definitiva das empreitadas de obras públicas.

4 – Em caso de deficiência das obras de urbanização, como tal assinaladas no auto de vistoria, se o titular das obras de urbanização não reclamar ou vir indeferida a sua reclamação e não proceder à sua correcção no prazo para o efeito fixado, a câmara municipal procede em conformidade com o disposto no artigo 84.º

5 – O prazo de garantia das obras de urbanização é de cinco anos.

ARTIGO 88.º
Obras inacabadas

1 – Quando as obras já tenham atingido um estado avançado de execução mas a licença ou a admissão de pode ser requerida a concessão de licença especial para a sua conclusão ou ser apresentada comunicação prévia haja caducado, para o mesmo efeito.

2 – A concessão da licença especial e a apresentação da comunicação prévia referida no número anterior segue o procedimento previsto nos artigos 27.º ou 35.º, consoante o caso, aplicando-se o disposto no artigo 60.º

3 – Podem ser concedidas as licenças ou admitidas as comunicações previstas no n.º 1 ou apresentadas comunicações prévias quando a câmara municipal reconheça o interesse na conclusão da obra e não se mostre aconselhável a demolição da mesma, por razões ambientais, urbanísticas, técnicas ou económicas.

4 – No caso de comunicação prévia, o reconhecimento do interesse na conclusão da obra tem lugar através da não rejeição pela câmara municipal da comunicação, por referência aos fundamentos do número anterior, dentro do prazo fixado no n.º 1 do artigo 36.º

SECÇÃO IV
Utilização e conservação do edificado

ARTIGO 89.º
Dever de conservação

1 – As edificações devem ser objecto de obras de conservação pelo menos uma vez em cada período de oito anos, devendo o proprietário, independentemente desse prazo, realizar todas as obras necessárias à manutenção da sua segurança, salubridade e arranjo estético.

2 – Sem prejuízo do disposto no número anterior, a câmara municipal pode a todo o tempo, oficiosamente ou a requerimento de qualquer interessado, determinar a execução de obras de conservação necessárias à correcção de más condições de segurança ou de salubridade ou à melhoria do arranjo estético.

3 – A câmara municipal pode, oficiosamente ou a requerimento de qualquer interessado, ordenar a demolição total ou parcial das construções que ameacem ruína ou ofereçam perigo para a saúde pública e para a segurança das pessoas.

4 – Os actos referidos nos números anteriores são eficazes a partir da sua notificação ao proprietário.

ARTIGO 89.º-A
Proibição de deterioração

1 – O proprietário não pode, dolosamente, provocar ou agravar uma situação de falta de segurança ou de salubridade, provocar a deterioração do edifício ou prejudicar o seu arranjo estético.

2 – Presume-se, salvo prova em contrário, existir violação pelo proprietário do disposto no número anterior nas seguintes situações:

a) Quando o edifício, encontrando-se total ou parcialmente devoluto, tenha apenas os vãos do piso superior ou dos pisos superiores desguarnecidos;

b) Quando estejam em falta elementos decorativos, nomeadamente cantarias ou revestimento azulejar relevante, em áreas da edificação que não sejam acessíveis pelos transeuntes, sendo patente que tal falta resulta de actuação humana.

3 – A proibição constante do n.º 1 é aplicável, além do proprietário, a qualquer pessoa singular ou colectiva.

ARTIGO 90.º
Vistoria prévia

1 – As deliberações referidas nos n.ºs 2 e 3 do artigo 89.º são precedidas de vistoria a realizar por três técnicos a nomear pela câmara municipal, dois dos quais com habilitação legal para ser autor de projecto, correspondentes à obra objecto de vistoria, segundo o regime da qualificação profissional dos técnicos responsáveis pela elaboração e subscrição de projectos.

2 – Do acto que determinar a realização da vistoria e respectivos fundamentos é notificado o proprietário do imóvel, mediante carta registada expedida com, pelo menos, sete dias de antecedência.

3 – Até à véspera da vistoria, o proprietário pode indicar um perito para intervir na realização da vistoria e formular quesitos a que deverão responder os técnicos nomeados.

4 – Da vistoria é imediatamente lavrado auto, do qual constam obrigatoriamente a identificação do imóvel, a descrição do estado do mesmo e as obras preconizadas e, bem assim, as respostas aos quesitos que sejam formuladas pelo proprietário.

5 - O auto referido no número anterior é assinado por todos os técnicos e pelo perito que hajam participado na vistoria e, se algum deles não quiser ou não puder assiná-lo, faz-se menção desse facto.

6 - Quando o proprietário não indique perito até à data referida no número anterior, a vistoria é realizada sem a presença deste, sem prejuízo de, em eventual impugnação administrativa ou contenciosa da deliberação em causa, o proprietário poder alegar factos não constantes do auto de vistoria, quando prove que não foi regularmente notificado nos termos do n.° 2.

7 - As formalidades previstas no presente artigo podem ser preteridas quando exista risco iminente de desmoronamento ou grave perigo para a saúde pública, nos termos previstos na lei para o estado de necessidade.

ARTIGO 91.°
Obras coercivas

1 - Quando o proprietário não iniciar as obras que lhe sejam determinadas nos termos do artigo 89.° ou não as concluir dentro dos prazos que para o efeito lhe forem fixados, pode a câmara municipal tomar posse administrativa do imóvel para lhes dar execução imediata.

2 - À execução coerciva das obras referidas no número anterior aplica-se, com as devidas adaptações, o disposto nos artigos 107.° e 108.°

ARTIGO 92.°
Despejo administrativo

1 - A câmara municipal pode ordenar o despejo sumário dos prédios ou parte de prédios nos quais haja de realizar-se as obras referidas nos n.ºs 2 e 3 do artigo 89.° sempre que tal se mostre necessário à execução das mesmas.

2 - O despejo referido no número anterior pode ser determinado oficiosamente ou, quando o proprietário pretenda proceder às mesmas, a requerimento deste.

3 - A deliberação que ordene o despejo é eficaz a partir da sua notificação aos ocupantes.

4 - O despejo deve executar-se no prazo de 45 dias a contar da sua notificação aos ocupantes, salvo quando houver risco iminente de desmoronamento ou grave perigo para a saúde pública, em que poderá executar-se imediatamente.

5 – Ao despejo de ocupante titular de contrato de arrendamento aplica-se o disposto no Decreto-Lei n.º 157/2006, de 8 de Agosto.

SECÇÃO V
Fiscalização

SUBSECÇÃO I
Disposições gerais

ARTIGO 93.º
Âmbito

1 – A realização de quaisquer operações urbanísticas está sujeita a fiscalização administrativa, independentemente da sua sujeição a prévio licenciamento, admissão de comunicação prévia, autorização de utilização ou isenção de controlo prévio.

2 – A fiscalização administrativa destina-se a assegurar a conformidade daquelas operações com as disposições legais e regulamentares aplicáveis e a prevenir os perigos que da sua realização possam resultar para a saúde e segurança das pessoas.

ARTIGO 94.º
Competência

1 – Sem prejuízo das competências atribuídas por lei a outras entidades, a fiscalização prevista no artigo anterior compete ao presidente da câmara municipal, com a faculdade de delegação em qualquer dos vereadores.

2 – Os actos praticados pelo presidente da câmara municipal no exercício dos poderes de fiscalização previstos no presente diploma e que envolvam um juízo de legalidade de actos praticados pela câmara municipal respectiva ou que suspendam ou ponham termo à sua eficácia podem ser por esta revogados ou suspensos.

3 – No exercício da actividade de fiscalização, o presidente da câmara municipal é auxiliado por funcionários municipais com formação adequada, a quem incumbe preparar e executar as suas decisões.

4 – O presidente da câmara municipal pode ainda solicitar colaboração de quaisquer autoridades administrativas ou policiais.

5 – A câmara municipal pode contratar com empresas privadas habilitadas a efectuar fiscalização de obras a realização das inspecções a que se refere o artigo seguinte, bem como as vistorias referidas no artigo 64.º

6 – A celebração dos contratos referidos no número anterior depende da observância das regras constantes de decreto regulamentar, de onde constam o âmbito das obrigações a assumir pelas empresas, o respectivo regime da responsabilidade e as garantias a prestar.

ARTIGO 95.º
Inspecções

1 – Os funcionários municipais responsáveis pela fiscalização de obras ou as empresas privadas a que se refere o n.º 5 do artigo anterior podem realizar inspecções aos locais onde se desenvolvam actividades sujeitas a fiscalização nos termos do presente diploma, sem dependência de prévia notificação.

2 – O disposto no número anterior não dispensa a obtenção de prévio mandado judicial para a entrada no domicílio de qualquer pessoa sem o seu consentimento.

3 – O mandado previsto no número anterior é concedido pelo juiz da comarca respectiva a pedido do presidente da câmara municipal e segue os termos do procedimento cautelar comum.

ARTIGO 96.º
Vistorias

1 – Para além dos casos especialmente previstos no presente diploma, o presidente da câmara municipal pode ordenar a realização de vistorias aos imóveis em que estejam ser executadas operações urbanísticas quando exercício dos poderes de fiscalização dependa da prova de factos que, pela sua natureza ou especial complexidade, impliquem uma apreciação valorativa de carácter pericial.

2 – As vistorias ordenadas nos termos do número anterior regem-se pelo disposto no artigo 90.º e as suas conclusões são obrigatoriamente seguidas na decisão a que respeita.

ARTIGO 97.º
Livro de obra

1 – Todos os factos relevantes relativos à execução de obras licenciadas ou objecto de comunicação prévia devem ser registados pelo respectivo director técnico no livro de obra, a conservar no local da sua realização para consulta pelos funcionários municipais responsáveis pela fiscalização de obras.

2 – São obrigatoriamente registados no livro de obra, para além das respectivas datas de início e conclusão, todos os factos que impliquem a sua paragem ou suspensão, bem como todas as alterações feitas ao projecto licenciado ou comunicado.

3 – O modelo e demais registos a inscrever no livro de obra são definidos por portaria conjunta dos membros do Governo responsáveis pelas obras públicas e pelo ordenamento do território, a qual fixa igualmente as características do livro de obra electrónico.

SUBSECÇÃO II
Sanções

ARTIGO 98.º
Contra-ordenações

1 – Sem prejuízo da responsabilidade civil, criminal ou disciplinar, são puníveis como contra-ordenação:

a) A realização de quaisquer operações urbanísticas sujeitas a prévio licenciamento sem o respectivo alvará de licenciamento, excepto nos casos previstos nos artigos 81.º e 113.º;

b) A realização de quaisquer operações urbanísticas em desconformidade com o respectivo projecto ou com as condições do licenciamento ou da admissão da comunicação prévia;

c) A execução de trabalhos em violação do disposto no n.º 2 do artigo 80.º-A;

d) A ocupação de edifícios ou suas fracções autónomas sem autorização de utilização ou em desacordo com o uso fixado no respectivo alvará ou na admissão de comunicação prévia, salvo se estes não tiverem sido emitidos no prazo legal por razões exclusivamente imputáveis à câmara municipal;

e) As falsas declarações dos autores e coordenador de projectos no termo de responsabilidade relativamente à observância das normas técnicas gerais e específicas de construção, bem como das disposições legais e regulamentares aplicáveis ao projecto;

f) As falsas declarações no termo de responsabilidade do director técnico da obra e do director de fiscalização de obra ou de outros técnicos relativamente:

　　i) À conformidade da execução da obra com o projecto aprovado e com as condições da licença e comunicação prévia admitida;

　　i) À conformidade das alterações efectuadas ao projecto com as normas legais e regulamentares aplicáveis;

g) A subscrição de projecto da autoria de quem, por razões de ordem técnica, legal ou disciplinar, se encontre inibido de o elaborar;

h) O prosseguimento de obras cujo embargo tenha sido legitimamente ordenado;

i) A não afixação ou a afixação de forma não visível do exterior do prédio, durante o decurso do procedimento de licenciamento ou autorização, do aviso que publicita o pedido de licenciamento ou autorização;

j) A não manutenção de forma visível do exterior do prédio, até à conclusão da obra, do aviso que publicita o alvará ou a admissão da comunicação prévia;

l) A falta do livro de obra no local onde se realizam as obras;

m) A falta dos registos do estado de execução das obras no livro de obra;

n) A não remoção dos entulhos e demais detritos resultantes da obra nos termos do artigo 86.º;

o) A ausência de requerimento a solicitar à câmara municipal o averbamento de substituição do requerente, do autor de projecto ou director de fiscalização de obra, bem como do titular de alvará de licença ou apresentante da comunicação prévia;

p) A ausência do número de alvará de loteamento ou a admissão da comunicação prévia nos anúncios ou em quaisquer outras formas de publicidade à alienação dos lotes de terreno, de edifícios ou fracções autónomas nele construídos;

q) A não comunicação à câmara municipal dos negócios jurídicos de que resulte o fraccionamento ou a divisão de prédios rústicos no prazo de 20 dias a contar da data de celebração;

r) A realização de operações urbanísticas sujeitas a comunicação prévia sem que esta haja sido efectuada e admitida;

s) A não conclusão das operações urbanísticas referidas nos n.ºs 2 e 3 do artigo 89.º nos prazos fixados para o efeito;

t) A deterioração dolosa da edificação pelo proprietário ou por terceiro ou a violação grave do dever de conservação.

2 – A contra-ordenação prevista nas alíneas *a*) e *r*) do número anterior é punível com coima graduada de € 500 até ao máximo de € 200 000, no caso de pessoa singular, e de € 1500 até € 450 000, no caso de pessoa colectiva.

3 – A contra-ordenação prevista na alínea *b*) do n.º 1 é punível com coima graduada de € 1500 até ao máximo de € 200 000, no caso de pessoa singular, e de € 3000 até € 450 000, no caso de pessoa colectiva.

4 – A contra-ordenação prevista nas alíneas *c*), *d*), *s*) e *t*) do n.º 1 é punível com coima graduada de € 500 até ao máximo de € 100 000, no caso de pessoa singular, e de € 1500 até € 250 000, no caso de pessoa colectiva.

5 – As contra-ordenações previstas nas alíneas *e*) a *h*) do n.º 1 são puníveis com coima graduada de € 1500 até ao máximo de € 200 000.

6 – As contra-ordenações previstas nas alíneas *i*) a *n*) e *p*) do n.º 1 são puníveis com coima graduada de € 250 até ao máximo de € 50 000, no caso de pessoa singular, e de € 1000 até € 100 000, no caso de pessoa colectiva.

7 – A contra-ordenação prevista nas alíneas *o*) e *q*) do n.º 1 é punível com coima graduada de € 100 até ao máximo de € 2500, no caso de pessoa singular, e de € 500 até € 10 000, no caso de pessoa colectiva.

8 – Quando as contra-ordenações referidas no n.º 1 sejam praticadas em relação a operações urbanísticas que hajam sido objecto de comunicação prévia nos termos do presente diploma, os montantes máximos das coimas referidos nos n.ºs 3 a 5 anteriores são agravados em € 50 000 e os das coimas referidas nos n.ºs 6 e 7 em € 25 000.

9 – A tentativa e a negligência são puníveis.

10 – A competência para determinar a instauração dos processos de contra-ordenação, para designar o instrutor e para aplicar as coimas pertence ao presidente da câmara municipal, podendo ser delegada em qualquer dos seus membros.

11 – O produto da aplicação das coimas referidas no presente artigo reverte para o município, inclusive quando as mesmas sejam cobradas em juízo.

ARTIGO 99.º
Sanções acessórias

1 – As contra-ordenações previstas no n.º 1 do artigo anterior podem ainda determinar, quando a gravidade da infracção o justifique, a aplicação das seguintes sanções acessórias:

a) A apreensão dos objectos pertencentes ao agente que tenham sido utilizados como instrumento na prática da infracção;

b) A interdição do exercício no município, até ao máximo de quatro anos, da profissão ou actividade conexas com a infracção praticada;

c) A privação do direito a subsídios outorgados por entidades ou serviços públicos.

2 – As sanções previstas no n.º 1, bem como as previstas no artigo anterior, quando aplicadas a industriais de construção civil, são comunicadas ao Instituto da Construção e do Imobiliário, I. P.

3 – As sanções aplicadas ao abrigo do disposto nas alíneas *e*), *f*) e *g*) do n.º 1 do artigo anterior aos autores dos projectos, responsáveis pela direcção técnica da obra ou a quem subscreva o termo de responsabilidade previsto no artigo 63.º são comunicadas à respectiva ordem ou associação profissional, quando exista.

4 – A interdição de exercício de actividade prevista na alínea *b*) do n.º 1, quando aplicada a pessoa colectiva, estende-se a outras pessoas colectivas constituídas pelos mesmos sócios.

ARTIGO 100.º
Responsabilidade criminal

1 – O desrespeito dos actos administrativos que determinem qualquer das medidas de tutela da legalidade urbanística previstas no presente diploma constitui crime de desobediência, nos termos do artigo 348.º do Código Penal.

2 – As falsas declarações ou informações prestadas pelos responsáveis referidos nas alíneas *e*) e *f*) do n.º 1 do artigo 98.º nos termos de responsabilidade ou no livro de obra integram o crime de falsificação de documentos, nos termos do artigo 256.º do Código Penal.

ARTIGO 101.º
Responsabilidade dos funcionários e agentes da Administração Pública

Os funcionários e agentes da Administração Pública que deixem de participar infracções às entidades fiscalizadoras ou prestem informações falsas ou erradas sobre as infracções à lei e aos regulamentos de que tenham conhecimento no exercício das suas funções incorrem em responsabilidade disciplinar, punível com pena de suspensão a demissão.

ARTIGO 101.º-A
Legitimidade para a denúncia

1 - Qualquer pessoa tem legitimidade para comunicar à câmara municipal, ao Ministério Público, às ordens ou associações profissionais, ao Instituto da Construção e do Imobiliário, I. P., ou a outras entidades competentes a violação das normas do presente diploma.

2 - Não são admitidas denúncias anónimas.

SUBSECÇÃO III
Medidas de tutela da legalidade urbanística

ARTIGO 102.º
Embargo

1 - Sem prejuízo das competências atribuídas por lei a outras entidades, o presidente da câmara municipal é competente para embargar obras de urbanização, de edificação ou de demolição, bem como quaisquer trabalhos de remodelação de terrenos, quando estejam a ser executadas:

a) Sem a necessária licença ou admissão de comunicação prévia;

b) Em desconformidade com o respectivo projecto ou com as condições do licenciamento ou comunicação prévia admitida, salvo o disposto no artigo 83.º; ou

c) Em violação das normas legais e regulamentares aplicáveis.

2 - A notificação é feita ao responsável pela direcção técnica da obra, bem como ao titular do alvará de licença ou apresentante da comunicação prévia e, quando possível, ao proprietário do imóvel no qual estejam a ser executadas as obras ou seu representante, sendo suficiente para obrigar à suspensão dos trabalhos qualquer dessas notificações ou a de quem se encontre a executar a obra no local.

3 - Após o embargo, é de imediato lavrado o respectivo auto, que contém, obrigatória e expressamente, a identificação do funcionário municipal responsável pela fiscalização de obras, das testemunhas e do notificado, a data, a hora e o local da diligência e as razões de facto e de direito que a justificam, o estado da obra e a indicação da ordem de suspensão e proibição de prosseguir a obra e do respectivo prazo, bem como as cominações legais do seu incumprimento.

4 - O auto é redigido em duplicado e assinado pelo funcionário e pelo notificado, ficando o duplicado na posse deste.

5 - No caso de a ordem de embargo incidir apenas sobre parte da obra, o respectivo auto fará expressa menção de que o embargo é parcial e identificará claramente qual é a parte da obra que se encontra embargada.

6 - O auto de embargo é notificado às pessoas identificadas no n.º 2.

7 - No caso de as obras estarem a ser executadas por pessoa colectiva, o embargo e o respectivo auto são ainda comunicados para a respectiva sede social ou representação em território nacional.

8 - O embargo, assim como a sua cessação ou caducidade, é objecto de registo na conservatória do registo predial, mediante comunicação do despacho que o determinou, procedendo-se aos necessários averbamentos.

ARTIGO 103.º
Efeitos do embargo

1 - O embargo obriga à suspensão imediata, no todo ou em parte, dos trabalhos de execução da obra.

2 - Tratando-se de obras licenciadas ou objecto de comunicação prévia, o embargo determina também a suspensão da eficácia da respectiva licença ou a admissão de comunicação prévia, bem como, no caso de obras de urbanização, da licença ou comunicação prévia de loteamento urbano a que as mesmas respeitam.

3 - É interdito o fornecimento de energia eléctrica, gás e água às obras embargadas, devendo para o efeito ser notificado o acto que o ordenou às entidades responsáveis pelos referidos fornecimentos.

4 - O embargo, ainda que parcial, suspende o prazo que estiver fixado para a execução das obras no respectivo alvará de licença e estabelecido para a admissão de comunicação prévia.

ARTIGO 104.º
Caducidade do embargo

1 - A ordem de embargo caduca logo que for proferida uma decisão que defina a situação jurídica da obra com carácter definitivo ou no termo do prazo que tiver sido fixado para o efeito.

2 - Na falta de fixação de prazo para o efeito, a ordem de embargo caduca se não for proferida uma decisão definitiva no prazo de seis meses, prorrogável uma única vez por igual período.

ARTIGO 105.º
Trabalhos de correcção ou alteração

1 - Nas situações previstas nas alíneas *b*) e *c*) do n.º 1 do artigo 102.º, o presidente da câmara municipal pode ainda, quando for caso disso, ordenar a realização de trabalhos de correcção ou alteração da obra, fixando um prazo para o efeito, tendo em conta a natureza e o grau de complexidade dos mesmos.

2 - Decorrido o prazo referido no número anterior sem que aqueles trabalhos se encontrem integralmente realizados, a obra permanece embargada até ser proferida uma decisão que defina a sua situação jurídica com carácter definitivo.

3 - Tratando-se de obras de urbanização ou de outras obras indispensáveis para assegurar a protecção de interesses de terceiros ou o correcto ordenamento urbano, a câmara municipal pode promover a realização dos trabalhos de correcção ou alteração por conta do titular da licença ou do apresentante da comunicação prévia, nos termos dos artigos 107.º e 108.º

4 - A ordem de realização de trabalhos de correcção ou alteração suspende o prazo que estiver fixado no respectivo alvará de licença ou estabelecido na comunicação prévia pelo período estabelecido nos termos do n.º 1.

5 - O prazo referido no n.º 1 interrompe-se com a apresentação de pedido de alteração à licença ou comunicação prévia, nos termos, respectivamente, dos artigos 27.º e 35.º

ARTIGO 106.º
Demolição da obra e reposição do terreno

1 - O presidente da câmara municipal pode igualmente, quando for caso disso, ordenar a demolição total ou parcial da obra ou a reposição do terreno nas condições em que se encontrava antes da data de início das obras ou trabalhos, fixando um prazo para o efeito.

2 - A demolição pode ser evitada se a obra for susceptível de ser licenciada ou objecto de comunicação prévia ou se for possível assegurar a sua conformidade com as disposições legais e regulamentares que lhe são aplicáveis mediante a realização de trabalhos de correcção ou de alteração.

3 - A ordem de demolição ou de reposição a que se refere o n.º 1 é antecedida de audição do interessado, que dispõe de 15 dias a contar da data da sua notificação para se pronunciar sobre o conteúdo da mesma.

4 – Decorrido o prazo referido no n.º 1 sem que a ordem de demolição da obra ou de reposição do terreno se mostre cumprida, o presidente da câmara municipal determina a demolição da obra ou a reposição do terreno por conta do infractor.

ARTIGO 107.º
Posse administrativa e execução coerciva

1 – Sem prejuízo da responsabilidade criminal, em caso de incumprimento de qualquer das medidas de tutela da legalidade urbanística previstas nos artigos anteriores, o presidente da câmara pode determinar a posse administrativa do imóvel onde está a ser realizada a obra por forma a permitir a execução coerciva de tais medidas.

2 – O acto administrativo que tiver determinado a posse administrativa é notificado ao dono da obra e aos demais titulares de direitos reais sobre o imóvel por carta registada com aviso de recepção.

3 – A posse administrativa é realizada pelos funcionários municipais responsáveis pela fiscalização de obras, mediante a elaboração de um auto onde, para além de se identificar o acto referido no número anterior, é especificado o estado em que se encontra o terreno, a obra e as demais construções existentes no local, bem como os equipamentos que ali se encontrarem.

4 – Tratando-se da execução coerciva de uma ordem e embargo, os funcionários municipais responsáveis pela fiscalização de obras procedem à selagem do estaleiro da obra e dos respectivos equipamentos.

5 – Em casos devidamente justificados, o presidente da câmara pode autorizar a transferência ou a retirada dos equipamentos do local de realização da obra, por sua iniciativa ou a requerimento do dono da obra ou do seu empreiteiro.

6 – O dono da obra ou o seu empreiteiro devem ser notificados sempre que os equipamentos sejam depositados noutro local.

7 – A posse administrativa do terreno e dos equipamentos mantém-se pelo período necessário à execução coerciva da respectiva medida de tutela da legalidade urbanística, caducando no termo do prazo fixado para a mesma.

8 – Tratando-se de execução coerciva de uma ordem de demolição ou de trabalhos de correcção ou alteração de obras, estas devem ser executadas no mesmo prazo que havia sido concedido para o efeito ao seu destinatário, contando-se aquele prazo a partir da data de início da posse administrativa.

9 – A execução a que se refere o número anterior pode ser feita por administração directa ou em regime de empreitada por ajuste directo, mediante consulta a três empresas titulares de alvará de empreiteiro de obras públicas de classe e categoria adequadas à natureza e valor das obras.

ARTIGO 108.º
Despesas realizadas com a execução coerciva

1 – As quantias relativas às despesas realizadas nos termos do artigo anterior, incluindo quaisquer indemnizações ou sanções pecuniárias que a administração tenha de suportar para o efeito, são de conta do infractor.

2 – Quando aquelas quantias não forem pagas voluntariamente no prazo de 20 dias a contar da notificação para o efeito, são cobradas judicialmente em processo de execução fiscal, servindo de título executivo certidão, passada pelos serviços competentes, comprovativa das despesas efectuadas, podendo ainda a câmara aceitar, para extinção da dívida, dação em cumprimento ou em função do cumprimento nos termos da lei.

3 – O crédito referido no n.º 1 goza de privilégio imobiliário sobre o lote ou terrenos onde se situa a edificação, graduado a seguir aos créditos referidos na alínea *b*) do artigo 748.º do Código Civil.

ARTIGO 108.º-A
Intervenção da CCDR

O presidente da CCDR territorialmente competente pode determinar o embargo, a introdução de alterações, a demolição do edificado ou a reposição do terreno em quaisquer operações urbanísticas desconformes com o disposto em plano municipal ou plano especial de ordenamento do território, sempre que não se mostre assegurada pelo município a adopção das referidas medidas de tutela da legalidade urbanísticas, aplicando-se, com as necessárias adaptações o disposto nos artigos 94.º a 96.º e 102.º a 108.º

ARTIGO 109.º
Cessação da utilização

1 – Sem prejuízo do disposto nos n.ºs 1 e 2 do artigo 2.º do Decreto-Lei n.º 281/99, de 26 de Julho, o presidente da câmara municipal é com-

petente para ordenar e fixar prazo para a cessação da utilização de edifícios ou de suas fracções autónomas quando sejam ocupados sem a necessária autorização de utilização ou quando estejam a ser afectos a fim diverso do previsto no respectivo alvará.

2 – Quando os ocupantes dos edifícios ou suas fracções não cessem a utilização indevida no prazo fixado, pode a câmara municipal determinar o despejo administrativo, aplicando-se, com as devidas adaptações, o disposto no artigo 92.º

3 – O despejo determinado nos termos do número anterior deve ser sobrestado quando, tratando-se de edifício ou sua fracção que estejam a ser utilizados para habitação, o ocupante mostre, por atestado médico, que a execução do mesmo põe em risco de vida, por razão de doença aguda, a pessoa que se encontre no local.

4 – Na situação referida no número anterior, o despejo não pode prosseguir enquanto a câmara municipal não providencie pelo realojamento da pessoa em questão, a expensas do responsável pela utilização indevida, nos termos do artigo anterior.

CAPÍTULO IV
Garantias dos particulares

ARTIGO 110.º
Direito à informação

1 – Qualquer interessado tem o direito de ser informado pela respectiva câmara municipal:

a) Sobre os instrumentos de desenvolvimento e planeamento territorial em vigor para determinada área do município, bem como das demais condições gerais a que devem obedecer as operações urbanísticas a que se refere o presente diploma;

b) Sobre o estado e andamento dos processos que lhes digam directamente respeito, com especificação dos actos já praticados e do respectivo conteúdo, e daqueles que ainda devam sê-lo, bem como dos prazos aplicáveis a estes últimos.

2 – As informações previstas no número anterior devem ser prestadas independentemente de despacho e no prazo de 15 dias.

3 – Os interessados têm o direito de consultar os processos que lhes digam directamente respeito, nomeadamente por via electrónica,

e de obter as certidões ou reproduções autenticadas dos documentos que os integram, mediante o pagamento das importâncias que forem devidas.

4 - O acesso aos processos e passagem de certidões deve ser requerido por escrito, salvo consulta por via electrónica, e é facultado independentemente de despacho e no prazo de 10 dias a contar da data da apresentação do respectivo requerimento.

5 - A câmara municipal fixa, no mínimo, um dia por semana para que os serviços municipais competentes estejam especificadamente à disposição dos cidadãos para a apresentação de eventuais pedidos de esclarecimento ou de informação ou reclamações.

6 - Os direitos referidos nos n.os 1 e 3 são extensivos a quaisquer pessoas que provem ter interesse legítimo no conhecimento dos elementos que pretendem e ainda, para defesa de interesses difusos definidos na lei, quaisquer cidadãos no gozo dos seus direitos civis e políticos e as associações e fundações defensoras de tais interesses.

ARTIGO 111.º
Silêncio da Administração

Decorridos os prazos fixados para a prática de qualquer acto especialmente regulado no presente diploma sem que o mesmo se mostre praticado, observa-se o seguinte:

a) Tratando-se de acto que devesse ser praticado por qualquer órgão municipal no âmbito do procedimento de licenciamento, o interessado pode recorrer ao processo regulado no artigo 112.º;

b) (Revogada.)

c) Tratando-se de qualquer outro acto, considera-se tacitamente deferida a pretensão, com as consequências gerais.

ARTIGO 112.º
Intimação judicial para a prática de acto legalmente devido

1 - No caso previsto na alínea a) do artigo 111.º, pode o interessado pedir ao tribunal administrativo de círculo da área da sede da autoridade requerida a intimação da autoridade competente para proceder à prática do acto que se mostre devido.

2 - O requerimento de intimação deve ser apresentado em duplicado e instruído com cópia do requerimento para a prática do acto devido.

3 – A secretaria, logo que registe a entrada do requerimento, expede por via postal notificação à autoridade requerida, acompanhada do duplicado, para responder no prazo de 14 dias.

4 – Junta a resposta ou decorrido o respectivo prazo, o processo vai com vista ao Ministério Público, por dois dias, e seguidamente é concluso ao juiz, para decidir no prazo de cinco dias.

5 – Se não houver fundamento de rejeição, o requerimento só será indeferido quando a autoridade requerida faça prova da prática do acto devido até ao termo do prazo fixado para a resposta.

6 – Na decisão, o juiz estabelece prazo não superior a 30 dias para que a autoridade requerida pratique o acto devido e fixa sanção pecuniária compulsória, nos termos previstos no Código de Processo nos Tribunais Administrativos.

7 – Ao pedido de intimação é aplicável o disposto no Código de Processo nos Tribunais Administrativos quanto aos processos urgentes.

8 – O recurso da decisão tem efeito meramente devolutivo.

9 – Decorrido o prazo fixado pelo tribunal sem que se mostre praticado o acto devido, o interessado pode prevalecer-se do disposto no artigo 113.º, com excepção do disposto no número seguinte.

10 – Na situação prevista no número anterior, tratando-se de aprovação do projecto de arquitectura, o interessado pode juntar os projectos de especialidade ou, caso já o tenha feito no requerimento inicial, inicia-se a contagem do prazo previsto na alínea c) do n.º 1 do artigo 23.º

ARTIGO 113.º
Deferimento tácito

1 – Nas situações referidas no n.º 9 do artigo anterior, o interessado pode iniciar e prosseguir a execução dos trabalhos de acordo com o requerimento apresentado nos termos do n.º 4 do artigo 9.º ou dar de imediato utilização à obra.

2 – O início dos trabalhos ou da utilização depende do prévio pagamento das taxas que se mostrem devidas nos termos do presente diploma.

3 – Quando a câmara municipal se recuse a liquidar ou a receber as taxas devidas, o interessado pode proceder ao depósito do respectivo montante em instituição de crédito à ordem da câmara municipal, ou, quando não esteja efectuada a liquidação, provar que se encontra garantido o seu pagamento mediante caução, por qualquer meio em direito admitido, por montante calculado nos termos do regulamento referido no artigo 3.º

4 – Para os efeitos previstos no número anterior, devem ser afixado nos serviços de tesouraria da câmara municipal o número e a instituição bancária em que a mesma tenha conta e onde seja possível efectuar o depósito, bem como a indicação do regulamento municipal no qual se encontram previstas as taxas a que se refere o n.º 2.

5 – Caso a câmara municipal não efectue a liquidação da taxa devida nem dê cumprimento ao disposto no número anterior, o interessado pode iniciar os trabalhos ou dar de imediato utilização à obra, dando desse facto conhecimento à câmara municipal e requerendo ao tribunal administrativo de círculo da área da sede da autarquia que intime esta a emitir o alvará de licença ou autorização de utilização.

6 – Ao pedido de intimação referido no número anterior aplica-se o disposto no n.º 7 do artigo anterior.

7 – A certidão da sentença transitada em julgado que haja intimado à emissão do alvará de licença ou autorização de utilização substitui, para todos os efeitos legais, o alvará não emitido.

8 – Nas situações referidas no presente artigo, a obra não pode ser embargada por qualquer autoridade administrativa com fundamento na falta de licença.

ARTIGO 114.º
Impugnação administrativa

1 – Os pareceres expressos que sejam emitidos por órgãos da administração central no âmbito dos procedimentos regulados no presente diploma podem ser objecto de impugnação administrativa autónoma.

2 – A impugnação administrativa de quaisquer actos praticados ou pareceres emitidos nos termos do presente diploma deve ser decidida no prazo de 30 dias, findo o qual se considera deferida.

ARTIGO 115.º
Acção administrativa especial

1 – A acção administrativa especial dos actos previstos no artigo 106.º tem efeito suspensivo.

2 – Com a citação da petição de recurso, a autoridade administrativa tem o dever de impedir, com urgência, o início ou a prossecução da execução do acto recorrido.

3 - A todo o tempo e até à decisão em 1.ª instância, o juiz pode conceder o efeito meramente devolutivo à acção, oficiosamente ou a requerimento do recorrido ou do Ministério Público, caso do mesmo resultem indícios da ilegalidade da sua interposição ou da sua improcedência.

4 - Da decisão referida no número anterior cabe recurso com efeito meramente devolutivo, que sobe imediatamente, em separado.

CAPÍTULO V
Taxas inerentes às operações urbanísticas

ARTIGO 116.º
Taxa pela realização, manutenção e reforço de infra-estruturas urbanísticas

1 - A emissão dos alvarás de licença e de autorização de utilização e a admissão de comunicação prévia previstas no presente diploma estão sujeitas ao pagamento das taxas a que se refere a alínea *b*) do artigo 6.º do Decreto-Lei n.º 53-E/2006, de 29 de Janeiro.

2 - A emissão do alvará de licença e a admissão de comunicação prévia de loteamento estão sujeitas ao pagamento das taxas a que se refere a alínea *a*) do artigo 6.º do Decreto-Lei n.º 53-E/2006, de 29 de Janeiro.

3 - A emissão do alvará de licença e a admissão de comunicação prévia de obras de construção ou ampliação em área não abrangida por operação de loteamento ou alvará de obras de urbanização estão igualmente sujeitas ao pagamento da taxa referida no número anterior.

4 - A emissão do alvará de licença parcial a que se refere o n.º 6 do artigo 23.º está também sujeita ao pagamento da taxa referida no n.º 1, não havendo lugar à liquidação da mesma aquando da emissão do alvará definitivo.

5 - Os projectos de regulamento municipal da taxa pela realização, manutenção e reforço de infra-estruturas urbanísticas devem ser acompanhados da fundamentação do cálculo das taxas previstas, tendo em conta, designadamente, os seguintes elementos:

a) Programa plurianual de investimentos municipais na execução, manutenção e reforço das infra-estruturas gerais, que pode ser definido por áreas geográficas diferenciadas;

b) Diferenciação das taxas aplicáveis em função dos usos e tipologias das edificações e, eventualmente, da respectiva localização e correspondentes infra-estruturas locais.

6 – O disposto nos números anteriores aplica-se igualmente às operações urbanísticas objecto de comunicação prévia.

ARTIGO 117.º
Liquidação das taxas

1 – O presidente da câmara municipal, com o deferimento do pedido de licenciamento, procede à liquidação das taxas, em conformidade com o regulamento aprovado pela assembleia municipal.

2 – O pagamento das taxas referidas nos n.os 2 a 4 do artigo anterior pode, por deliberação da câmara municipal, com faculdade de delegação no presidente e de subdelegação deste nos vereadores ou nos dirigentes dos serviços municipais, ser fraccionado até ao termo do prazo de execução fixado no alvará desde que seja prestada caução nos termos do artigo 54.º

3 – Da liquidação das taxas cabe reclamação graciosa ou impugnação judicial, nos termos e com os efeitos previstos no Código de Procedimento e do Processo Tributário.

4 – A exigência, pela câmara municipal ou por qualquer dos seus membros, de mais-valias não previstas na lei ou de quaisquer contrapartidas, compensações ou donativos confere ao titular da licença ou comunicação prévia para a realização de operação urbanística, quando dê cumprimento àquelas exigências, o direito a reaver as quantias indevidamente pagas ou, nos casos em que as contrapartidas, compensações ou donativos sejam realizados em espécie, o direito à respectiva devolução e à indemnização a que houver lugar.

5 – Nos casos de autoliquidação previstos no presente diploma, as câmaras municipais devem obrigatoriamente disponibilizar os regulamentos e demais elementos necessários à sua efectivação, podendo os requerentes usar do expediente previsto no n.º 3 do artigo 113.º

CAPÍTULO VI
Disposições finais e transitórias

ARTIGO 118.º
Conflitos decorrentes da aplicação dos regulamentos municipais

1 – Para a resolução de conflitos na aplicação dos regulamentos municipais previstos no artigo 3.º podem os interessados requerer a intervenção de uma comissão arbitral.

2 – Sem prejuízo do disposto no n.º 5, a comissão arbitral é constituída por um representante da câmara municipal, um representante do interessado e um técnico, designado por cooptação, especialista na matéria sobre que incide o litígio, o qual preside.

3 – Na falta de acordo, o técnico é designado pelo presidente do tribunal administrativo de círculo competente na circunscrição administrativa do município.

4 – À constituição e funcionamento das comissões arbitrais aplica-se o disposto na lei sobre a arbitragem voluntária.

5 – As associações públicas de natureza profissional e as associações empresariais do sector da construção civil podem promover a criação de centros de arbitragem institucionalizada para a realização de arbitragens no âmbito das matérias previstas neste artigo, nos termos da lei.

ARTIGO 119.º
Relação dos instrumentos de gestão territorial, das servidões e restrições de utilidade pública e de outros instrumentos relevantes

1 – As câmaras municipais devem manter actualizada a relação dos instrumentos de gestão territorial e as servidões administrativas e restrições de utilidade pública especialmente aplicáveis na área do município, nomeadamente:

a) Os referentes a plano regional de ordenamento do território, planos especiais de ordenamento do território, planos municipais e intermunicipais de ordenamento do território, medidas preventivas, áreas de desenvolvimento urbano prioritário, áreas de construção prioritária, áreas críticas de recuperação e reconversão urbanística e alvarás de loteamento em vigor;

b) Zonas de protecção de imóveis classificados ou em vias de classificação, reservas arqueológicas de protecção e zonas especiais de protecção de parque arqueológico a que se refere a Lei n.º 107/2001, de 8 de Setembro;

c) *(Revogada.)*

d) Zonas de protecção a edifícios e outras construções de interesse público a que se refere o Decreto-Lei n.º 40 388, de 21 de Novembro de 1955;

e) Imóveis ou elementos naturais classificados como de interesse municipal a que se refere a Lei n.º 107/2001, de 8 de Setembro;

f) Zonas de protecção de albufeiras de águas públicas a que se refere o Decreto-Lei n.º 502/71, de 18 de Novembro;

g) Áreas integradas no domínio hídrico público ou privado a que se refere o Decreto-Lei n.º 468/71, de 5 de Novembro, e a Lei n.º 58/2005, de 29 de Dezembro;

h) Parques nacionais, parques naturais, reservas naturais, reservas de recreio, áreas de paisagem protegida e lugares, sítios, conjuntos e objectos classificados a que se refere o Decreto-Lei n.º 19/93, de 23 de Janeiro;

i) Áreas integradas na Reserva Agrícola Nacional a que se refere o Decreto-Lei n.º 196/89, de 14 de Junho;

j) Áreas integradas na Reserva Ecológica Nacional a que se refere o Decreto-Lei n.º 93/90, de 19 de Março, na redacção do Decreto-Lei n.º 180/2006, de 6 de Setembro;

l) Zonas de protecção estabelecidas pelo Decreto-Lei n.º 173/2006, de 24 de Agosto.

2 – As câmaras municipais mantêm igualmente actualizada a relação dos regulamentos municipais referidos no artigo 3.º, dos programas de acção territorial em execução, bem como das unidades de execução delimitadas.

3 – A informação referida nos números anteriores deve ser disponibilizada no sítio da Internet do município.

ARTIGO 120.º
Dever de informação

1 – As câmaras municipais e as comissões de coordenação e desenvolvimento regional têm o dever de informação mútua sobre processos relativos a operações urbanísticas, o qual deve ser cumprido mediante comunicação a enviar no prazo de 20 dias a contar da data de recepção do respectivo pedido.

2 – Não sendo prestada a informação prevista no número anterior, as entidades que a tiverem solicitado podem recorrer ao processo de inti-

mação regulado nos artigos 104.° e seguintes da Lei n.° 15/2002, de 22 de Fevereiro.

ARTIGO 121.°
Regime das notificações e comunicações

As notificações e comunicações referidas neste diploma e dirigidas aos requerentes devem ser efectuadas através de correio electrónico ou de outro meio de transmissão electrónica de dados, salvo quando esta não for possível ou se mostrar inadequada.

ARTIGO 122.°
Legislação subsidiária

A tudo o que não esteja especialmente previsto no presente diploma aplica-se subsidiariamente o Código do Procedimento Administrativo.

ARTIGO 123.°
Relação das disposições legais referentes à construção

Até à codificação das normas técnicas de construção, compete aos membros do Governo responsáveis pelas obras públicas e pelo ordenamento do território promover a publicação da relação das disposições legais e regulamentares a observar pelos técnicos responsáveis dos projectos de obras e sua execução, devendo essa relação constar dos sítios na Internet dos ministérios em causa.

ARTIGO 124.°
Depósito legal dos projectos

O Governo regulamentará, no prazo de seis meses a contar da data de entrada em vigor do presente diploma, o regime do depósito legal dos projectos de urbanização e edificação.

ARTIGO 125.º
Alvarás anteriores

As alterações aos alvarás emitidos ao abrigo da legislação agora revogada e dos Decretos-Leis n.ºs 166/70, de 15 de Abril, 46 673, de 29 de Novembro de 1965, 289/73, de 6 de Junho, e 400/84, de 31 de Dezembro, regem-se pelo disposto no presente diploma.

ARTIGO 126.º
Elementos estatísticos

1 – A câmara municipal envia mensalmente para o Instituto Nacional de Estatística os elementos estatísticos identificados em portaria dos membros do Governo responsáveis pela administração local e pelo ordenamento do território.

2 – Os suportes a utilizar na prestação da informação referida no número anterior serão fixados pelo Instituto Nacional de Estatística, após auscultação das entidades envolvidas.

ARTIGO 127.º
Regiões Autónomas

O regime previsto neste diploma é aplicável às Regiões Autónomas, sem prejuízo do diploma legal que procede às necessárias adaptações.

ARTIGO 128.º
(Revogado.)

ARTIGO 129.º
Revogações

São revogados:
a) O Decreto-Lei n.º 445/91, de 20 de Novembro;
b) O Decreto-Lei n.º 448/91, de 29 de Novembro;
c) O Decreto-Lei n.º 83/94, de 14 de Março;
d) O Decreto-Lei n.º 92/95, de 9 de Maio;

e) Os artigos 9.º, 10.º e 165.º a 168.º do Regulamento Geral das Edificações Urbanas, aprovado pelo Decreto-Lei n.º 38 382, de 7 de Agosto de 1951.

ARTIGO 130.º
Entrada em vigor

O presente diploma entra em vigor 180 dias após a data da sua publicação.

ELEMENTOS INSTRUTORES DOS PEDIDOS DE REALIZAÇÃO DE OPERAÇÕES URBANÍSTICAS

PORTARIA N.° 232/2008,
de 11 de Março[32]

A Lei n.° 60/2007, de 4 de Setembro, que alterou o regime jurídico da urbanização e da edificação, remete a indicação dos elementos instrutores dos pedidos de realização de operações urbanísticas para portaria, tal como fazia a redacção actual desse mesmo regime.

Deste modo, reúne-se num único diploma regulamentar a enunciação de todos os elementos que devem instruir aqueles pedidos, tendo-se optado por uma estruturação baseada na forma de procedimento adoptada, de modo a facilitar a sua consulta e actualizando os elementos que contavam da Portaria n.° 1110/2001, de 19 de Setembro.

---

[32] V. ainda as seguintes Portarias:
– Portaria n.° 216-B/2008, de 03.03, que fixa os parâmetros para o dimensionamento das áreas destinadas a espaços verdes e de utilização colectiva, infra-estruturas viárias e equipamentos de utilização colectiva;
– Portaria n.° 216-C/2008, de 03.03, que aprova os modelos do aviso de pedido de licenciamento de operações urbanísticas, do aviso de apresentação de comunicação prévia de operações urbanísticas e do aviso de pedido de parecer prévio ou de autorização de operações urbanísticas promovidas pela Administração Pública;
– Portaria n.° 216-D/2008, de 03.03, que aprova os modelos de alvarás de licenciamento de operações urbanísticas;
– Portaria n.° 216-E/2008, de 03.03, que enuncia todos os elementos que devem instruir os pedido de emissão dos alvarás de licença ou autorização de utilização das diversas operações urbanísticas;
– Portaria n.° 216-F/2008, de 03.03, que aprova os modelos de aviso a fixar pelo titular de alvará de licenciamento de operações urbanísticas e pelo titular de operações urbanísticas objecto de comunicação prévia e a publicar pelas entidades promotoras de operações urbanísticas.

Assim:
Ao abrigo do disposto no n.º 4 do artigo 9.º do Decreto-Lei n.º 555//99, de 16 de Dezembro, na redacção que lhe foi conferida pela Lei n.º 60/2007, de 4 de Setembro:
Manda o Governo, pelo Ministro das Obras Públicas, Transportes e Comunicações e pelo Secretário de Estado do Ordenamento do Território e das Cidades, o seguinte:

1.º
Informação prévia referente a operações de loteamento

1 – O pedido de informação prévia para a realização de operações de loteamento em área abrangida por plano de pormenor deve ser instruído com os seguintes elementos:
 a) Memória descritiva esclarecendo devidamente a pretensão e indicando a área objecto do pedido;
 b) Extractos das plantas de implantação e de condicionantes do plano de pormenor assinalando a área objecto da operação;
 c) Extractos das plantas do plano especial de ordenamento do território vigente.

2 – Quando se trate de área abrangida por plano de urbanização ou plano director municipal, o pedido deve ser acompanhado com os seguintes elementos:
 a) Memória descritiva esclarecendo devidamente a pretensão e indicando a área abrangida, a descrição dos elementos essenciais das redes de infra-estruturas, designadamente das redes existentes e da sobrecarga que a pretensão poderá implicar, a área total de construção acima da cota de soleira e respectivos usos pretendidos, as cérceas, o número de pisos acima e abaixo da cota da soleira e a área total de implantação;
 b) Extractos das plantas de zonamento e de ordenamento dos planos municipais vigentes e das respectivas plantas de condicionantes assinalando a área objecto da operação;
 c) Extractos das plantas do plano especial de ordenamento do território vigente;
 d) Planta de localização e enquadramento à escala da planta de ordenamento do plano director municipal ou à escala de 1:25 000 quando este não existir, assinalando devidamente os limites da área objecto da operação;
 e) Estudo que demonstre a conformidade com o Regulamento Geral do Ruído, contendo informação acústica adequada relativa à situação actual e à decorrente da execução da operação de loteamento;

f) Na ausência de classificação acústica da zona em plano municipal em vigor, apresentação de elementos previstos no n.º 4 do artigo 11.º do Regulamento Geral de Ruído aprovado pelo Decreto-Lei n.º 9/2007, de 17 de Janeiro;

g) Planta da situação existente, à escala de 1:1000 ou superior, correspondente ao estado e uso actual do terreno e de uma faixa envolvente com dimensão adequada à avaliação da integração da operação na área em que se insere, com indicação dos elementos ou valores naturais e construídos, de servidões administrativas e restrições de utilidade pública, incluindo os solos abrangidos pelos regimes da Reserva Agrícola Nacional e da Reserva Ecológica Nacional e ainda as infra-estruturas existentes;

h) Planta à escala de 1:1000 ou superior contendo os elementos técnicos definidores da modelação do terreno, da volumetria, alinhamento, cércea e implantação da edificação e dos muros de vedação;

i) Condicionantes para um adequado relacionamento formal e funcional com a envolvente;

j) Programa de utilização das edificações, incluindo a área bruta de construção a afectar aos diversos usos e o número de fogos e outras unidades de utilização;

l) Infra-estruturas locais e ligação às infra-estruturas gerais;

m) Estimativa de encargos urbanísticos devidos;

n) Planta definido claramente as áreas de cedência destinadas à implantação de espaços verdes, equipamentos de utilização colectiva e infra-estruturas viárias, acompanhada de quadros com as medições das áreas respectivas;

o) Certidão da descrição e de todas as inscrições em vigor emitida pela conservatória do registo predial referente ao prédio ou prédios abrangidos;

p) Plano de acessibilidades que apresente a rede de espaços e equipamentos acessíveis bem como soluções de detalhe métrico, técnico e construtivo, esclarecendo as soluções adoptadas em matéria de acessibilidade a pessoas com deficiência e mobilidade condicionada, nos termos do artigo 3.º do Decreto-Lei n.º 163/2006, de 8 de Agosto;

q) Outros elementos que o requerente queira apresentar.

3 — No caso de a área não estar abrangida por plano municipal de ordenamento do território, o pedido deve ser instruído com os seguintes elementos:

a) Memória descritiva esclarecendo devidamente a pretensão e indicando a área abrangida, a descrição dos elementos essenciais das redes de infra-estruturas, designadamente de redes existentes e da sobrecarga que a pretensão poderá implicar, a área total de construção acima da cota de soleira e respectivos usos pretendidos, o número de fogos habitacionais, as cérceas, o número de pisos acima e abaixo da cota de soleira e a área total de implantação;

b) Extracto da carta da Reserva Agrícola Nacional abrangendo os solos que se pretende utilizar ou, quando esta não existir, parecer sobre a capacidade de uso, emitido pelos serviços competentes para o efeito;

c) Extracto da carta da Reserva Ecológica Nacional com a delimitação da área objecto da pretensão ou, quando esta não existir, parecer emitido pelos serviços competentes;

d) Extractos das plantas do plano especial de ordenamento do território vigente;

e) Planta de localização e enquadramento, à escala de 1:25 000, assinalando devidamente a área de terreno em causa;

f) Planta da situação existente, à escala de 1:2500 ou superior, correspondente ao estado e uso do terreno e de uma faixa envolvente com a dimensão adequada à avaliação da integração da operação na área em que se insere, com a indicação dos elementos ou valores naturais e construídos, as servidões administrativas e restrições de utilidade pública, bem como a delimitação do terreno objecto da pretensão;

g) Estudo que demonstre a conformidade com o Regulamento Geral do Ruído, contendo informação acústica adequada relativa à situação actual e à decorrente da execução da operação de loteamento;

h) Os elementos referidos nas alíneas *f*) a *o*) no número anterior.

2.º
Informação prévia relativa a obras de urbanização

1 – O pedido de informação prévia para a realização de obras de urbanização deve ser instruído com os seguintes elementos:

a) Memória descritiva explicitando as obras, designadamente arruamentos, redes de abastecimento de águas, de saneamento, de gás, de electricidade e de telecomunicações e arranjos exteriores;

b) Extractos das plantas de ordenamento, de zonamento e de implantação dos planos municipais de ordenamento do território vigentes e das respectivas plantas de condicionantes, com a área objecto da pretensão devidamente assinalada;

c) Extractos das plantas do plano especial de ordenamento do território vigente;

d) Planta de localização e enquadramento à escala da planta de ordenamento do plano director municipal ou à escala de 1:25 000 quando este não existir, assinalando devidamente os limites da área objecto da operação;

 e) Planta da situação existente, à escala de 1:2500 ou superior, correspondente ao estado e uso do terreno, e de uma faixa envolvente com a dimensão adequada à avaliação da integração da operação na área em que se insere, com a indicação dos elementos ou valores naturais e construídos, as servidões administrativas e restrições de utilidade pública, bem como a delimitação do terreno objecto da pretensão;

 f) Estudo que demonstre a conformidade com o Regulamento Geral do Ruído, contendo informação acústica adequada relativa à situação actual e à decorrente da execução das obras de urbanização.

2 – Quando se trate de obras de urbanização em área não abrangida por plano municipal de ordenamento do território, o pedido deve ser instruído com os elementos mencionados nas alíneas *a*), *c*), *d*), *e*) e *f*) do número anterior e ainda com:

 a) Extracto da carta da Reserva Agrícola Nacional abrangendo os solos que se pretendem utilizar ou, quando esta não exista, parecer sobre a capacidade de uso, emitido pelos serviços competentes para o efeito;

 b) Extracto da carta da Reserva Ecológica Nacional com a delimitação da área objecto da pretensão ou, quando esta não existir, parecer emitido pelos serviços competentes.

3.º
Informação prévia sobre obras de edificação

1 – O pedido de informação prévia referente à execução de obras de edificação em área abrangida por plano municipal de ordenamento do território deve ser instruído com os seguintes elementos:

 a) Memória descritiva esclarecendo devidamente a pretensão;

 b) Extracto das plantas de ordenamento, de zonamento e de implantação dos planos municipais vigentes, das respectivas plantas de condicionantes, da planta de síntese do loteamento quando exista e planta à escala de 1:2500 ou superior, com a indicação precisa do local onde se pretende executar a obra;

 c) Extractos das plantas do plano especial de ordenamento do território vigente;

 d) Planta de localização e enquadramento à escala da planta de ordenamento do plano director municipal ou à escala de 1:25 000 quando este não existir, assinalando devidamente os limites da área objecto da operação;

e) Quando o pedido diga respeito a novas edificações ou a obras que impliquem aumento da área construída, devem, sempre que possível, constar do pedido de informação prévia os seguintes elementos:
  e.1) Planta de implantação à escala de 1:500 ou superior, definindo a volumetria, alinhamento, cércea e implantação da edificação e dos muros de vedação;
  e.2) Fotografias do local;
  e.3) Localização e dimensionamento das construções anexas, incluindo alçados a uma escala de 1:500 ou superior do troço de rua compreendido entre as duas transversais mais próximas, para um e para outro lado, quando se trate de situação enquadrável na alínea *f*) do n.º 1 do artigo 6.º do Decreto-Lei n.º 555/ /99, de 16 de Dezembro, na redacção que lhe foi conferida pela Lei n.º 60/2007, de 4 de Setembro;
  e.4) Caso inclua receptores sensíveis, apresentação de extracto de mapa de ruído ou de plano municipal de ordenamento do território com classificação acústica da zona ou, na sua ausência, apresentação de elementos previstos no n.º 4 do artigo 11.º do Regulamento Geral de Ruído aprovado pelo Decreto-Lei n.º 9/ /2007, de 17 de Janeiro;
  e.5) Condicionantes para um adequado relacionamento formal e funcional com a envolvente;
  e.6) Programa de utilização das edificações, incluindo a área bruta de construção a afectar aos diversos usos e o número de fogos e outras unidades de utilização;
  e.7) Infra-estruturas locais e ligação às infra-estruturas gerais;
  e.8) Estimativa de encargos urbanísticos devidos;
  e.9) Áreas de cedência destinadas à implantação de espaços verdes, equipamentos de utilização colectiva e infra-estruturas viárias;
  e.10) Caso se trate de obras de construção, alteração, reconstrução, ampliação ou de urbanização, de promoção privada, referentes a edifícios, estabelecimentos ou equipamentos abrangidos pelos n.ºs 2 e 3 do artigo 2.º do Decreto-Lei n.º 163/2006, de 8 de Agosto, plano de acessibilidades que apresente a rede de espaços e equipamentos acessíveis bem como soluções de detalhe métrico, técnico e construtivo, esclarecendo as soluções adoptadas em matéria de acessibilidade a pessoas com deficiência e mobilidade condicionada, nos termos do artigo 3.º do mesmo decreto-lei;

f) Quando se trate de obras de reconstrução deve ainda ser junta fotografia do imóvel;

g) Quando existirem edificações adjacentes, o requerente deve, ainda, indicar os elementos mencionados nas subalíneas *e*.1), *e*.2) e *e*.5) da alínea *e*).

2 – Quando se trate de obras de edificação em área não abrangida por plano municipal de ordenamento do território nem operação de loteamento, o pedido deve ser instruído com os elementos referidos no número anterior e, ainda, com os seguintes:

a) Extracto da carta da Reserva Agrícola Nacional abrangendo os solos que se pretendem utilizar ou, quando esta não exista, parecer sobre a capacidade de uso, emitido pelos serviços competentes para o efeito;

b) Extracto da carta da Reserva Ecológica Nacional com a delimitação da área objecto da pretensão ou, quando esta não existir, parecer emitido pelos serviços competentes.

4.º
Informação prévia sobre obras de demolição

O pedido de informação prévia referente à execução de obras de demolição deve ser acompanhado dos seguintes elementos:

a) Memória descritiva esclarecendo devidamente a pretensão e indicando a área objecto do pedido, bem como o estado de conservação do imóvel;

b) Planta à escala de 1:2500 ou superior e, quando exista plano municipal de ordenamento do território ou operação de loteamento, extractos das plantas de ordenamento, de zonamento, de implantação e das respectivas plantas de condicionantes e da planta de síntese do loteamento, com a indicação precisa do local onde se situa a obra objecto do pedido de demolição;

c) Planta de localização e enquadramento à escala da planta de ordenamento do plano director municipal ou à escala de 1:25 000 quando este não existir, assinalando devidamente os limites da área objecto da operação;

d) Extractos das plantas do plano especial de ordenamento do território vigente;

e) Descrição sumária da utilização futura do terreno;

f) Fotografia do imóvel.

5.º
Informação prévia sobre alteração da utilização

O pedido de informação prévia referente à alteração da utilização de edifícios ou suas fracções é instruído com os seguintes elementos:

a) Memória descritiva esclarecendo devidamente a pretensão e indicando a área objecto do pedido;

b) Planta à escala de 1:2500 ou superior e, quando exista plano municipal de ordenamento do território, extractos das plantas de ordenamento, de zonamento e de implantação e das respectivas plantas de condicionantes, com a indicação precisa do local onde se situa o edifício objecto do pedido;

c) Planta de localização e enquadramento à escala da planta de ordenamento do plano director municipal ou à escala de 1:25 000 quando este não existir, assinalando devidamente os limites da área objecto da operação;

d) Extractos das plantas do plano especial de ordenamento do território vigente;

e) Planta do edifício ou da fracção com identificação do respectivo prédio.

6.º
Informação prévia sobre outras operações urbanísticas

1 – O pedido de informação prévia referente à realização das restantes operações urbanísticas deve ser instruído com os seguintes elementos:

a) Memória descritiva esclarecendo devidamente a pretensão e indicando a área objecto do pedido;

b) Planta à escala de 1:2500 ou superior e, quando exista plano municipal de ordenamento do território, extractos das plantas de ordenamento, de zonamento e de implantação e das respectivas plantas de condicionantes, bem como da planta síntese do loteamento quando exista, com a indicação precisa do local onde se situa o edifício objecto do pedido;

c) Planta de localização e enquadramento à escala da planta de ordenamento do plano director municipal ou à escala de 1:25 000 quando este não existir, assinalando devidamente os limites da área objecto da operação;

d) Extractos das plantas do plano especial de ordenamento do território vigente;

e) Estudo que demonstre a conformidade com o Regulamento Geral do Ruído, contendo informação acústica adequada relativa à situação actual e à decorrente da execução da operação urbanística.

2 – Quando se trate de trabalhos de remodelação de terrenos em área não abrangida por plano municipal de ordenamento do território, o pedido deve ainda ser instruído com os seguintes elementos:

a) Extracto da carta da Reserva Agrícola Nacional abrangendo os solos que se pretendem utilizar ou, quando esta não exista, parecer sobre a capacidade de uso, emitido pelos serviços competentes para o efeito;

b) Extracto da carta da Reserva Ecológica Nacional com a delimitação da área objecto da pretensão ou, quando esta não existir, parecer emitido pelos serviços competentes.

7.º
Licenciamento das operações de loteamento

1 – O pedido de licenciamento para a realização de operações de loteamento deve ser instruído com os seguintes elementos:

a) Documentos comprovativos da qualidade de titular de qualquer direito que confira a faculdade de realização da operação;

b) Certidão da descrição e de todas as inscrições em vigor emitida pela conservatória do registo predial referente ao prédio ou prédios abrangidos;

c) Extractos das plantas de implantação e de condicionantes do plano de pormenor, assinalando a área objecto da operação, quando exista;

d) Extractos das plantas do plano especial de ordenamento do território vigente;

e) Memória descritiva e justificativa;

f) Planta da situação existente, à escala de 1:1000 ou superior, correspondente ao estado e uso actual do terreno e de uma faixa envolvente com dimensão adequada à avaliação da integração da operação na área em que se insere, com indicação dos elementos ou valores naturais e construídos, de servidões administrativas e restrições de utilidade pública, incluindo os solos abrangidos pelos regimes da Reserva Agrícola Nacional e da Reserva Ecológica Nacional e ainda as infra-estruturas existentes;

g) Planta de síntese, à escala de 1:1000 ou superior, indicando, nomeadamente, a modelação proposta para o terreno, a estrutura viária, as redes de abastecimento de água e de saneamento, de energia eléctrica, de gás e de condutas destinadas à instalação de infra-estruturas de telecomunicações, a divisão em lotes e sua numeração, finalidade, áreas de implantação e de construção, número de pisos acima e abaixo da cota de soleira e número de fogos, com especificação dos destinados a habitações a custos controlados, quando previstos;

h) Planta com áreas de cedência para o domínio municipal;

i) Termos de responsabilidade subscritos pelos autores dos projectos e coordenador do projecto quanto ao cumprimento das disposições legais e regulamentares aplicáveis;

j) Cópia da notificação da câmara municipal a comunicar a aprovação de um pedido de informação prévia, quando esta exista e estiver em vigor;

l) Ficha com os elementos estatísticos devidamente preenchida com os dados referentes à operação urbanística a realizar;

m) Planta com identificação dos percursos acessíveis, detalhes métricos, técnicos e construtivos e uma peça escrita descrevendo e justificando as soluções adoptadas;

n) Estudo que demonstre a conformidade com o Regulamento Geral do Ruído, contendo informação acústica adequada relativa à situação actual e à decorrente da execução da operação de loteamento;

o) Plano de acessibilidades que apresente a rede de espaços e equipamentos acessíveis bem como soluções de detalhe métrico, técnico e construtivo, esclarecendo as soluções adoptadas em matéria de acessibilidade a pessoas com deficiência e mobilidade condicionada, nos termos do artigo 3.º do Decreto-Lei n.º 163/2006, de 8 de Agosto.

2 – A memória descritiva e justificativa referida na alínea *e)* do número anterior deve ser instruída com os seguintes elementos:

a) Descrição e justificação da solução proposta para a operação de loteamento;

b) Enquadramento da pretensão nos planos municipais e especiais de ordenamento do território existentes;

c) Integração urbana e paisagística da operação;

d) Superfície total do terreno objecto da operação;

e) Número de lotes e respectivas áreas, bem como as áreas destinadas à implantação dos edifícios;

f) Área de construção e volumetria dos edifícios com indicação dos índices urbanísticos adoptados, nomeadamente a distribuição percentual das diferentes ocupações propostas para o solo, os índices de implantação e de construção e a densidade populacional, quando for o caso;

g) Cércea e número de pisos acima e abaixo da cota de soleira para cada um dos edifícios;

h) Áreas destinadas a espaços de utilização colectiva, incluindo espaços verdes e respectivos arranjos;

i) Natureza e dimensionamento dos equipamentos;

j) Natureza das actividades não habitacionais e dimensionamento das áreas a elas destinadas;

l) Utilização dos edifícios e número de fogos e respectiva tipologia, quando for o caso;

m) Condicionamentos relativos à implantação dos edifícios e construções anexas, se for o caso;

n) Solução adoptada para o funcionamento das redes de abastecimento de água, de energia eléctrica, de saneamento, de gás e de telecomunicações e suas ligações às redes gerais, quando for o caso;

o) Estrutura viária adoptada, especificando as áreas destinadas às vias, acessos e estacionamentos de veículos, incluindo as previstas em cave, quando for o caso;

p) Identificação dos técnicos autores e coordenador dos projectos.

3 – O pedido de licenciamento de operações de loteamento em área abrangida por plano de urbanização ou plano de pormenor deve ser instruído com os seguintes elementos:

a) Os referidos nas alíneas *a*), *b*), *d*), *e*), *f*) e *h*) a *o*) do n.º 1;

b) Extractos das plantas de zonamento e de implantação dos planos municipais de ordenamento do território vigentes e das respectivas plantas de condicionantes, assinalando a área objecto da pretensão;

c) Planta de síntese, à escala de 1:1000 ou superior, indicando, nomeadamente, a modelação proposta para o terreno, a estrutura viária, as redes de abastecimento de água, de saneamento, de energia eléctrica, de gás e de condutas destinadas à instalação de infra-estruturas de telecomunicações, a divisão em lotes e sua numeração, finalidade, áreas de implantação e de construção, número de fogos com especificação dos fogos destinados a habitações a custos controlados, quando previstos, o polígono de base para a implantação das edificações, devidamente cotado e referenciado, com indicação das cérceas e do número de pisos acima e abaixo da cota de soleira, e a localização dos equipamentos e das áreas que lhes sejam destinadas, bem como das áreas para espaços verdes e de utilização colectiva.

4 – Quando se trate de operações de loteamento em área abrangida por plano director municipal, o pedido deve ser instruído com os seguintes elementos:

a) Os referidos nas alíneas *a*), *b*), *d*), *e*), *f*) e *h*) a *n*) do n.º 1 e na alínea *c*) do n.º 3;

b) Extractos das plantas de ordenamento e de condicionantes do plano director municipal, assinalando a área objecto da pretensão;

c) A memória descritiva e justificativa deve ainda referir a adequabilidade da proposta de loteamento às normas e princípios de ordenamento contidos no plano director municipal;

d) Planta de localização e enquadramento à escala da planta de ordenamento do plano director municipal ou à escala de 1:25 000 quando este não existir, assinalando devidamente os limites da área objecto da operação.

5 – Caso o pedido de licenciamento se localize em área não abrangida por plano municipal de ordenamento do território, deve ser instruído com os seguintes elementos:

a) Os referidos nas alíneas *a)*, *b)*, *d)*, *e)*, *f)* e *h)* a *o)* do n.º 1 e na alínea *c)* do n.º 3;

b) Planta de localização à escala de 1:25 000, indicando o local da situação do terreno abrangido pela operação;

c) Extracto da carta da Reserva Agrícola Nacional abrangendo os solos que se pretende utilizar ou, quando não exista, parecer sobre a sua capacidade de uso emitido pelos serviços competentes para o efeito;

d) Extracto da carta da Reserva Ecológica Nacional com a delimitação da área objecto da pretensão ou, quando esta não existir, parecer emitido pelos serviços competentes;

e) A memória descritiva e justificativa deve ainda referir a adequabilidade da proposta com particular incidência sobre a relação das tendências dominantes em termos de transformação do uso do solo e dos respectivos ritmos de crescimento.

8.º
Comunicação prévia de operação de loteamento

1 – A comunicação prévia de operações de loteamento deve ser instruída com os elementos referidos nas alíneas *a)*, *b)*, *d)*, *e)*, *f)* a *o)* do n.º 1 do artigo anterior.

2 – A comunicação prévia de operações de loteamento deve, ainda, ser instruída com os seguintes elementos:

a) Planta de síntese da operação de loteamento em base transparente e, quando exista, em base digital;

b) Descrição pormenorizada dos lotes com indicação dos artigos matriciais de proveniência;

c) Actualização da certidão da conservatória do registo predial anteriormente entregue.

9.º
Licenciamento de obras de urbanização

1 – O pedido de licenciamento e a comunicação prévia de obras de urbanização deve ser instruído com os seguintes elementos:

a) Documentos comprovativos da qualidade de titular de qualquer direito que confira a faculdade de realização da operação;

b) Certidão da descrição e de todas as inscrições em vigor emitida pela conservatória do registo predial referente ao prédio ou prédios abrangidos;

c) Planta à escala de 1:2500 ou superior e, quando existam planos municipais de ordenamento do território, extractos das plantas de ordenamento, de zonamento e de implantação e das respectivas plantas de condicionantes, com a indicação precisa do local onde se situa a obra objecto do pedido;

d) Planta de localização e enquadramento à escala da planta de ordenamento do plano director municipal ou à escala de 1:25 000 quando este não existir, assinalando devidamente os limites da área objecto da operação;

e) Extractos das plantas do plano especial de ordenamento do território vigente;

f) Projectos da engenharia das especialidade que integram a obra, designadamente das infra-estruturas viárias, redes de abastecimento de águas, esgotos e drenagem, de gás, de electricidade, de telecomunicações, arranjos exteriores, devendo cada projecto conter memória descritiva e justificativa, bem como os cálculos, se for caso disso, e as peças desenhadas, em escala tecnicamente adequada, com os respectivos termos de responsabilidade dos técnicos autores dos projectos;

g) Orçamento da obra, por especialidades e global, baseado em quantidades e qualidades dos trabalhos necessários à sua execução, devendo neles ser adoptadas as normas europeias e as portuguesas em vigor ou as especificações do Laboratório Nacional de Engenharia Civil;

h) Condições técnicas gerais e especiais do caderno de encargos, incluindo prazos para o início e para o termo da execução dos trabalhos;

i) Cópia da notificação da câmara municipal a comunicar a aprovação de um pedido de informação prévia, quando esta exista e estiver em vigor;

j) Termos de responsabilidade subscritos pelos autores dos projectos e coordenador de projecto quanto ao cumprimento das disposições legais e regulamentares aplicáveis;

l) Contrato de urbanização, caso o requerente entenda proceder, desde logo, à sua apresentação;

m) Plano de acessibilidades – desde que inclua tipologias do artigo 2.º do Decreto-Lei n.º 163/2006;

n) Estudo que demonstre a conformidade com o Regulamento Geral do Ruído, contendo informação acústica adequada relativa à situação actual e à decorrente da execução da operação de loteamento.

2 – Quando se trate de obras de urbanização em área não abrangida por plano municipal de ordenamento do território, o pedido deve ser instruído com os elementos referidos no número anterior e, ainda, com os seguintes:

a) Extracto da carta da Reserva Agrícola Nacional abrangendo os solos que se pretendem utilizar ou, quando esta não exista, parecer sobre a capacidade de uso, emitido pelos serviços competentes para o efeito;

b) Extracto da carta da Reserva Ecológica Nacional com a delimitação da área objecto da pretensão ou, quando esta não existir, parecer emitido pelos serviços competentes.

10.º
Comunicação prévia de obras de urbanização

1 – A comunicação prévia de obras de urbanização deve ser instruído com os elementos constantes das alíneas *a)*, *b)* e *f)* a *n)* do n.º 1 do artigo anterior e com a cópia da notificação do deferimento do pedido de licenciamento da operação de loteamento.

2 – A comunicação prévia de obras de urbanização deve, ainda, ser instruída com os seguintes elementos:

a) Documento comprovativo da prestação de caução;

b) Apólice de seguro que cubra a responsabilidade pela reparação dos danos emergentes de acidentes de trabalho, nos termos previstos na Lei n.º 100/97, de 13 de Setembro;

c) Termo de responsabilidade assinado pelo director de fiscalização de obra;

d) Declaração de titularidade de alvará emitido pelo Instituto da Construção e do Imobiliário (InCI, I. P.), com habilitações adequadas à natureza e valor da obra, ou título de registo emitido por aquela entidade, com subcategorias adequadas aos trabalhos a executar, a verificar através da consulta do portal do InCI, I. P, pela entidade licenciadora, no prazo previsto para a rejeição da comunicação prévia;

e) Livro de obra, com menção do termo de abertura;

f) Plano de segurança e saúde;

g) Minuta do contrato de urbanização aprovada, quando exista.

11.º
Licenciamento de obras de edificação

1 – O pedido de licenciamento de obras de edificação em áreas abrangidas por plano de pormenor, plano de urbanização ou plano director municipal deve ser instruído com os seguintes elementos:

a) Documentos comprovativos da qualidade de titular de qualquer direito que confira a faculdade de realização da operação;

b) Certidão da descrição e de todas as inscrições em vigor emitida pela conservatória do registo predial referente ao prédio ou prédios abrangidos;

c) Extractos das plantas de ordenamento, zonamento e de implantação dos planos municipais de ordenamento do território vigentes e das respectivas plantas de condicionantes, da planta síntese do loteamento, se existir, e planta à escala de 1:2500 ou superior, com a indicação precisa do local onde se pretende executar a obra;

d) Planta de localização e enquadramento à escala da planta de ordenamento do plano director municipal ou à escala de 1:25 000 quando este não existir, assinalando devidamente os limites da área objecto da operação;

e) Extractos das plantas do plano especial de ordenamento do território vigente;

f) Projecto de arquitectura;

g) Memória descritiva e justificativa;

h) Estimativa do custo total da obra;

i) Calendarização da execução da obra;

j) Quando se trate de obras de reconstrução deve ainda ser junta fotografia do imóvel;

l) Cópia da notificação da câmara municipal a comunicar a aprovação de um pedido de informação prévia, quando esta existir e estiver em vigor;

m) Projectos da engenharia de especialidades caso o requerente entenda proceder, desde logo, à sua apresentação;

n) Termos de responsabilidade subscritos pelos autores dos projectos e coordenador de projecto quanto ao cumprimento das normas legais e regulamentares aplicáveis;

o) Ficha com os elementos estatísticos devidamente preenchida com os dados referentes à operação urbanística a realizar;

p) Acessibilidades – desde que inclua tipologias do artigo 2.º do Decreto-Lei n.º 163/2006.

2 – O pedido de licenciamento de obras de edificação em áreas não abrangidas por plano municipal de ordenamento do território deve ser

instruído com os elementos referidos nas alíneas *a*), *b*), *d*) a *j*) e *m*) a *p*) do n.º 1, planta à escala de 1:2500 ou superior e planta de síntese do loteamento, quando exista, com a indicação precisa do local onde se pretende executar a obra e, sempre que não tiver havido lugar ao pedido de informação prévia ou esta não esteja em vigor ou não exista operação de loteamento, deverão, ainda, ser apresentados os seguintes elementos:

a) Extracto da carta da Reserva Agrícola Nacional abrangendo os solos que se pretendem utilizar ou, quando esta não exista, parecer sobre a capacidade de uso, emitido pelos serviços competentes para o efeito;

b) Extracto da carta da Reserva Ecológica Nacional com a delimitação da área objecto da pretensão ou, quando esta não existir, parecer emitido pelos serviços competentes.

3 – O projecto de arquitectura referido na alínea *f*) do n.º 1 deve conter, no mínimo, os seguintes elementos:

a) Planta de implantação desenhada sobre levantamento topográfico à escala de 1:200 ou superior, incluindo o arruamento de acesso, com indicação das dimensões e área do terreno, áreas impermeabilizadas e respectivo material;

b) Plantas à escala de 1:50 ou de 1:100 contendo as dimensões e áreas e usos de todos os compartimentos, bem como a representação do mobiliário fixo e equipamento sanitário;

c) Alçados à escala de 1:50 ou de 1:100 com a indicação das cores e dos materiais dos elementos que constituem as fachadas e a cobertura, bem como as construções adjacentes, quando existam;

d) Cortes longitudinais e transversais à escala de 1:50 ou de 1:100 abrangendo o terreno, com indicação do perfil existente e o proposto, bem como das cotas dos diversos pisos;

e) Pormenores de construção, à escala adequada, esclarecendo a solução construtiva adoptada para as paredes exteriores do edifício e sua articulação com a cobertura, vãos de iluminação/ventilação e de acesso, bem como com o pavimento exterior envolvente;

f) Discriminação das partes do edifício correspondentes às várias fracções e partes comuns, valor relativo de cada fracção, expressa em percentagem ou permilagem, do valor total do prédio, caso se pretenda que o edifício fique sujeito ao regime da propriedade horizontal.

4 – A memória descritiva e justificativa referida na alínea *g*) do n.º 1 deve ser instruída com os seguintes elementos:

a) Descrição e justificação da proposta para a edificação;

b) Enquadramento da pretensão nos planos municipais e especiais de ordenamento do território vigentes e operação de loteamento, se existir;

c) Adequação da edificação à utilização pretendida;

d) Inserção urbana e paisagística da edificação referindo em especial a sua articulação com o edificado existente e o espaço público envolvente;
e) Indicação da natureza e condições do terreno;
f) Adequação às infra-estruturas e redes existentes;
g) Uso a que se destinam as fracções;
h) Área de construção, volumetria, área de implantação, cércea e número de pisos acima e abaixo da cota de soleira, número de fogos e respectiva tipologia;
i) Quando se trate de pedido inserido em área unicamente abrangida por plano director municipal, deve também referir-se a adequabilidade do projecto com a política de ordenamento do território contida naquele plano.

5 – Os projectos da engenharia de especialidades a que se refere a alínea *m*) do n.º 1, a apresentar em função do tipo de obra a executar, são nomeadamente os seguintes:

a) Projecto de estabilidade que inclua o projecto de escavação e contenção periférica;
b) Projecto de alimentação e distribuição de energia eléctrica e projecto de instalação de gás, quando exigível, nos termos da lei;
c) Projecto de redes prediais de água e esgotos;
d) Projecto de águas pluviais;
e) Projecto de arranjos exteriores;
f) Projecto de instalações telefónicas e de telecomunicações;
g) Estudo de comportamento térmico;
h) Projecto de instalações electromecânicas, incluindo as de transporte de pessoas e ou mercadorias;
i) Projecto de segurança contra incêndios em edifícios;
j) Projecto acústico.

12.º
Comunicação prévia de obras de edificação

1 – A comunicação prévia referente à realização de obras de edificação deve ser instruído com os elementos constantes das alíneas *a*) a *c*), *e*) a *l*), *n*) e *p*) do n.º 1 do artigo anterior e com os projectos da engenharia de especialidades.

2 – A comunicação prévia de obras de edificação deve, ainda, ser instruída com os seguintes elementos:

a) Apólice de seguro de construção, quando for legalmente exigível;

b) Apólice de seguro que cubra a responsabilidade pela reparação dos danos emergentes de acidentes de trabalho, nos termos previstos na Lei n.º 100/97, de 13 de Setembro;

c) Termos de responsabilidade assinados pelo director de fiscalização de obra e pelo director de obra;

d) Declaração de titularidade de alvará emitido pelo InCI, I. P., com habilitações adequadas à natureza e valor da obra, ou título de registo emitido por aquela entidade, com subcategorias adequadas aos trabalhos a executar, a verificar através da consulta do portal do InCI, I. P., pela entidade licenciadora, no prazo previsto para a rejeição da comunicação prévia;

e) Livro de obra, com menção do termo de abertura;

f) Plano de segurança e saúde.

13.º
Licenciamento de obras de demolição

O pedido de licenciamento de obras de demolição deve ser instruído com os seguintes elementos:

a) Documentos comprovativos da qualidade de titular de qualquer direito que confira a faculdade de realização da operação;

b) Certidão da descrição e de todas as inscrições em vigor emitida pela conservatória do registo predial referente ao prédio ou prédios abrangidos;

c) Termos de responsabilidade assinados pelo director de fiscalização de obra e pelo director de obra;

d) Plantas à escala de 1:2500, ou superior, com a indicação precisa do local onde se situa a obra objecto do pedido de demolição e, existindo plano director municipal, plano de urbanização ou de pormenor, extractos das plantas de ordenamento, de zonamento e de implantação e das respectivas plantas de condicionantes, planta de síntese da operação de loteamento, quando exista, com a indicação precisa do referido local;

e) Planta de localização e enquadramento à escala da planta de ordenamento do plano director municipal ou à escala de 1:25 000 quando este não existir, assinalando devidamente os limites da área objecto da operação;

f) Extractos das plantas do plano especial de ordenamento do território vigente;

g) Memória descritiva e justificativa esclarecendo devidamente a pretensão, descrevendo sumariamente o estado de conservação do imóvel com junção de elementos fotográficos, indicando os prazos em que se propõe iniciar e concluir a obra, as técnicas de demolição a utilizar, as quais são acompanhadas de peças escritas e desenhadas justificativas das mesmas, bem como o local de depósito dos entulhos; •

h) Descrição da utilização futura do terreno, com junção do projecto de arquitectura da nova edificação, se existir;

i) Cópia da notificação da câmara municipal a comunicar ma aprovação de um pedido de informação prévia, quando esta existir e estiver em vigor;

j) Ficha com os elementos estatísticos devidamente preenchida com os dados referentes à operação urbanística a realizar;

l) Plantas à escala de 1:2500, ou superior, com a indicação precisa do local onde se situa a obra objecto do pedido de demolição, dos elementos e valores naturais e construídos, servidões administrativas e restrições de utilidade pública, e, quando exista plano director municipal, plano de urbanização ou de pormenor, extractos das plantas de ordenamento, de zonamento e de implantação e das respectivas plantas de condicionantes e da planta de síntese da operação de loteamento, quando exista, com a indicação precisa do local;

m) Memória descritiva esclarecendo devidamente a pretensão, descrevendo sumariamente o estado de conservação do imóvel com junção de elementos fotográficos, enunciando as razões demonstradoras da impossibilidade de recurso a outra solução, indicando os prazos em que se propõe iniciar e concluir a obra, as técnicas de demolição a utilizar, as quais são acompanhadas de peças escritas e desenhadas justificativas das mesmas, bem como o local de depósito dos entulhos;

n) Declaração de titularidade de alvará emitido pelo InCI, I. P., com habilitações adequadas à natureza e valor da obra, a verificar através da consulta do portal do InCI, I. P., pela entidade licenciadora, no prazo previsto para a decisão.

14.º
Comunicação prévia de obras de demolição

A comunicação prévia de obras de demolição é instruída com os elementos referidos nas alíneas *a)*, *b)*, *c)*, *f)*, *g)*, *j)*, *l)* e *n)* do artigo anterior.

15.º
Autorização de utilização e alteração de utilização

1 – O pedido de autorização de utilização de edifícios ou suas fracções é instruído com os seguintes elementos:

a) Documentos comprovativos da qualidade de titular de qualquer direito que confira a faculdade de realização da operação;
b) Certidão da descrição e de todas as inscrições em vigor emitida pela conservatória do registo predial referente ao prédio ou prédios abrangidos;
c) Termo de responsabilidade subscrito pelo director de fiscalização de obra, quando aplicável, e termo de responsabilidade subscrito conforme o disposto no n.º 2 do artigo 63.º do Decreto-Lei n.º 555/99, de 16 de Dezembro, na redacção dada pela Lei n.º 60/2007, de 4 de Março;
d) Planta e corte do edifício ou da fracção com identificação do respectivo prédio;
e) Telas finais, quando aplicável;
f) Cópia do alvará de licença ou autorização de utilização anterior, quando exista;
g) Cópia da notificação da câmara municipal a comunicar a aprovação de um pedido de informação prévia, quando esta existir e estiver em vigor;
h) Livro de obra, quando tenham sido realizadas obras;
i) Ficha com os elementos estatísticos devidamente preenchida com os dados referentes à operação urbanística a realizar;
j) Avaliação acústica.
2 – O pedido de autorização da alteração da utilização é, ainda, instruído com os seguintes elementos:
a) Planta à escala de 1:2500, ou superior, e, quando existam planos municipais de ordenamento do território, extractos das plantas de ordenamento, de zonamento e de implantação e das respectivas plantas de condicionantes, com a indicação precisa do local objecto da pretensão;
b) Planta de localização e enquadramento à escala da planta de ordenamento do plano director municipal ou à escala de 1:25 000, quando este não existir, assinalando devidamente os limites da área objecto da operação.

16.º
Licenciamento de trabalhos de remodelação de terrenos

1 – O pedido de licenciamento referente à realização dos trabalhos de remodelação de terrenos deve ser instruído com os seguintes elementos:
a) Documentos comprovativos da qualidade de titular de qualquer direito que confira a faculdade de realização da operação;

b) Certidão da descrição e de todas as inscrições em vigor emitida pela conservatória do registo predial referente ao prédio ou prédios abrangidos;

c) Extractos das plantas de ordenamento, de zonamento e de implantação e das respectivas plantas de condicionantes, quando exista plano municipal de ordenamento do território, e respectivas plantas de condicionantes e planta à escala de 1:2500 ou superior, com a indicação precisa do local onde se pretende executar os trabalhos;

d) Planta de localização e enquadramento à escala da planta de ordenamento do plano director municipal ou à escala de 1:25 000, quando este não existir, assinalando devidamente os limites da área objecto da operação;

e) Extractos das plantas do plano especial de ordenamento do território vigente;

f) Projecto de execução dos trabalhos;

g) Memória descritiva e justificativa esclarecendo devidamente a pretensão;

h) Estimativa do custo total dos trabalhos;

i) Calendarização da execução dos trabalhos;

j) Cópia da notificação da câmara municipal a comunicar a aprovação de um pedido de informação prévia, quando esta existir e estiver em vigor;

l) Projectos da engenharia de especialidades necessários à execução dos trabalhos;

m) Termos de responsabilidade subscritos pelos autores dos projectos e coordenador do projecto quanto ao cumprimento das normas legais e regulamentares aplicáveis;

n) Ficha com os elementos estatísticos devidamente preenchida com os dados referentes à operação urbanística a realizar.

2 – Quando se trate de trabalhos em áreas não abrangidas por plano municipal de ordenamento do território, o pedido deve ser instruído com os elementos referidos no n.º 1 e, ainda, com os seguintes:

a) Extracto da carta da Reserva Agrícola Nacional abrangendo os solos que se pretendem utilizar ou, quando esta não exista, parecer sobre a capacidade de uso, emitido pelos serviços competentes para o efeito;

b) Extracto da carta da Reserva Ecológica Nacional com a delimitação da área objecto da pretensão ou, quando esta não existir, parecer emitido pelos serviços competentes.

17.º
Comunicação prévia de trabalhos de remodelação de terrenos

1 – A comunicação prévia referente à realização dos trabalhos de remodelação de terrenos deve ser instruído com os elementos constantes das alíneas *a*), *b*) e *f*) a *n*) do n.º 1 do artigo anterior e com o extracto da planta de síntese do loteamento.

2 – A comunicação prévia de obras de edificação deve, ainda, ser instruída com os seguintes elementos:

a) Apólice de seguro que cubra a responsabilidade pela reparação dos danos emergentes de acidentes de trabalho, nos termos previstos na Lei n.º 100/97, de 13 de Setembro;

b) Termos de responsabilidade assinados pelo director de fiscalização de obra e pelo director de obra;

c) Declaração de titularidade de alvará emitido pelo InCI, I. P., com habilitações adequadas à natureza e valor da obra, ou título de registo emitido por aquela entidade, com subcategorias adequadas aos trabalhos a executar, a verificar através da consulta do portal do InCI, I. P., pela entidade licenciadora, no prazo previsto para a rejeição da comunicação prévia;

d) Livro de obra, com menção do termo de abertura;

e) Plano de segurança e saúde.

18.º
Comunicação prévia de operações urbanísticas

A comunicação prévia referente à realização das operações urbanísticas a que se refere a alínea *g*) do n.º 2 do artigo 4.º do Decreto-Lei n.º 555/99, de 16 de Dezembro, na redacção dada pela Lei n.º 60/2007, de 4 de Setembro, deve ser instruída com os seguintes elementos:

a) Documentos comprovativos da qualidade de titular de qualquer direito que confira a faculdade de realização da operação;

b) Certidão da descrição e de todas as inscrições em vigor emitida pela conservatória do registo predial referente ao prédio ou prédios abrangidos;

c) Extractos das plantas de ordenamento, de zonamento e de implantação do plano municipal de ordenamento do território vigente e das respectivas plantas de condicionantes e planta de síntese da operação de loteamento, quando exista, bem como planta à escala de 1:2500, ou superior, com a indicação precisa do local onde se pretende executar a operação;

d) Planta de localização e enquadramento à escala da planta de ordenamento do plano director municipal ou à escala de 1:25 000, quando este não existir, assinalando devidamente os limites da área objecto da operação;

e) Extractos das plantas do plano especial de ordenamento do território vigente;

f) Memória descritiva e justificativa esclarecendo devidamente a pretensão;

g) Projecto da operação;

h) Estimativa do custo total da operação;

i) Calendarização da execução da operação;

j) Cópia da notificação da câmara municipal a comunicar a aprovação de um pedido de informação prévia, quando esta existir e estiver em vigor;

l) Projectos da engenharia de especialidades necessários à execução da operação, quando aplicável;

m) Termo de responsabilidade subscrito pelos autores dos projectos e coordenador do projecto quanto ao cumprimento das disposições legais e regulamentares aplicáveis.

19.º
Pedidos de informação prévia, licenciamento ou autorização referentes a várias operações urbanísticas

Quando o pedido respeite a mais de um dos tipos de operações urbanísticas referidos no artigo 2.º do Decreto-Lei n.º 555/99, de 16 de Dezembro, na redacção que lhe foi conferida pela Lei n.º 60/2007, de 4 de Setembro, deve ser instruído com os elementos previstos no presente diploma para cada uma das operações constantes da pretensão.

20.º
Termos de responsabilidade

Os termos de responsabilidade dos autores de projectos, do coordenador de projecto, do director técnico da obra ou do director de fiscalização da obra obedecem às especificações definidas nos anexos I, II e III à presente portaria e que dela faz parte integrante.

21.º
Revogação

A presente portaria revoga a Portaria n.º 1110/2001, de 19 de Setembro.

22.º
Entrada em vigor

A presente portaria produz efeitos com a entrada em vigor da Lei n.º 60/2007, de 4 de Setembro.

ANEXO I
Termo de responsabilidade do autor do projecto de... (a)

... (b), morador na..., contribuinte n.º..., inscrito na... (c) sob o n.º..., declara, para efeitos do disposto no n.º 1 do artigo 10.º do Decreto-Lei n.º 555/99, de 16 de Dezembro, na redacção que lhe foi conferida pela Lei n.º 60/2007, de 4 de Setembro, que o projecto de... (a), de que é autor, relativo à obra de... (d), localizada em... (e), cujo... (f) foi requerido por... (g), observa as normas legais e regulamentares aplicáveis, designadamente... (h)
.... (data)
.... (assinatura) (i).

INSTRUÇÕES DE PREENCHIMENTO

(a) Identificação de qual o tipo de operação urbanística, projecto de arquitectura ou de especialidade em questão.
(b) Nome e habilitação do autor do projecto.
(c) Indicar associação pública de natureza profissional, quando for o caso.
(d) Indicação da natureza da operação urbanística a realizar.
(e) Localização da obra (rua, número de polícia e freguesia).
(f) Indicar se trata de licenciamento ou comunicação prévia.
(g) Indicação do nome e morada do requerente.
(h) Discriminar, designadamente, as normas técnicas gerais e específicas de construção, os instrumentos de gestão territorial, o alvará de loteamento ou a informação prévia, quando aplicáveis, bem como justificar fundamentadamente as razões da não observância de normas técnicas e regulamentares nos casos previstos no n.º 5 do artigo 10.º do Decreto-Lei n.º 555/99, de 16 de Dezembro, na redacção que lhe foi conferida pela Lei n.º 60/2007, de 4 de Setembro.
(i) Assinatura reconhecida ou comprovada por funcionário municipal mediante a exibição do bilhete de identidade.

ANEXO II
Termo de responsabilidade do coordenador do projecto de... (a)

... (b), morador na..., contribuinte n.º..., inscrito na... (c) sob o n.º..., declara, para efeitos do disposto no n.º 1 do artigo 10.º do Decreto-Lei n.º 555/99, de 16 de Dezembro na redacção que lhe foi conferida pela Lei n.º 60/2007, de 4 de Setembro, que o projecto de... (a), de que é coordenador, relativo à obra de... (d), localizada em... (e), cujo... (f) foi requerido por... (g), observa as normas legais e regulamentares aplicáveis, designadamente... (h). ...
(data). ...
(assinatura) (i).

INSTRUÇÕES DE PREENCHIMENTO

(a) Identificação de qual o tipo de operação urbanística, projecto de arquitectura ou de especialidade em questão.
(b) Nome e habilitação do coordenador do projecto.
(c) Indicar associação pública de natureza profissional, quando for o caso.
(d) Indicação da natureza da operação urbanística a realizar.
(e) Localização da obra (rua, número de polícia e freguesia).
(f) Indicar se trata de licenciamento ou comunicação prévia.
(g) Indicação do nome e morada do requerente.
(h) Discriminar, designadamente, as normas técnicas gerais e específicas de construção, os instrumentos de gestão territorial, o alvará de loteamento ou a informação prévia, quando aplicáveis, bem como justificar fundamentadamente as razões da não observância de normas técnicas e regulamentares nos casos previstos no n.º 5 do artigo 10.º do Decreto-Lei n.º 555/99, de 16 de Dezembro, na redacção que lhe foi conferida pela Lei n.º 60/2007, de 4 de Setembro.
(i) Assinatura reconhecida ou comprovada por funcionário municipal mediante a exibição do bilhete de identidade.

ANEXO III
Termo de responsabilidade do director técnico de obra/director de fiscalização da obra

... (a), morador na..., contribuinte n.º..., inscrito na... (b) sob o n.º..., declara, na qualidade de director de fiscalização da obras, que a obra localizada em...(c), à qual foi atribuído o alvará de licença ou autorização de obras de edificação n.º..., cujo titular é... (d), se encontra concluída desde...(e), em conformidade com o projecto aprovado, com as condicionantes da licença, com a utilização prevista no alvará de licença, e que as alterações efectuadas ao projecto estão em conformidade com normas legais e regulamentares que lhe são aplicáveis.... (f)... (g), morador na..., contribuinte n.º..., inscrito na... (b) sob o n.º..., declara, na qualidade de... (h), que a obra localizada em... (c), à qual foi atribuído o alvará de

licença ou autorização de obras de edificação n.°..., cujo titular é... (d), se encontra concluída em conformidade com o projecto aprovado, com as condicionantes da licença ou autorização, com a utilização prevista no alvará de licença, e que as alterações efectuadas ao projecto estão em conformidade com normas legais e regulamentares que lhe são aplicáveis......
(data). ...
(assinatura) (i).

INSTRUÇÕES DE PREENCHIMENTO

(a) Nome e habilitação profissional do director técnico da obra ou director de fiscalização de obra.
(b) Indicar associação pública de natureza profissional, quando for o caso.
(c) Localização da obra (rua, número de polícia e freguesia).
(d) Indicação do nome e morada do titular.
(e) Data da conclusão da obra.
(f) A preencher nos casos previstos no n.° 2 do artigo 63.° do Decreto-Lei n.° 555/99, de 16 de Dezembro, na redacção que lhe foi conferida pela Lei n.° 60/2007, de 4 de Abril.
(g) Nome e habilitação profissional.
(h) Indicar se se trata de técnico autor do projecto ou de mandatário do dono da obra com a habilitação legalmente exigida para o efeito.
(i) Assinatura reconhecida ou comprovada por funcionário municipal mediante a exibição do bilhete de identidade.

REGIME JURÍDICO DA INSTALAÇÃO E DO FUNCIONAMENTO DOS ESTABELECIMENTOS DE RESTAURAÇÃO E DE BEBIDAS

DECRETO-LEI N.º 234/2007,
de 19 de Junho

O Decreto-Lei n.º 168/97, de 4 de Julho, alterado pelos Decretos-Leis n.ºs 139/99, de 24 de Abril, 222/2000, de 9 de Setembro, e 57/2002, de 11 de Março, diploma que contém o regime jurídico da instalação e do funcionamento dos estabelecimentos de restauração ou de bebidas, estabelece que a abertura dos mesmos só pode ocorrer após a emissão de um alvará de licença ou autorização de utilização para restauração ou bebidas. Tal acto administrativo é precedido de vistoria obrigatória para o efeito, a qual só pode ser requerida após a conclusão da obra e de o estabelecimento estar em condições de iniciar o seu funcionamento.

Esta circunstância, associada ao facto de nem sempre serem cumpridos os prazos legais para a realização da vistoria e emissão do alvará, tem conduzido à abertura ao público de estabelecimentos de restauração ou de bebidas em situações irregulares, com evidentes prejuízos para consumidores, Estado e promotores.

Estes últimos, tendo o estabelecimento em condições de laboração, ficam impossibilitados de iniciar a exploração dos mesmos por causas que não lhes são imputáveis ou assumem o risco de iniciar actividade em situação irregular, sujeitando-se às consequências legais.

Com a presente iniciativa legislativa, em cumprimento das orientações fixadas no Programa do Governo no sentido de serem agilizados os procedimentos de licenciamento dos estabelecimentos do sector do turismo, pretende-se ultrapassar situações como as acima descritas, possibilitando a abertura regular dos estabelecimentos de restauração ou de bebidas uma vez concluída a obra ou, na ausência desta, sempre que o estabelecimento se encontre equipado e apto a entrar em funcionamento.

Para tanto, há que prever a possibilidade de, em certas circunstâncias, a abertura do estabelecimento poder ser efectuada independentemente de realização da vistoria e da emissão de título que legitime a utilização do imóvel.

Com efeito, a vistoria para utilização limita-se a verificar a conformidade da execução da obra com o projecto aprovado, bem como a idoneidade da edificação para o fim a que se destina e a conformidade do uso previsto com as normas legais e regulamentares que lhe são aplicáveis.

De resto, nos termos do n.º 1 do artigo 64.º do Decreto-Lei n.º 555/99, na redacção que lhe foi dada pelo Decreto-Lei n.º 177/2001, de 4 de Junho (regime jurídico da urbanização e da edificação), a concessão de licença ou autorização de utilização de edifícios e suas fracções não depende, em regra, de prévia vistoria municipal.

Assim, nos casos em que os prazos previstos para a realização da vistoria ou para a emissão do alvará de licença ou autorização de utilização para estabelecimento de restauração ou de bebidas não sejam cumpridos pelas entidades competentes, admite-se a possibilidade de abertura ao público do estabelecimento mediante a responsabilização do promotor, do director técnico da obra, dos autores dos projectos de especialidades e do autor do projecto de segurança contra incêndios, atestando que a edificação respeita o projecto aprovado, bem como as normas legais e regulamentares aplicáveis, tendo em conta o uso a que se destina, assegurando-se, deste modo, a salvaguarda do interesse público.

Ao mesmo tempo, acompanha-se a tendência para a responsabilização das empresas no que se refere à qualidade e segurança de instalações e funcionamento dos estabelecimentos, bem como dos produtos alimentares comercializados, conforme estabelecido em legislação comunitária, nomeadamente pelo Regulamento (CE) n.º 178/2002, do Parlamento Europeu e do Conselho, de 28 de Janeiro, e dos Regulamentos (CE) n.ºs 852//2004 e 853/2004, do Parlamento Europeu e do Conselho, de 29 de Abril, relativos à segurança e higiene dos géneros alimentícios.

Aproveita-se a presente iniciativa para, através da declaração prévia introduzida no processo, operacionalizar também o registo obrigatório dos estabelecimentos de restauração ou de bebidas, o qual será promovido pela Direcção-Geral das Actividades Económicas.

Foram ouvidos os órgãos próprios da Regiões Autónomas, a Associação Nacional de Municípios Portugueses e as associações empresariais do sector com interesse e representatividade na matéria.

Assim:

Nos termos da alínea *a*) do n.º 1 do artigo 198.º da Constituição, o Governo decreta o seguinte:

CAPÍTULO I
Âmbito e requisitos

ARTIGO 1.º
Âmbito

1 – O presente decreto-lei estabelece o regime jurídico a que fica sujeita a instalação e a modificação de estabelecimentos de restauração ou de bebidas, bem como o regime aplicável à respectiva exploração e funcionamento.

2 – Para efeitos do presente decreto-lei, entende-se por:

a) «Instalação» a acção desenvolvida tendo em vista a abertura de um estabelecimento com o objectivo de nele ser exercida uma actividade de restauração ou de bebidas;

b) «Modificação» qualquer alteração do estabelecimento, incluindo a sua ampliação ou redução, bem como a alteração da entidade titular da exploração.

ARTIGO 2.º
Estabelecimentos de restauração ou de bebidas

1 – São estabelecimentos de restauração, qualquer que seja a sua denominação, os estabelecimentos destinados a prestar, mediante remuneração, serviços de alimentação e de bebidas no próprio estabelecimento ou fora dele.

2 – São estabelecimentos de bebidas, qualquer que seja a sua denominação, os estabelecimentos destinados a prestar, mediante remuneração, serviços de bebidas e cafetaria no próprio estabelecimento ou fora dele.

3 – Os estabelecimentos referidos nos números anteriores podem dispor de salas ou espaços destinados a dança.

4 – Os estabelecimentos referidos nos n.ºs 1 e 2 que disponham de instalações destinadas ao fabrico próprio de pastelaria, panificação e gelados, ou que vendam produtos alimentares, ficam sujeitos, exclusivamente, ao regime da instalação previsto no presente diploma, quando a potência contratada não exceda os 50 kVA.

ARTIGO 3.º
Outros locais onde se realizam serviços de restauração ou de bebidas

1 – Ficam sujeitos ao regime de licenciamento do presente decreto-lei os locais onde se realizam, mediante remuneração, serviços de restauração ou de bebidas através da actividade de *catering*, oferta de serviços de banquetes ou outras, desde que regularmente efectuados, entendendo-se como tal a execução nesses espaços de, pelo menos, 10 eventos anuais.

2 – Para efeitos do disposto no presente decreto-lei, não se consideram estabelecimentos de restauração ou de bebidas as cantinas, os refeitórios e os bares de entidades públicas, de empresas e de estabelecimentos de ensino destinados a fornecer serviços de alimentação e de bebidas exclusivamente ao respectivo pessoal e alunos, devendo este condicionamento ser devidamente publicitado.

3 – As secções acessórias de restauração ou de bebidas instaladas em estabelecimentos comerciais com outra actividade principal observam o regime legal previsto para estas actividades, sem prejuízo da aplicação obrigatória dos requisitos de instalação e funcionamento previstos neste decreto-lei e em legislação complementar.

ARTIGO 4.º
Proibição de instalação

1 – É proibida a instalação de estabelecimentos de bebidas onde se vendam bebidas alcoólicas para consumo no próprio estabelecimento ou fora dele junto de escolas do ensino básico e secundário.

2 – As áreas relativas à proibição referida no número anterior são delimitadas por cada município.

ARTIGO 5.º
Requisitos dos estabelecimentos

Os requisitos específicos relativos a instalações, funcionamento e regime de classificação de estabelecimentos de restauração ou de bebidas são definidos por decreto regulamentar.

CAPÍTULO II
Instalação e modificação

ARTIGO 6.º
Regime aplicável

1 – A instalação e a modificação dos estabelecimentos de restauração ou de bebidas estão sujeitas ao regime previsto no presente diploma, bem como ao cumprimento dos requisitos específicos previstos no decreto regulamentar de desenvolvimento.

2 – A sujeição ao regime de declaração prévia não dispensa os procedimentos previstos no regime jurídico da urbanização e da edificação, aprovado pelo Decreto-Lei n.º 555/99, de 16 de Dezembro, com as alterações que lhe foram introduzidas pelos Decretos-Leis n.ºs 177/2001, de 4 de Junho, e 157/2006, de 8 de Agosto, e pela Lei n.º 15/2002, de 22 de Fevereiro, adiante designado por RJUE, sempre que se realizem intervenções abrangidas por aquele regime.

ARTIGO 7.º
Consultas a entidades externas

1 – Nos termos e para os efeitos previstos no artigo 19.º do RJUE, devem ser objecto de consulta externa as seguintes entidades:

a) Autoridade Nacional de Protecção Civil, no que respeita a medidas de segurança contra riscos de incêndio, nos termos do Decreto-Lei n.º 368/99, de 18 de Setembro, e da Portaria n.º 1063/97, de 21 de Outubro;

b) Direcções regionais de economia ou associação inspectora de instalações eléctricas, para verificação das regras relativas à instalação eléctrica, nos termos do Decreto-Lei n.º 272/92, de 3 de Dezembro, no caso dos estabelecimentos previstos no n.º 4 do artigo 2.o, excepto se o projecto de instalação eléctrica previr uma potência inferior a 50 kVA;

c) Autoridades de saúde, para verificação do cumprimento de normas de higiene e saúde públicas nos termos do Decreto-Lei n.º 336/93, de 29 de Setembro;

d) Governos civis, para verificação de aspectos de segurança e ordem pública, quando esteja em causa a instalação de estabelecimentos de bebidas ou de restauração que disponham de salas ou espaços destinados a dança, nos termos do Decreto-Lei n.º 252/92, de 19 de Novembro, com as alterações introduzidas pelos Decretos-Leis n.ᵒˢ 316/95, de 28 de Fevereiro, e 213/2001, de 2 de Agosto.

2 – Quando desfavoráveis, os pareceres das entidades referidas nas alíneas *a*), *c*) e *d*) do número anterior são vinculativos.

ARTIGO 8.º
Dispensa de requisitos

1 – Os requisitos exigidos para cada tipo de estabelecimento podem ser dispensados quando, por questões arquitectónicas ou técnicas, a sua estrita observância seja impossível ou possa comprometer a rendibilidade do mesmo e desde que não ponha em causa condições de segurança e salubridade do estabelecimento, incluindo ventilação adequada.

2 – Para efeito do número anterior, reconhecem-se susceptíveis de criar condicionantes arquitectónicas ou estruturais, nomeadamente, a instalação de estabelecimentos em zonas classificadas, em edifícios classificados a nível nacional, regional ou local, bem como de edifícios de reconhecido valor histórico, arquitectónico, artístico ou cultural.

3 – Compete à Câmara Municipal, mediante requerimento fundamentado do interessado, decidir sobre a dispensa do cumprimento de requisitos, após consulta à Direcção-Geral das Actividades Económicas (DGAE) ou em quem esta expressamente delegar e, sempre que se afigurar adequado, das entidades competentes em razão da matéria.

4 – As entidades consultadas devem pronunciar-se sobre a dispensa no prazo 15 dias a contar da recepção dos elementos, decidindo a Câmara Municipal, a final, no prazo de 30 dias a contar da apresentação do requerimento, independentemente de as entidades consultadas terem ou não emitido parecer.

5 – A ausência de resposta ao requerente no prazo referido no número anterior considera-se como deferimento tácito do pedido formulado.

ARTIGO 9.º
Comissão arbitral

1 – Para resolução de conflitos relacionados com a aplicação do disposto no artigo 8.º, desde que os mesmos não resultem de parecer desfavorável das entidades a que se refere o n.º 2 do artigo 7.º, os interessados podem recorrer à intervenção de uma comissão arbitral, constituída por:

a) Um representante da câmara municipal;
b) Um representante da DGAE ou em quem esta expressamente delegar;
c) Um representante do interessado;
d) Um representante de associação de empregadores representativa do sector; e
e) Um técnico designado por cooptação, especialista na matéria sobre a qual incide o litígio e que preside.

2 – Na falta de acordo, o técnico é nomeado pelo presidente do tribunal central administrativo competente na circunscrição administrativa do município.

3 – À constituição e funcionamento da comissão arbitral aplica-se o disposto na lei da arbitragem voluntária.

ARTIGO 10.º
Licença ou autorização de utilização

1 – Concluída a obra e equipado o estabelecimento em condições de iniciar o seu funcionamento, o interessado requer a concessão da licença ou da autorização para estabelecimento de restauração ou de bebidas, nos termos do RJUE.

2 – O alvará de licença ou de autorização de utilização para estabelecimento de restauração ou de bebidas deve conter os elementos referidos no n.º 5 do artigo 77.º do RJUE.

3 – Decorridos os prazos de 30 dias para concessão da licença ou de 20 dias para autorização de utilização, previstos respectivamente na alínea *d)* do n.º 1 do artigo 23.º ou na alínea *b)* do n.º 1 do artigo 30.º do RJUE, sem que tenha sido concedida, o interessado pode comunicar à câmara municipal a sua decisão de abrir ao público.

4 – Para o efeito, deve remeter à câmara municipal competente, com cópia à DGAE ou em quem esta expressamente delegar, a declaração prévia prevista no n.º 1 do artigo 11.º do presente decreto-lei, acompanhada dos seguintes elementos adicionais:

a) Termo de responsabilidade do director técnico de obra previsto no artigo 63.º do RJUE, caso ainda não tenha sido entregue com o pedido a que se refere o n.º 1 do artigo 10.º deste diploma;
b) Termo de responsabilidade subscrito pelo autor do projecto de segurança contra incêndios declarando que a obra foi executada de acordo com o projecto aprovado e, se for caso disso, que as alterações efectuadas estão em conformidade com as normas legais e regulamentares aplicáveis

em matéria de segurança contra riscos de incêndio, caso não tenha sido entregue com o pedido a que se refere o n.º 1 do artigo 10.º deste diploma;

c) Termo de responsabilidade subscrito pelos autores dos projectos de especialidades, nomeadamente, relativos a instalações eléctricas, acústicas, acessibilidades do edifício, quando obrigatórios e ainda não entregues;

d) Auto de vistoria de teor favorável à abertura do estabelecimento elaborado pelas entidades que tenham realizado a vistoria prevista nos artigos 62.º e 64.º do RJUE, quando tenha ocorrido;

e) No caso de a vistoria ter imposto condicionantes, termo de responsabilidade assinado pelo responsável da direcção técnica da obra assegurando que as mesmas foram respeitadas.

5 – Caso se venha a verificar grave ou significativa desconformidade do estabelecimento em funcionamento com o projecto aprovado, os subscritores dos termos de responsabilidade mencionados no n.º 2 do presente artigo respondem solidariamente com a entidade exploradora do estabelecimento, nos termos estabelecidos nos artigos 98.º a 101.º do RJUE.

ARTIGO 11.º
Declaração prévia

1 – Existindo licença de utilização ou autorização para estabelecimento de restauração ou de bebidas, o titular da exploração dos estabelecimentos abrangidos pelo presente decreto-lei deve, antes do início da actividade, apresentar uma declaração na Câmara Municipal competente, com cópia à DGAE ou em quem esta expressamente delegar, na qual se responsabiliza que o estabelecimento cumpre todos os requisitos adequados ao exercício da respectiva actividade.

2 – A declaração a que se refere o número anterior é efectuada através de modelo próprio, a aprovar por portaria dos membros do Governo com a tutela do turismo e das autarquias locais e disponibilizado, electronicamente ou em papel, pelas câmaras municipais e pela DGAE ou em quem esta expressamente delegar.

ARTIGO 12.º
Título de abertura

1 – Constitui título válido de abertura do estabelecimento a posse, pelo respectivo explorador, de comprovativo de ter efectuado a declaração prévia prevista no artigo 10.º ou no artigo 11.º do presente decreto-lei.

2 - Os documentos referidos no número anterior constituem título bastante e suficiente para efeitos de identificação do estabelecimento, legitimidade de funcionamento, respectiva transmissão e registo, não podendo o funcionamento do mesmo bem como as transacções comerciais e imobiliárias a ele respeitantes ser prejudicados pela inexistência de um título formal emitido pela Câmara Municipal.

3 - Aos contratos de arrendamento relativos a imóveis ou suas fracções, onde se pretenda instalar estabelecimento de restauração ou de bebidas, aplica-se, com as necessárias adaptações, o disposto no Decreto-Lei n.º 160/2006, de 8 de Agosto.

CAPÍTULO III
Exploração e funcionamento

ARTIGO 13.º
Nome dos estabelecimentos

1 - Em toda a publicidade, correspondência, *merchandising* e documentação do estabelecimento não podem ser sugeridas designações, características, tipologia ou classificação que este não possua, sendo obrigatória a referência ao nome e tipo de estabelecimento.

2 - Salvo quando pertençam a uma mesma organização, os estabelecimentos de restauração ou de bebidas não podem adoptar nomes e marcas nominativas ou figurativas iguais ou de tal forma semelhantes a outros existentes ou requeridos que possam induzir em erro ou ser susceptíveis de confusão.

ARTIGO 14.º
Acesso aos estabelecimentos

1 - É livre o acesso aos estabelecimentos de restauração ou de bebidas, salvo o disposto nos números seguintes.

2 - Pode ser recusado o acesso ou permanência nos estabelecimentos a quem perturbe o seu funcionamento normal, designadamente por:

   a) Não manifestar a intenção de utilizar os serviços neles prestados;
   b) Se recusar a cumprir as normas de funcionamento impostas por

disposições legais ou privativas do estabelecimento, desde que essas restrições sejam devidamente publicitadas;

c) Entrar nas áreas de acesso reservado.

3 – Nos estabelecimentos de restauração ou de bebidas pode ser recusado o acesso a pessoas que se façam acompanhar por animais, salvo quando se tratar de cães de guia e desde que essa restrição esteja devidamente publicitada[33].

4 – O disposto no n.º 1 não prejudica, desde que devidamente publicitadas:

a) A possibilidade de afectação total ou parcial dos estabelecimentos de restauração ou de bebidas à utilização exclusiva por associados ou beneficiários das entidades proprietárias ou da entidade exploradora;

b) A reserva temporária de parte ou da totalidade dos estabelecimentos.

5 – As entidades exploradoras dos estabelecimentos de restauração ou de bebidas não podem permitir o acesso a um número de utentes superior ao da respectiva capacidade.

ARTIGO 15.º
Período e horário de funcionamento

O período de funcionamento e horário adoptado bem como eventuais períodos anuais de encerramento do estabelecimento devem estar devidamente publicitados, através de afixação em local visível destinado ao efeito.

ARTIGO 16.º
Livro de reclamações

1 – Em todos os estabelecimentos de restauração ou de bebidas deve existir um livro de reclamações, nos termos e condições estabelecidos no Decreto-Lei n.º. 156/2005, de 15 de Setembro, que regula esta matéria.

2 – Sem prejuízo do disposto no n.º 3 do artigo 15.º do diploma referido no número anterior, um duplicado das observações e reclamações formuladas deve ser enviado à Autoridade de Segurança Alimentar e Eco-

---

[33] V. Decreto-Lei n.º 74/2007, de 27.03 que autoriza as pessoas com deficiência a fazerem-se acompanhar de cães de assistência nos locais, transportes e estabelecimentos de acesso público.

nómica (ASAE), entidade competente para fiscalizar e instruir eventuais processos de contra-ordenação, nos termos dos artigos 6.º e 11.º daquele diploma.

ARTIGO 17.º
Registo de estabelecimentos

1 – A declaração prévia serve de base para o registo dos estabelecimentos de restauração ou de bebidas organizado pela DGAE.

2 – A DGAE disponibiliza no seu sítio Internet uma relação dos estabelecimentos objecto das declarações de instalação, modificação ou encerramento, actualizada semanalmente, na qual conste a firma ou a denominação social e o nome ou insígnia do estabelecimento, endereço, classificação das actividades económicas (CAE) e data prevista para abertura ou modificação ou data de encerramento.

ARTIGO 18.º
Comunicação de encerramento

O encerramento de estabelecimentos abrangidos pelo presente decreto-lei deve ser comunicado pelo titular da exploração à câmara municipal respectiva e à DGAE ou em quem esta expressamente delegar, até 30 dias após a sua ocorrência, através do modelo previsto no n.º 2 do artigo 11.º

ARTIGO 19.º
Regime especial para serviços de restauração ou de bebidas ocasionais e ou esporádicos

1 – A prestação de serviços de restauração ou de bebidas com carácter esporádico e ou ocasional, devidamente remunerada e anunciada junto ao público, independentemente de ser prestada em instalações fixas ou em instalações amovíveis ou pré-fabricadas, fica sujeita a um regime extraordinário de autorização nos termos dos números seguintes.

2 – Relativamente às instalações fixas, nas quais se realizem até 10 eventos anuais, ou às instalações móveis ou amovíveis, localizadas em recintos de espectáculos, feiras, exposições ou outros espaços, será dirigido requerimento à câmara municipal competente relativo ao serviço a

prestar com cópia à DGAE, ou em quem esta expressamente delegar, sendo promovido um processo especial de autorização para a respectiva realização, observando-se o procedimento estabelecido no artigo 19.º do Decreto-Lei n.º 309/2002, de 16 de Dezembro, com as especificações previstas no presente articulado.

3 – A câmara municipal organizará o processo e convoca para vistoriar o local a DGAE, ou em quem esta expressamente delegar, uma associação de empregadores representativa do sector, bem como as autoridades referidas no artigo 7.º, que devam pronunciar-se, a fim de emitir autorização para o evento pretendido.

4 – A falta de comparência de qualquer convocado não desonera a Câmara Municipal de proceder à emissão de autorização do evento.

CAPÍTULO IV
Fiscalização e sanções

ARTIGO 20.º
Competência para a fiscalização

Compete à ASAE a fiscalização do cumprimento das obrigações previstas no presente decreto-lei e no regulamento a que se refere o artigo 5.º, sem prejuízo das competências próprias dos municípios no âmbito do RJUE, bem como das competências das entidades que intervêm no domínio dos requisitos específicos aplicáveis.

ARTIGO 21.º
Regime sancionatório

1 – Constituem contra-ordenações:

a) As infracções ao disposto no artigo 4.º e no n.º 1 do artigo 12.º, puníveis com coima de € 1250 a € 3740,98, no caso de se tratar de pessoa singular, e de € 2500 a € 30 000, no caso de se tratar de pessoa colectiva;

b) As infracções ao disposto no artigo 11.º, no n.º 5 do artigo 14.º, no artigo 18.º, nos n.ºs 1 e 2 do artigo 19.º e no n.º 1 do artigo 24.º, puníveis com coima de € 300 a € 3000, no caso de se tratar de pessoa singular, e de € 1250 a € 5000, no caso de se tratar de pessoa colectiva;

c) As infracções ao disposto no artigo 13.º, no n.º 1 do artigo 14.º, bem como a falta de publicitação das restrições de acesso previstas nos n.ᵒˢ 2 e 3 desse mesmo artigo e ao disposto no artigo 15.º, puníveis com coima de € 125 a € 1000, no caso de se tratar de pessoa singular, e de € 500 a € 5000, no caso de se tratar de pessoa colectiva;

d) As infracções decorrentes do incumprimento dos requisitos específicos de instalação, funcionamento e classificação previstos no regulamento a que se refere o artigo 5.º, puníveis com coima de € 125 a € 3740, no caso de se tratar de pessoa singular, e de € 500 a € 30 000, no caso de se tratar de pessoa colectiva.

2 – A negligência é sempre punível nos termos gerais.

3 – A instrução dos processos compete à ASAE e a competência para aplicar as respectivas coimas cabe à Comissão de Aplicação de Coimas em Matéria Económica e de Publicidade (CACMEP).

4 – Os produtos das coimas são distribuídos da seguinte forma:
a) 60% para os cofres do Estado;
b) 30% para a ASAE;
c) 10% para a CACMEP.

5 – O presente regime sancionatório não prejudica eventual responsabilidade civil ou criminal a que haja lugar, nos termos da lei geral.

ARTIGO 22.º
Sanções acessórias

1 – Em função da gravidade das infracções, da culpa e da reincidência do agente, nas contra-ordenações previstas no artigo anterior, pode ser aplicada a sanção acessória de encerramento por um período máximo de dois anos, nas situações previstas no número seguinte.

2 – O encerramento do estabelecimento pode ser determinado nos termos do n.º 1 do artigo 7.º do Decreto-Lei n.º 113/2006, de 12 de Junho, e ainda quando ocorra violação do n.º 1 do artigo 11.º, do artigo 12.º e dos n.ᵒˢ 1 e 2 do artigo 19.º do presente decreto-lei.

3 – Pode ser determinada a publicidade da aplicação da sanção por contra-ordenação mediante a afixação de cópia da decisão no próprio estabelecimento e em lugar bem visível pelo período de 30 dias.

CAPÍTULO V
Disposições finais e transitórias

ARTIGO 23.º
Processos pendentes

Aos processos de licenciamento de estabelecimentos de restauração ou de bebidas que à data de entrada em vigor do presente decreto-lei estejam pendentes aplica-se o regime previsto no presente decreto-lei, devendo o titular da exploração proceder ao envio da declaração prévia, nos termos dos artigos 10.º ou 11.º, consoante o caso.

ARTIGO 24.º
Estabelecimentos com licença ou autorização de utilização

1 – Para efeitos de registo, os estabelecimentos em funcionamento com autorização de abertura ou alvará de licença ou autorização de utilização têm o prazo de 120 dias a contar da data da entrada em vigor da portaria de regulamentação prevista no n.º 2 do artigo 11.º para enviar a comunicação a que respeita o n.º 2 do artigo 17.º do presente decreto-lei.

2 – Sem prejuízo do disposto no número anterior, as autorizações de abertura, alvarás sanitários ou alvarás de licença ou autorização de utilização de estabelecimento de restauração ou de bebidas emitidas ao abrigo de legislação anterior, mantêm-se válidas até à realização de obras de modificação do estabelecimento.

ARTIGO 25.º
Regiões Autónomas

O regime previsto no presente decreto-lei é aplicável nas Regiões Autónomas dos Açores e da Madeira, sem prejuízo das adaptações decorrentes da estrutura da administração regional, a introduzir por diploma legislativo próprio.

ARTIGO 26.º
Norma revogatória

São revogados:
a) O Decreto-Lei n.º 168/97, de 4 de Julho;
b) O Decreto Regulamentar n.º 38/97, de 25 de Setembro.

ARTIGO 27.º
Disposições transitórias

Até à data de entrada em vigor do decreto regulamentar previsto no artigo 5.º do presente decreto-lei continuam a observar-se os requisitos de instalação e funcionamento dos estabelecimentos de restauração ou de bebidas previstos no Decreto Regulamentar n.º 38/97, de 25 de Setembro, com as alterações introduzidas pelo Decreto Regulamentar n.º 4/99, de 21 de Abril, bem como o regime de classificação dos estabelecimentos de restauração ou de bebidas a que alude os artigos 20.º e seguintes do Decreto-Lei n.º 168/97, de 4 de Julho, alterado pelos Decretos-Leis n.ºs 139/99, de 24 de Abril, 222/2000, de 9 de Setembro, e 57/2002, de 11 de Março.

ARTIGO 28.º
Entrada em vigor

O presente decreto-lei entra em vigor 30 dias após a sua publicação.

NORMAS PARA A PROTECÇÃO DOS CIDADÃOS DA EXPOSIÇÃO INVOLUNTÁRIA AO FUMO DO TABACO E MEDIDAS DE REDUÇÃO DA PROCURA RELACIONADAS COM A DEPENDÊNCIA E A CESSAÇÃO DO SEU CONSUMO

LEI N.º 37/2007,
de 14 de Agosto

A Assembleia da República decreta, nos termos da alínea c) do artigo 161.º da Constituição, o seguinte:

CAPÍTULO I
Disposições gerais

ARTIGO 1.º
Objecto

A presente lei dá execução ao disposto na Convenção Quadro da Organização Mundial de Saúde para o Controlo do Tabaco, aprovada pelo Decreto n.º 25-A/2005, de 8 de Novembro, estabelecendo normas tendentes à prevenção do tabagismo, em particular no que se refere à protecção da exposição involuntária ao fumo do tabaco, à regulamentação da composição dos produtos do tabaco, à regulamentação das informações a prestar sobre estes produtos, à embalagem e etiquetagem, à sensibilização e educação para a saúde, à proibição da publicidade a favor do tabaco, promoção e patrocínio, às medidas de redução da procura relacionadas com a dependência e a cessação do consumo, à venda a menores e através de meios automáticos, de modo a contribuir para a diminuição dos riscos ou efeitos negativos que o uso do tabaco acarreta para a saúde dos indivíduos.

ARTIGO 2.º
Definições

Para efeitos da presente lei e demais legislação sobre a prevenção do tabagismo, entende-se por:

a) «Advertência complementar» qualquer das advertências referidas no anexo II da presente lei;

b) «Advertência geral» o aviso relativo aos prejuízos para a saúde decorrentes do uso do tabaco, a apor na face mais visível das embalagens de tabaco;

c) «Alcatrão ou condensado» o condensado de fumo bruto anidro e isento de nicotina;

d) «Áreas de trabalho em permanência» os locais onde os trabalhadores tenham de permanecer mais de 30 % do respectivo tempo diário de trabalho;

e) «Embalagem de tabaco» qualquer forma de embalagem individual e qualquer embalagem exterior utilizada na venda a retalho de produtos do tabaco, com excepção das sobreembalagens transparentes;

f) «Ingrediente» qualquer substância ou componente, que não as folhas e outras partes naturais ou não transformadas da planta do tabaco, utilizado no fabrico ou na preparação de um produto do tabaco e presente no produto final, ainda que em forma alterada, incluindo o papel, o filtro, as tintas e os adesivos;

g) «Local de trabalho» todo o lugar onde o trabalhador se encontra e em que esteja, directa ou indirectamente, sujeito ao controlo do empregador;

h) «Local de venda de tabaco» qualquer local onde sejam colocados à venda produtos do tabaco;

i) «Nicotina» os alcalóides nicotínicos;

j) «Produto do tabaco» qualquer produto destinado a ser fumado, inalado, chupado ou mascado, desde que seja, ainda que parcialmente, constituído por tabaco, geneticamente modificado ou não;

l) «Produtos do tabaco para uso oral» os produtos que se destinam a uso oral constituídos total ou parcialmente por tabaco sob a forma de pó ou de partículas finas ou qualquer combinação destas formas, nomeadamente os que se apresentam em doses individuais ou pacotes porosos ou sob forma que evoque um género alimentício, com excepção dos produtos para fumar ou mascar;

m) «Publicidade ao tabaco» qualquer forma de comunicação feita por entidades de natureza pública ou privada, no âmbito de uma actividade comercial, industrial, artesanal ou liberal, com o objectivo directo ou indirecto de promover um produto do tabaco ou o seu consumo;

n) «Recinto fechado» todo o espaço limitado por paredes, muros ou outras superfícies e dotado de uma cobertura;

o) «Serviço da sociedade da informação» qualquer serviço prestado à distância, por via electrónica, mediante pedido individual de um destinatário de serviços e contra pagamento de um preço, entendendo-se, nesta conformidade, por:

«À distância» um serviço prestado sem que as partes estejam física e simultaneamente presentes;
«Por via electrónica» um serviço enviado desde a origem e recebido no destino através de instrumentos electrónicos de processamento (incluindo a compressão digital) e de armazenamento de dados, que é inteiramente transmitido, encaminhado e recebido por cabo, rádio, meios ópticos ou outros meios electromagnéticos;
«Mediante pedido individual de um destinatário de serviços» um serviço fornecido por transmissão de dados, mediante pedido individual;

p) «Suporte publicitário» o veículo utilizado para a transmissão da mensagem publicitária;

q) «Tabaco» as folhas, parte das folhas e nervuras das plantas *Nicotiana tabacum* L. e *Nicotiana rustica* L., quer sejam comercializadas sob a forma de cigarro, cigarrilha ou charutos quer picadas para cachimbo ou para a feitura manual de cigarros, seja com a forma de rolo, barra, lâmina, cubo ou placa ou reduzidas a pó ou a grãos;

r) «Televenda de produtos do tabaco» a difusão de ofertas directas ao público, realizada por canais televisivos, com vista ao fornecimento de cigarros ou outros produtos derivados do tabaco, mediante remuneração;

s) «Uso de tabaco» o acto de fumar, inalar, chupar ou mascar um produto à base de tabaco, bem como o acto de fumar, mascar ou inalar os produtos referidos nos n.os 8 e 9 do artigo 81.º do Decreto-Lei n.º 566/99, de 22 de Dezembro.

CAPÍTULO II
Limitações ao consumo de tabaco

ARTIGO 3.º
Princípio geral

O disposto no presente capítulo visa estabelecer limitações ao consumo de tabaco em recintos fechados destinados a utilização colectiva de forma a garantir a protecção da exposição involuntária ao fumo do tabaco.

ARTIGO 4.º
Proibição de fumar em determinados locais

1 – É proibido fumar:
(...)
b) Nos locais de trabalho;
(...)
j) Nas salas e recintos de espectáculos e noutros locais destinados à difusão das artes e do espectáculo, incluindo as antecâmaras, acessos e áreas contíguas;
l) Nos recintos de diversão e recintos destinados a espectáculos de natureza não artística;
(...)
o) Nos conjuntos e grandes superfícies comerciais e nos estabelecimentos comerciais de venda ao público;
p) Nos estabelecimentos hoteleiros e outros empreendimentos turísticos onde sejam prestados serviços de alojamento;
q) Nos estabelecimentos de restauração ou de bebidas, incluindo os que possuam salas ou espaços destinados a dança;
r) Nas cantinas, nos refeitórios e nos bares de entidades públicas e privadas destinados exclusivamente ao respectivo pessoal;
(...)
ab) Em qualquer outro lugar onde, por determinação da gerência ou de outra legislação aplicável, designadamente em matéria de prevenção de riscos ocupacionais, se proíba fumar.

ARTIGO 5.º
Excepções

(...)
2 – Sem prejuízo do disposto no artigo anterior, podem ser criadas nos estabelecimentos prisionais unidades de alojamento, em celas ou camaratas, para reclusos fumadores desde que satisfaçam os requisitos das alíneas *a*), *b*) e *c*) do n.º 5, sendo ainda admitido fumar nas áreas ao ar livre.

3 – Nos locais mencionados nas alíneas *a*), *b*), *c*), *d*), *e*), *h*), *i*), *j*), *l*), *m*), *n*), *o*), *p*), *q*), *r*) e *t*) do n.º 1 do artigo anterior, bem como nos locais mencionados na alínea *g*) do n.º 1 do artigo anterior que integrem o sistema de ensino superior, é admitido fumar nas áreas ao ar livre.

4 – Nos locais mencionados na alínea *s*) do n.º 1 do artigo anterior é admitido fumar nas áreas ao ar livre, com excepção das zonas onde se realize o abastecimento de veículos.

5 – Nos locais mencionados nas alíneas *a*), *b*), *e*), *j*), *l*), *n*), *o*), *p*) e *t*) do n.º 1 do artigo anterior, bem como nos locais mencionados na alínea *g*) do n.º 1 do referido artigo que integrem o sistema de ensino superior e nos locais mencionados na alínea *h*) do n.º 1 do mesmo artigo que não sejam frequentados por menores de 18 anos, pode ser permitido fumar em áreas expressamente previstas para o efeito desde que obedeçam aos requisitos seguintes:

a) Estejam devidamente sinalizadas, com afixação de dísticos em locais visíveis, nos termos do disposto no artigo 6.º;

b) Sejam separadas fisicamente das restantes instalações, ou disponham de dispositivo de ventilação, ou qualquer outro, desde que autónomo, que evite que o fumo se espalhe às áreas contíguas;

c) Seja garantida a ventilação directa para o exterior através de sistema de extracção de ar que proteja dos efeitos do fumo os trabalhadores e os clientes não fumadores.

6 – Nos locais mencionados na alínea *q*) do n.º 1 do artigo anterior com área destinada ao público inferior a 100 m2, o proprietário pode optar por estabelecer a permissão de fumar desde que obedeça aos requisitos mencionados nas alíneas *a*), *b*) e *c*) do número anterior.

7 – Nos locais mencionados na alínea *q*) do n.º 1 do artigo anterior com área destinada ao público igual ou superior a 100 m2 podem ser criadas áreas para fumadores, até um máximo de 30 % do total respectivo, ou espaço fisicamente separado não superior a 40 % do total respectivo, desde que obedeçam aos requisitos mencionados nas alíneas *a*), *b*) e *c*) do n.º 5, não abranjam as áreas destinadas exclusivamente ao pessoal nem as áreas onde os trabalhadores tenham de trabalhar em permanência.

8 – Nos locais mencionados na alínea p) do n.º 1 do artigo anterior podem ser reservados andares, unidades de alojamento ou quartos para fumadores, até um máximo de 40 % do total respectivo, ocupando áreas contíguas ou a totalidade de um ou mais andares, desde que obedeçam aos requisitos mencionados nas alíneas a), b) e c) do n.º 5.
(...)
10 – Sem prejuízo do disposto no n.º 6, a opção pela permissão de fumar deve, sempre que possível, proporcionar a existência de espaços separados para fumadores e não fumadores.

11 – A definição das áreas para fumadores cabe às entidades responsáveis pelos estabelecimentos em causa, devendo ser consultados os respectivos serviços de segurança, higiene e saúde no trabalho e as comissões de segurança, higiene e saúde no trabalho, ou, na sua falta, os representantes dos trabalhadores para a segurança, higiene e saúde no trabalho.

ARTIGO 6.º
Sinalização

1 – A interdição ou o condicionamento de fumar no interior dos locais referidos nos artigos 4.º e 5.º devem ser assinalados pelas respectivas entidades competentes, mediante a afixação de dísticos com fundo vermelho, conformes ao modelo A constante do anexo I da presente lei e que dela faz parte integrante, sendo o traço, incluindo a legenda e a cruz, a branco e com as dimensões mínimas de 160 mm x 55 mm.

2 – As áreas onde é permitido fumar são identificadas mediante afixação de dísticos com fundo azul e com as restantes características indicadas no número anterior, conformes ao modelo B constante do anexo I.

3 – Aos dísticos referenciados nos números anteriores deve apor-se, na parte inferior do modelo, uma legenda identificando a presente lei.

4 – O dístico referido no n.º 1 deve ainda conter o montante da coima máxima aplicável aos fumadores que violem a proibição de fumar.

5 – Nos casos previstos nos n.ºs 6, 7 e 8 do artigo anterior, os dísticos devem ser afixados de forma a serem visíveis a partir do exterior dos estabelecimentos.

ARTIGO 7.º
Responsabilidade

1 - O cumprimento do disposto nos artigos 4.º a 6.º deve ser assegurado pelas entidades públicas ou privadas que tenham a seu cargo os locais a que se refere a presente lei.

2 - Sempre que se verifiquem infracções ao disposto nos artigos 4.º a 6.º, as entidades referidas no número anterior devem determinar aos fumadores que se abstenham de fumar e, caso estes não cumpram, chamar as autoridades administrativas ou policiais, as quais devem lavrar o respectivo auto de notícia.

3 - Todos os utentes dos locais referidos no n.º 1 têm o direito de exigir o cumprimento do disposto nos artigos 4.º a 6.º, podendo apresentar queixa por escrito, circunstanciada, usando para o efeito, nomeadamente, o livro de reclamações disponível no estabelecimento em causa.

CAPÍTULO III
Composição e medição das substâncias contidas nos cigarros comercializados
(...)

CAPÍTULO IV
Rotulagem e embalagem dos maços de cigarros
(...)

CAPÍTULO V
Venda de produtos do tabaco

ARTIGO 15.º
Proibição de venda de produtos do tabaco

1 - É proibida a venda de produtos do tabaco:
 a) Nos locais a que se referem as alíneas a), d), e), f), g), h) e r) do n.º 1 do artigo 4.º e nas instalações referidas na alínea m) do mesmo artigo;

b) Através de máquinas de venda automática, sempre que estas não reúnam cumulativamente os seguintes requisitos:

   i) Estejam munidas de um dispositivo electrónico ou outro sistema bloqueador que impeça o seu acesso a menores de 18 anos;

   ii) Estejam localizadas no interior do estabelecimento comercial, de forma a serem visualizadas pelo responsável do estabelecimento, não podendo ser colocadas nas respectivas zonas de acesso, escadas ou zonas similares e nos corredores de centros comerciais e grandes superfícies comerciais;

c) A menores com idade inferior a 18 anos, a comprovar, quando necessário, por qualquer documento identificativo com fotografia;

d) Através de meios de televenda.

2 – A proibição referida na alínea *c)* do número anterior deve constar de aviso impresso em caracteres facilmente legíveis, sobre fundo contrastante, e afixado de forma visível nos locais de venda dos produtos do tabaco.

3 – É proibida a comercialização de embalagens promocionais ou a preço reduzido.

4 – Por portaria conjunta dos Ministros das Finanças e da Saúde, poderá ser proibida a venda de produtos do tabaco a preço inferior a um preço mínimo de referência.

CAPÍTULO VI

Publicidade, promoção e patrocínio de tabaco e de produtos do tabaco

ARTIGO 16.º
Publicidade e promoção

1 – São proibidas todas as formas de publicidade e promoção ao tabaco e aos produtos do tabaco, incluindo a publicidade oculta, dissimulada e subliminar, através de suportes publicitários nacionais ou com sede em Portugal, incluindo os serviços da sociedade de informação, salvo o disposto nos n.ºs 3, 4 e 7.

2 – É proibida a publicidade ao tabaco, ou ao seu uso, em máquinas de venda automática.

3 – O disposto no n.º 1 não é aplicável à informação comercial circunscrita às indicações de preço, marca e origem exibida exclusivamente

no interior dos estabelecimentos que vendam produtos do tabaco, desde que esta não seja visível no exterior dos estabelecimentos, designadamente nas respectivas montras.

4 - A publicidade na imprensa e noutros meios de comunicação impressos só é permitida em publicações destinadas exclusivamente aos profissionais do comércio do tabaco ou em publicações impressas e editadas em países terceiros, desde que não se destinem principalmente ao mercado comunitário.

5 - É proibida a distribuição gratuita ou a venda promocional de produtos do tabaco ou de quaisquer bens de consumo, que visem, ou tenham por efeito directo ou indirecto, a promoção desses produtos do tabaco.

6 - É proibida a distribuição de brindes, atribuição de prémios ou a realização de concursos, ainda que exclusivamente destinados a fumadores, por parte de empresas directa ou indirectamente relacionadas com o fabrico, a distribuição ou a venda de produtos do tabaco.

7 - É apenas admitida a promoção de produtos do tabaco quando esta se destine exclusivamente aos profissionais do comércio do tabaco e seja realizada fora do âmbito da actividade de venda ao público.

8 - É proibida a introdução de cupões ou outros elementos estranhos nas embalagens e sobre embalagens de produtos do tabaco, ou entre estas e aquelas, para além do próprio produto do tabaco e respectiva rotulagem.

9 - É proibida a promoção de vendas e a introdução no consumo de embalagens miniatura de marcas já comercializadas ou a comercializar.

(...)

CAPÍTULO VIII
Regime sancionatório

ARTIGO 25.º
Contra-ordenações

1 - Constituem contra-ordenações as infracções ao disposto nos artigos 4.º a 6.º, no n.º 2 do artigo 7.º e nos artigos 8.º a 19.º, as quais são punidas com as seguintes coimas:

a) De € 50 a € 750, para o fumador que fume nos locais previstos nas alíneas a) a bb) do n.º 1 e no n.º 2 do artigo 4.º ou fora das áreas ao ar livre ou das áreas para fumadores previstas nos n.os 1 a 9 do artigo 5.º;

b) De € 50 a € 1000, para os proprietários dos estabelecimentos privados, pessoas colectivas, sociedades ainda que irregularmente constituídas, ou associações sem personalidade jurídica, bem como para os órgãos directivos ou dirigentes máximos dos organismos, estabelecimentos ou serviços da Administração Pública que violem o disposto no n.º 2 do artigo 7.º;

c) De € 2500 a € 10 000, para entidades referidas na alínea anterior que violem o disposto nos n.ºs 1 a 9 do artigo 5.º e no artigo 6.º;

d) De € 10 000 a € 30 000, para as infracções aos n.ºs 6, 7 e 8 do artigo 9.º e aos n.ºs 1 e 2 do artigo 10.º, sendo o valor reduzido para € 1500 e € 3000, respectivamente, se o infractor for pessoa singular;

e) De € 30 000 a € 250 000, para as infracções ao artigo 8.º, ao n.º 3 do artigo 9.º e aos artigos 11.º, 12.º, 13.º, 14.º, 15.º, 16.º, 17.º, 18.º e 19.º, sendo o valor reduzido para € 2000 e € 3750, respectivamente, se o infractor for pessoa singular.

2 – A negligência é punível, sendo os limites mínimos e máximos das coimas aplicáveis reduzidos a metade.

3 – Nos casos previstos na alínea *e)* do n.º 1, a tentativa é punível, sendo os limites mínimos e máximos das coimas aplicáveis reduzidos a metade.

4 – Quando a infracção implicar forma de publicidade oculta ou dissimulada, é aplicável a punição prevista nas normas gerais sobre a actividade publicitária.

5 – Às contra-ordenações previstas na presente lei e em tudo quanto nela se não encontre especialmente regulado são aplicáveis as disposições do Decreto-Lei n.º 433/82, de 27 de Outubro, com as alterações introduzidas pelos Decretos-Leis n.ºs 356/89, de 17 de Outubro, 244/95, de 14 de Setembro, e 323/2001, de 17 de Dezembro, e pela Lei n.º 109/2001, de 24 de Dezembro.

ARTIGO 26.º
Sanções acessórias

1 – No caso das contra-ordenações previstas nas alíneas *c)*, *d)* e *e)* do n.º 1 do artigo anterior, podem ainda ser aplicadas as sanções acessórias previstas nas alíneas *a)* a *g)* do n.º 1 do artigo 21.º do Decreto-Lei n.º 433/82, de 27 de Outubro, na redacção que lhe foi dada pelos Decretos-Leis n.ºs 356/89, de 17 de Outubro, e 244/95, de 14 de Setembro.

2 – O incumprimento do disposto nos n.ºs 1 a 3 do artigo 15.º determina a aplicação da sanção acessória de interdição de venda de qualquer produto do tabaco.

ARTIGO 27.º
Responsabilidade solidária

1 – Pelo pagamento das coimas em que sejam condenados os agentes das infracções ao disposto nos n.ºs 6, 7 e 8 do artigo 9.º, nos n.ºs 1 e 2 do artigo 10.º, no artigo 11.º e no artigo 13.º são solidariamente responsáveis o fabricante e o importador de produtos do tabaco.

2 – Pelo pagamento das coimas em que sejam condenados os agentes das infracções ao disposto na alínea b) do n.º 1 do artigo 15.º e no n.º 2 do artigo 16.º são solidariamente responsáveis o proprietário da máquina de venda automática de tabaco e aquele que tenha a direcção efectiva do espaço em que o equipamento se encontra instalado.

3 – Pelo pagamento das coimas em que sejam condenados os agentes das infracções ao disposto no artigo 17.º são solidariamente responsáveis o fabricante ou importador e o proprietário dos locais onde estes produtos sejam disponibilizados, de forma onerosa ou gratuita.

4 – Pelo pagamento das coimas em que sejam condenados os agentes das infracções ao disposto na alínea d) do n.º 1 do artigo 15.º, nos n.ºs 1, 6 e 8 do artigo 16.º e no n.º 1 do artigo 19.º são solidariamente responsáveis o promotor da venda ou da campanha, a agência de publicidade e as entidades proprietárias do suporte publicitário utilizado.

5 – Pelo pagamento das coimas em que sejam condenados os agentes das infracções ao disposto nos n.ºs 1 e 2 do artigo 18.º são solidariamente responsáveis a entidade patrocinadora e a entidade patrocinada.

6 – As entidades proprietárias do suporte publicitário utilizado, o comerciante ou o promotor da venda eximem-se da responsabilidade referida no n.º 4 caso demonstrem não ter tido prévio conhecimento da mensagem publicitária difundida.

ARTIGO 28.º
Fiscalização e tramitação processual

1 – Sem prejuízo das competências atribuídas pelo artigo 7.º às autoridades administrativas e policiais, a fiscalização do disposto na presente lei compete à Autoridade de Segurança Alimentar e Económica, à excepção da fiscalização do preceituado na alínea d) do n.º 1 do artigo 15.º, no n.º 1 do artigo 16.º, no n.º 1 do artigo 18.º e no artigo 19.º, que compete à Direcção-Geral do Consumidor.

2 – A instrução dos processos de contra-ordenação compete à Autoridade de Segurança Alimentar e Económica ou à Direcção-Geral do Con-

sumidor, no âmbito das respectivas atribuições, e a quem devem ser enviados os autos levantados por outras entidades.

3 – A aplicação das coimas e sanções acessórias compete à Comissão de Aplicação de Coimas em Matéria Económica e de Publicidade, que delas dá conhecimento à Direcção-Geral da Saúde.

4 – O produto das coimas é distribuído da seguinte forma:

a) 60 % para o Estado;

b) 30 % para a entidade que instruiu o processo;

c) 10 % para a Comissão de Aplicação de Coimas em Matéria Económica e de Publicidade.

(...)

ÍNDICE REMISSIVO EXCLUSIVO DOS EMPREENDIMENTOS TURÍSTICOS
(Decreto-Lei n.º 39/2006, de 07.03)

A

Acesso aos empreendimentos turísticos – 81

Alojamento local – 15

Alvará de licença ou admissão da comunicação prévia – 51

Aldeamentos turísticos – 23

Apartamentos turísticos – 24

Autorização ou comunicação de utilização para fins turísticos – 53

C

Caducidade da autorização de utilização para fins turísticos – 69

Capacidade – 20

Categorias – 70

Classificação
  Processo – 70
  Revisão – 71
  Taxa de revisão – 73

Competências
  Turismo de Portugal, I. P. – 36, 47
  Orgãos municipais – 41

Competência de fiscalização e instrução de processos – 102

Competência sancionatória – 106

Comunicação de abertura em caso de ausência de autorização de utilização para fins turísticos – 57

Conjuntos turísticos *(resorts)*
  Noção – 25
  Instalação – 52
  Requisitos mínimos – 27

Contra-ordenações
  Empreendimentos turísticos – 102

D

Declaração de interesse para o turismo – 101

Deveres da entidade exploradora – 80

E

Embargo e demolição – 107

Empreendimentos de turismo de habitação - 27

Empreendimentos de turismo de natureza - 34

Empreendimentos no espaço rural - 28

Empreendimentos turísticos
  Acesso - 21
  Categorias - 70
  Classificação - 70, 71, 73
  Condições de acessibilidade - 19
  Contra-ordenações - 102
  Deveres da entidade exploradora - 80
  Exploração e funcionamento - 76, 77
  Exploração turística das unidades de alojamento - 79
  Fiscalização e sanções - 102
  Instalação - 42
  Noção - 14
  Período de funcionamento - 83
  Propriedade plural - 91
  Publicidade - 76
  Requisitos gerais de instalação - 18
  Responsabilidade operacional - 80
  Sanções acessórias - 105
  Sinais normalizados - 84
  Tipologia - 14, 16

Equipamentos colectivos - 20

Estabelecimentos comerciais e de restauração e bebidas - 44

Estabelecimentos comerciais ou de prestação de serviços - 21

Estabelecimentos hoteleiros - 21

Exploração e funcionamento dos empreendimentos turísticos - 76, 77

Exploração turística das unidades de alojamento - 79

F

Fiscalização e sanções nos empreendimentos turísticos - 102

I

Interdição de utilização - 114

L

Licenciamento ou comunicação prévia de operações urbanísticas - 47
  Obras isentas - 53

Licença ou admissão da comunicação prévia
  Alvará - 47

Limites da coima em caso de tentativa e de negligência - 106

Livro de reclamações - 84

O

Obras isentas de licença e não sujeitas a comunicação prévia - 53

Oferta de alojamento turístico - 77

Orgãos municipais - 41

P

Parques de campismo e de caravanismo - 33

Pedido de informação prévia - 45

Período de funcionamento - 83

Procedimento de instalação
  Pedido de informação prévia – 45
  Licenciamento ou comunicação prévia de operações urbanísticas – 47

Produto das coimas – 107

Propriedade plural em empreendimentos turísticos – 91

Publicidade aos empreendimentos turísticos – 76

R

Reclamações
  Procedimento – 84

Revisão da classificação – 73

Registo Nacional de Empreendimentos Turísticos – 75

Resorts (*V*. Conjuntos turísticos)

Responsabilidade operacional – 80

S

Sanções acessórias
  Empreendimentos turísticos – 105

Sinais normalizados – 84

T

Taxa – 73

Título de abertura – 68

Turismo de Portugal, I. P.
  Competências – 36
  Pareceres – 47

U

Unidades de alojamento – 19